2분의 1

인생 반전을 일으키는
절반의 철학

2분의 1

유영만 지음

블랙피쉬
Black Fish

서툰 ½이 서두르는 ½에게

인생 후반전의 반전을 위해, 사막 마라톤에 도전하다

2013년 1,950m 한라산 (한국)

2019년 2,500m 몽블랑 트레킹 (프랑스, 스위스, 이탈리아)

2023년 3,776m 후지산 (일본)

2014년 4,130m 안나푸르나 트레킹 (네팔)

2022년 4,095m 키나발루산 (말레이시아)

2015년 5,895m 킬리만자로산 (탄자니아)

내가 그동안 올라가본 산이다. 천 미터급 한라산부터 오천 미터급 킬리만자로까지 트레킹을 하거나 등반 여행으로 다녀봤다. 산을 정복 대상으로 삼는 등산보다 나와 혼연일체가 되는 입산의 친구로 다가갔다. 그 속에서 겪은 뼈아픈 경험이 다른 사람에게 뼈아픈 깨우침을 준다. 혼자서는 깨우칠 수 없는 소중한 교훈, 모든 등반은 동반이다.

산은 올라가면 시계를 봐야 하지만 사막은 횡단하며 나침반을 봐야 한다. 일정한 시간에 일정한 지점까지 올라가야 하는 산과는 다르게 사막은 속도보다 방향 설정이 중요하다. 인생의 2분의 1을 달려온 서툰 오십이 될 즈음, 서두르는 나의 또 다른 오십에게 어떤 삶을 선물로 줄까 고민했다. 인생 후반전을 어떻게 살아가는 게 좋은지 책상에 앉아서 고민을 거듭했다. 하지만 머릿속에서만 상념의 파편이 들락날락할 뿐 뚜렷한 대안도 분명한 계획도 떠오르지 않았다. 오리무중한 오십 후반의 삶을 구상하기 위해 극단적인 결단을 내렸다.

2012년 사하라 사막에서 250km를 달리는 울트라 사막 마라톤에 도전장을 내밀었다. 하루에 40km씩 아침 7시에 출발, 저녁 7시 전에 들어오는 레이스를 6박 7일 동안 펼치는 난코스다. 낮에는 40도를 넘나드는 폭염 속에서 출발은 동료들과 같이 하지만 결국 레이스를 펼치는 주체는 서두르는 오십과 사막 사이에서 포기와 완주를 고심하는 어설픈 오십이다. 사막을 홀로 건너는 외로운 자기와의 싸움의 연속이었다. 사막에게 물어보았다. 왜 인생은 사막인지. 사막이 나에게 답을 주었다.

인생 1막은 매일 40km 출발선상에서 새로운 출발이 시작되는 서막이다. 서막은 한 번만 있는 게 아니다. 살아 있는 동안 서막은 계속된다. 2막은 가도 가도 끝이 보이지 않는 적막이다. 사막을 홀로 달리다 보면 사막에는 어느새 어둠이 깔리면서 적막해진다. 이 조용한 적막이 바로 인생 3막이다. 마지막 4막에는 주막이 있다. 여기서 주막은 지친 사람에게 갈증을 해소해주는 오아시스다. 사막이 나에게 가르쳐준 깨달음은 다른 게 아니다. 인생에는 언제나 새로운 출발의 서막이 존재하고, 가도 가도 막막하지만 하루를 정리하는 적막한 밤과 함께 수고한 나를 위해 한잔의 술로 피로를 잊게 해주는 주막이 있다는 사실이다. 인생 절반을 살아온 내가 사막에서 깨달은 절박한 진실은 바로 인생은 언제나 사막(四幕)이 끊임없이 반복되는 사막(沙漠)이라는 사실이다.

이 책은 인생의 2분의 1을 지나는 오십 전후의 시기를 생각해보는 시간을 넘어 전반전을 달려온 사람에게 후반전을 어떻게 살아갈지에 대한 탐색과 사색의 문으로 안내하는 처방전이기도 하다. 이 책에서 말하는 '오십'은 꼭 50세라는 나이만 의미하는 게 아니라, 생의 절반 정도 살았다고 생각하는 모든 사람을 의미한다. 먼저 건강 백세를 진단하는 오십지수 진단지로 나의 상태를 파악한다. 진단지는 몸, 공부, 언어, 인간관계, 행복이라는 인생 후반전에 특히 중요한 5개 분야로 구성, 건강하고 행복하게 살아가기 위해 절반으로 줄여야 할 습관과 두 배로 늘려야 할 습관 50개를 제시한다. 내가 어디가 취약한지 파악하고 관리할 수 있도록 처방전을 책에 가득 마련했다. 인생 전반전에 만나지 못했던 '진정한 나'를 만나고, 내 인생을 재미있게 살아갈 수 있도록 방향을 잡을 수 있을 것이다.

절반으로 줄이고 두 배로 늘리면 유일한 '나'가 된다

오십이 키워야 되는 한 마리의 게가 있다. 바로 나답게다. 내가 하면 재미있는 능력, 재능은 머리가 아니라 몸으로 알아낼 수 있다. 다리가 떨리지 않고 심장 뛰는 일을 찾아 재미있게 하다 보면 의미가 생기는 일이 나답게 살아가는 일이다. 남보다 잘하기보다 전보다 잘하려는 애쓰기가 나다운 필살기를 낳는다.

밤은 험상궂은 밤송이 안에 있다. 알밤은 밤톨 껍질 안에 숨어 있다. 밤톨 껍질을 벗겨내야 보늬로 뒤덮인 알밤을 만날 수 있고, 알밤을 둘러싸고 있는 보늬를 벗겨내야 비로소 하얀 속살의 알밤을 만난다. 밤의 존재와 만나는 길, 밤을 둘러싸고 있는 모든 걸 벗겨내야 만난다. 지금 내 이름을 둘러싸고 있는 형용사의 거품을 벗겨내야 이름 석 자로 만날 수 있는 진정한 나와 만날 수 있다. 벗어야 벗어날 수 있다. 과감하게 처절하게 그리고 정직하게 나의 껍데기를 벗겨낼 때 참나, 나(裸)가 드러난다. 한양대학교 유영만 교수가 아니라 유영만이라는 이름 석 자로 보여줄 수 있는 힘이 진정한 나의 힘, 나력(裸力, Naked strength)이다.

진정한 나를 만나는 한 가지 방법은 관성대로 살아가는 삶, 타성에 젖어 살아온 삶, 원심력대로 살아가려는 욕망의 끈을 끊고 각성과 탄성이 인도하는 삶, 구심력으로 자기 존재를 지키려는 삶을 사는 것이다. 세상이 끌고 가는 삶, 다른 사람의 욕망을 욕망하는 원심력에 지배당하는 삶이 아니라 내가 하면 몰입하는 힘이 생기는 일, 나를 끌어당기게 만드는 구심력으로 살아가는 삶을 살 때가 바로 오십이다. 원심력이 끌고 가는 삶에서 벗어나 구심력이 이끄는 진정한 나를 만나는 삶을 위한 방향 전환이 필요한 시점이다. 오십(五十)까지 원심력에 끌려가던 '나(吾)'에서 벗어나 구심력으로 자기답게 살아가는 진정한 '나(悟)'를 만나려면 새로운 삶의 철학을 정립해야 한다. 그것이 바로 '절반의 철학'이다. 절반(1/2)으로 줄이고, 두 배(2)로 늘리면 대체 불가능한 유일(1)한 내가 된다는 철학이다.

2분의 1로 줄이는 일을 먼저 해야 인생 후반전에 반전을 일으킬 수 있는 여유와 여력이 생긴다. '늘림'보다 '줄임'의 크기가 삶의 프레임은 물론 패러다임을 혁명적으로 바꾸는 결정적인 좌표가 된다. 더하기가 아니라 빼기를 먼저 해야 전반전보다 더 빼어난 인생 후반전이 펼쳐진다.

절반으로 줄이지 않고 전반전처럼 살아가면 나는 삶의 주인이 아니라 노예다. 내가 좋아하고 사랑하는 일이 아니라 하다 보니까 삶의 습관으로 고착화된 일을 반복하는 삶은 노예의 인생, 손님의 인생이다. 후반전에 두 배로 늘려야 하는 일은 대부분 내가 좋아하고 사랑하는 일을 마음껏 누리는 자유와 관련된 일이다. 세상에서 가장 불행한 사람은 사랑할 게 없는 사람이다. 누군가를 사랑하거나 뭔가를 사랑하기 시작하면 어제와 다른 생각과 행동이 나타나기 시작한다. 사랑이 시작되는 순간이 바로 내 삶의 주인으로 살아가기 시작하는 시점이다. 진짜 자유로운 사람은 자기가 사랑하는 일을 마음대로 하는 사람이다. 자신이 꿈꾸던 일을 실천에 옮기는 사람이 바로 삶의 주인으로 살아가는 자유로운 사람이다. 사랑하려면 내 삶의 주인으로 거듭나야 한다. 앞으로 살아갈 오십은 내 삶의 주인으로 재탄생하는 인생 후반전이다.

절반의 철학은 형이상학적 주장이나 관념적 진술이 아니라 삶의 밑바닥에서 건져 올린 성찰의 거울이자 파란만장한 삶이 선물로 주고 간 파란 문장이다. 절반의 철학은 우여곡절의 삶과 시행착오가 남기고 간 얼룩이 판단착오를 줄이는 깨달음의 무늬로 직조된 실천적 지침이자 구체적인 처방전이다. '오십'은 '오어(or, 또는)', 즉 양자택일의 나이가 아니다. 건강 백세를 행복하게 살기 위해서는 절반으로 줄이고, 두 배로 늘려야 할 50가지 항목을 둘 다 실천하는 양단불락(兩端不落)의 나이다. 양단불락은 두 극단 중에 하나를 선택하는 또는(or)의 세계가 아니라 양극단을 하나로 끌어당기는 그리고(and)의 세계다. 오십의 끝(end)에서 또 다른 끝을 끝없이 만나서 연결되는 그리고(and)의 삶이 오십이다. 절반의 끝에서 두 배로 늘리는 삶과 연결되어 이전과 다른 행복한 끝맺음이 일어나는 삶이 바로 당신이 추구하고 지향해야 될 삶이다. 여러분을 오십 끝에서 또 다른 오십이 시작되는 '끄트머리'의 세계로 초대한다.

차례

1부 인생 2분의 1에서 일생 반전을 일으키는 **절반의 철학**

2부 나이 들수록 버려야 하는 채워야 하는 **50가지 습관**

3부 새로운 삶의 시작점에 선 당신이 만나야 할 것들
니체, 스피노자, 오미자

건강 백세를 보장하는 오십지수 진단

1. 오십지수란?

건강하고 행복한 인생 후반전을 맞이할 수 있는지 확인하기 위해 나이 오십 전후에 측정해야 하는 지수.

2. 오십지수 진단지

크게 5가지 분야, 총 50개 항목으로 이루어져 있다. 각 항목을 읽고 현재 생활 습관에 비추어 자신에게 해당되는 숫자에 체크하고, 점수를 모두 합해보라. (항목당 5점, 250점 만점)

❶ 야성: 체력과 건강

번호	항목	매우 그렇다	그렇다	보통 이다	아니다	매우 아니다
1	뱃살은 유산소 운동과 음식으로 줄이고, 익살이나 넉살과 같은 유머를 늘리는 연습을 꾸준히 한다.	5	4	3	2	1
2	다른 사람의 성공 스토리를 보고 침 흘리는 시간보다 내 꿈을 실현하기 위해 땀 흘리는 시간이 많다.	5	4	3	2	1
3	문제를 해결하기 위해 고민만 반복하기보다 몸으로 부딪치며 어제와 다르게 씨름하는 시간이 많다.	5	4	3	2	1
4	앉아서 편안하게 시간을 보내기보다 불편하더라도 몸을 움직여 근육을 만든다.	5	4	3	2	1
5	법대로 하던 일이 안 되면 색다른 방법을 개발하기 위해 두 발로 뛴다.	5	4	3	2	1
6	과하게 먹는 음식은 가급적 줄이고, 내가 하는 일의 의미를 음미하는 시간을 늘리려고 노력한다.	5	4	3	2	1
7	앉아서 검토하고 계획을 수립하는 시간보다 시행착오나 실패를 통해 깨달음을 얻는 시간이 많다.	5	4	3	2	1
8	걱정하는 시간은 줄이고, 긍정적 관점으로 세상을 다르게 보려는 시간을 많이 갖는다.	5	4	3	2	1
9	빠듯하게 일정을 관리하기보다 뿌듯한 하루가 될 수 있도록 나를 위한 시간 관리를 한다.	5	4	3	2	1
10	하기 싫은 일을 억지로 하면서 다리 떠는 시간보다 해보고 싶은 일을 하면서 심장 뛰는 시간에 더 많이 투자한다.	5	4	3	2	1

합계 :　　　점

❷ 지성: 지력과 배움

번호	항목	매우 그렇다	그렇다	보통 이다	아니다	매우 아니다
1	일상을 당연하다고 생각하는 마침표는 줄이고, 호기심의 물음표나 감동의 느낌표를 더 많이 사용한다.	5	4	3	2	1
2	하루하루를 스쳐 지나가기보다 어제와 다른 배움과 마주치는 순간을 늘리려고 노력한다.	5	4	3	2	1
3	오랫동안 상식으로 믿는 통념은 의심해보고, 몸으로 겪으면서 체득한 신념으로 새롭게 무장한다.	5	4	3	2	1
4	남의 주장이나 의견을 나에게 맞추라고 요구하기보다 다름과 차이를 존중하며 인정해준다.	5	4	3	2	1
5	겉으로 잘 보이기 위한 꾸미기보다, 나다운 고유한 컬러나 스타일 가꾸기가 더 중요하다.	5	4	3	2	1
6	스마트폰으로 검색하는 시간은 줄이고, 책 읽으면서 사색하는 시간을 늘린다.	5	4	3	2	1
7	내가 더 달라질 가능성을 덮어두기보다, 모르는 세계에 도전해 배우고 발전하려고 한다.	5	4	3	2	1
8	나 때를 자주 말하며 자랑하는 시간보다, 다른 사람을 행복하게 만드는 봉사 시간이 더 많다.	5	4	3	2	1
9	습관적으로 살아가기보다 어제와 다르게 관찰하면서 낯선 통찰력을 얻으려고 노력한다.	5	4	3	2	1
10	문제가 생기면 자기주장이나 해명부터 하기보다, 문제의 본질이나 핵심을 다르게 해석하려고 한다.	5	4	3	2	1

합계 :   점

❸ 감성: 매력과 말

번호	항목	매우 그렇다	그렇다	보통 이다	아니다	매우 아니다
1	논리적으로 설명해서 이해시키려 하기보다, 내가 겪은 사례를 토대로 감성적으로 설득한다.	5	4	3	2	1
2	기분이 나빠서 토해내는 감정적 비난보다, 건설적인 대안을 제시하는 비판을 주로 말한다.	5	4	3	2	1
3	시기하고 질투하는 말보다, 더 알고 싶다는 마음으로 질문을 자주 한다.	5	4	3	2	1
4	잘못을 인정하지 않고 둘러대는 변명보다, 어제와 다른 나로 조금이라도 바뀔 수 있도록 변신을 거듭한다.	5	4	3	2	1
5	상대의 입장은 관계없이 내 생각을 쏟아내는 머리의 언어보다, 상대가 처한 상황을 가슴으로 공감하는 몸의 언어를 많이 사용한다.	5	4	3	2	1
6	나의 주장을 일방적으로 말하는 티칭보다, 다양한 질문을 통해 상대의 가능성을 열어주는 코칭을 주로 한다.	5	4	3	2	1
7	지시하고 명령하는 말보다, 넌지시 배려하고 지지하는 말을 많이 한다.	5	4	3	2	1
8	상대가 잘 못하거나 약한 부분을 지적하기보다, 강점이나 재능을 칭찬하는 말을 주로 사용한다.	5	4	3	2	1
9	불분명한 정보나 잘못된 신념으로 점철된 말에 휘둘리기보다, 진심으로 상대를 감동시키는 말을 쓰고 들으려 노력한다.	5	4	3	2	1
10	하나밖에 없는 정답을 찾기보다 상황에 따라 여러 가지로 해석될 수 있는 해답을 찾는다.	5	4	3	2	1

합계 :   점

❹ 정성: 협력과 관계

번호	항목	매우 그렇다	그렇다	보통 이다	아니다	매우 아니다
1	인간관계에서 적절한 거리를 지키기 위해 노력하고, 가깝게 지내는 사이는 더 가깝게 만든다.	5	4	3	2	1
2	얼굴도 보지 않는 악연을 더는 늘리지 않고, 서로에게 도움이 되는 인연은 늘려가고 있다.	5	4	3	2	1
3	재미만 추구하는 관계보다, 존재 자체로 기쁨을 주는 관계를 맺어나간다.	5	4	3	2	1
4	낡은 과거의 생각을 강요하는 꼰대 짓보다 미래 이야기와 비전을 같이 나누는 리더 역할을 주로 한다.	5	4	3	2	1
5	만나는 사람을 나의 경쟁 상대로 생각하기보다, 내가 뭔가 배울 수 있는 경청 대상으로 생각한다.	5	4	3	2	1
6	나보다 어린 상대에게 눈치 주기보다, 따듯한 눈길로 신뢰를 보낸다.	5	4	3	2	1
7	남에게 자랑하고 폼 잡는 일보다, 진정한 나다움을 만들어가려고 노력한다.	5	4	3	2	1
8	단점 찾기와 지적보다 장점 발굴과 칭찬이 나에게는 더 쉽다.	5	4	3	2	1
9	문제의 원인을 밖에서 찾고 남 탓하기보다, 자문자답을 통해 성찰한다.	5	4	3	2	1
10	나를 어른 대접해주기를 바라기보다, 상대를 높여주고 나도 함께 높아지려고 한다.	5	4	3	2	1

합계 :   점

❺ 탄성: 탄력과 행복

번호	항목	매우 그렇다	그렇다	보통 이다	아니다	매우 아니다
1	관성대로 생각하거나 타성에 젖어 살기보다, 매사에 감사하고 작은 일에도 감탄사를 외치려고 노력한다.	5	4	3	2	1
2	어떤 일이든 할까 말까 망설이기보다, 심장이 뛰고 설렐 것 같으면 바로 시도한다.	5	4	3	2	1
3	결과 달성을 위해 앞만 보고 달리는 삶보다, 매 순간 내가 하면 행복한 일을 통해 삶의 밀도를 높인다.	5	4	3	2	1
4	갖고 싶은 물건을 사는 것보다, 나에게 지적 자산과 추억을 선물하는 경험 프로젝트에 더 돈을 쓴다.	5	4	3	2	1
5	남과 비교하며 뒤따라가는 것보다, 내가 하면 신나는 일을 찾는 게 더 중요하다.	5	4	3	2	1
6	내가 책임질 수 없는 자리를 욕심내기보다, 내 일에 최선을 다하는 자세를 취하려고 노력한다.	5	4	3	2	1
7	조금이라도 손해 보는 일은 피해야 한다고 여기기보다, 상대를 배려하는 마음으로 한다면 언젠가 나에게 행운으로 돌아올 수도 있다고 생각한다.	5	4	3	2	1
8	인생 후반전에서는 빠르게 성장하려는 노력은 줄이고, 내면을 들여다보며 성찰하는 성숙의 시간은 늘린다.	5	4	3	2	1
9	사회적·업무적으로 중요한 일에 치여 살기보다, 나에게 의미 있는 소중한 일과 곁에 있는 사람을 더 많이 챙긴다.	5	4	3	2	1
10	뭔가를 하겠다고 마음먹는 결심에 그치기보다, 행동과 실천에 옮기는 결단을 전보다 더 늘리고 있다.	5	4	3	2	1

합계 :   점

3. 오십지수 결과

5가지 분야별 점수를 모두 합하고, 아래 결과표를 확인한다. 점수에 따라 다섯 유형으로 나뉜다.

오십지수 결과표	
230점 이상	오색찬란 심장 뛰는 인생
200~229점	오상고절 자기다운 인생
170~199점	오리무중 방향 찾는 인생
140~169점	오매불망 걱정하는 인생
139점 이하	오호통재 한탄하는 인생

4. 결과 해석

각 항목별 점수를 다 합산한 결과 다음 페이지의 설명을 참고로 자신의 오십지수가 어디에 해당하는지 확인한다. 항목별 총점도 중요하지만 구체적으로 자신이 어떤 분야에서 결정적으로 취약한지, 그리고 상대적으로 강점은 어느 분야에 해당하는지를 확인해야 한다. 그다음 약점 분야를 보완하기 위해 시간을 투자하기보다 자신이 잘하는 강점 분야에 집중 투자해서 남과 비교할 수 없는 경지로 가는 길을 선택하는 게 인생 후반전을 행복하게 사는 지름길이다. 다만 약점이 나의 치명적인 아킬레스건으로 작용하지 않도록 평균 점수 정도 되도록 관리할 필요가 있다. 특히 야성 부분은 나머지 지수를 결정적으로 좌우하는 근본적인 원동력에 해당하기 때문에 가장 집중적으로 매일 습관화시킬 필요가 있는 분야다.

몸과 정신이 모두 건강할 뿐만 아니라 감성이 풍부하고, 인간관계도 정성을 다하며 행복한 인생을 살아가는 가장 이상적인 중년의 삶이다. 육체, 정신, 마음, 인간관계가 서로 화합하고 어울려 심장 뛰는 행복한 삶을 사는 당신은 인생 후반전에 경이로운 기적을 맞이할 완벽한 준비가 되어 있는 사람이다. 시작하는 일마다 하나하나 결실을 맺어 매사가 감동이고 감탄사가 연발되는 멋진 후반전의 주인공으로 살아가는 삶이다. 끊임없이 운동하고 공부하며 갈고닦는 심신은 젊은 사람 못지않고 인간적 매력과 인격도 나무랄 데가 없다. 뿐만 아니라 만나는 사람마다 존중과 환대로 대하는 덕망이 있어 누구에게나 존경받는 리더의 모범이 되는 삶이다. 원하는 일이 뜻대로 풀릴수록 자세를 낮추고 덕분에 이루어진 소중한 인연의 화합이라고 생각하며 성장과 성찰의 이중주가 조화를 이루도록 노력하는, 더할 나위 없이 건강하고 행복한 중반전의 삶이다.

지성과 야성은 물론 감성이 서로 화합하고 어울려 정성으로 인간관계를 맺으며 탄성을 자아내는 행복한 삶을 살아가는 자기다운 삶의 전형이다. 목적의식도 분명하고 수시로 찾아드는 삶의 위기도 슬기롭게 극복하며 주변의 시선에 아랑곳하지 않고 자기다운 주관으로 남부럽지 않은 인생 가도를 달리는 삶이다. 따듯한 감성과 냉철한 이성이 적절하게 조화를 이루니 하는 일도 스스로 유쾌하고 또한 통쾌하기도 하다. 삶의 목적지가 분명하니 굴곡이 있어도 굴복하지 않고 어떤 고난에도 쉽게 무너지지 않는 강인한 멘털도 갖추고 있다. 다만 시선을 주변으로 돌려 나 이외의 다른 사람에게도 작은 관심과 정성을 기울이고 함께 살아가는 공동체를 위해 내가 추구하는 꿈과 미래를 같이 나누면서 교감하고 공감하는 삶이 되면 금상첨화다. 가고자 하는 곳이 선명하고 가는 길이 분명하니 거칠 것이 없지만, 가던 길도 멈춰 서서 방향을 점검하고 함께 살아가는 사람들의 지친 몸과 마음을 추스르며 신뢰를 쌓아나간다면 나를 넘어서 우리가 함께 행복한 미래를 만들어갈 수 있다.

오리무중 타입

이전과 다른 삶을 살기 위해 몸도 추스르고 새로운 일에 도전하지만 여전히 인생의 분명한 방향은 쉽게 잡히지 않는다. 매일매일 답이 바뀌지만 그럼에도 포기하지 않고 혼돈 속에서 방황하며 방향을 찾는 데 골몰하고 있다. 주어진 목표를 향해 노력하며 에너지를 잃지 않으려고 안간힘을 쓰지만, 풀리지 않는 일이 많아서 생각이 생각의 꼬리를 물고 상념이 떠도는 어둠 속에서 헤매고 있는 상태다. 하지만 절망적인 상황에서도 희망의 끈을 버리지 않고 어제와 다른 오늘을 살기 위해 분투노력하는 중이다. 오리무중 상태에서 방향을 찾으려는 사람들은 단순한 소망과 희망으로 무장하지 않고, 간절함과 갈망을 추가하려는 끈질긴 노력을 멈추지 않는다는 점이 고무적이다. 조만간 새로운 지평이 열리고 인생의 전환점을 맞이할 것으로 믿어 의심치 않는다.

오매불망 타입

운동은 가뭄에 콩 나듯 연중행사로 하고 새로운 지적 자극을 받는 공부에도 크게 관심이 없다. 세상을 향하는 따뜻한 감성은 씨앗만 남긴 채 기약 없이 때만 기다리고 인간관계를 스스로 기피하기도 한다. 행복한 삶을 위해 지금 무엇을 하기보다 하기 싫은 일을 밥 먹고 살기 위해 어쩔 수 없는 노동으로 매일매일 채워나가는 삶이다. 노후에 대한 걱정만 할 뿐 뚜렷한 대책을 마련하기 위해 특별히 시간과 노력을 투자하지 않고 다른 사람들의 준비 사항을 가끔 들여다볼 뿐이다. 지친 육체와 정신을 강건하게 하고, 흔들리는 영혼을 감싸줄 자신만의 시간과 노력이 그 어느 때보다도 필요한 시점이다. 몸과 마음을 추스르기 위해 힘들겠지만 운동하면서 땀을 흘리는 노력이 급선무다. 몸이 중심을 잡지 못하니까 더불어서 마음이 흔들리고 걱정만 앞서는 하루가 반복되는 것이다. 걱정한다고 해결될 문제는 거의 없으니 작은 실천이라도 어제와 다르게 반복함으로써 후반전에 반전을 일으키는 기적을 만들어나갈 수 있다는 자신감을 가질 필요가 있다.

세상만사 모두 귀찮고 도대체 왜 사는지 알 수 없는 혼돈과 혼란으로 가득 찬 총체적 난국의 삶이다. 빠듯한 일에 쪼들려 몸은 거의 망가져 있어 정신도 수시로 중심을 잡지 못하고 흔들린다. 꾸준히 공부하는 주제와 영역이 없다 보니 지적 자극을 받을 일이 전무하다. 심신이 허약하니 삶 자체가 재미있고 의미 있는 일과는 거리가 멀다. 다른 사람과의 관계도 부정적인 언행을 하다 보니 거리는 멀어지고 사이는 좁혀지지 않는다. 매사가 신경질적이고 불평불만의 대상이다. 부정과 한탄, 검토와 고민이 일상을 지배한다. 이런 사람에게는 어떠한 위로나 격려의 말도 원래 기운을 되찾는 데 큰 도움이 되지 못한다. 일생일대의 위기가 이미 삶의 한복판에 엄습한 상태라는 점을 깨닫는 게 급선무다. 어차피 살아갈 거라면 후반전만이라도 전반전과는 다른 새로운 삶을 살겠다는 중대한 결단과 결연한 새출발만이 필요할 뿐이다. 지금까지는 중요하지 않다. 지금부터 어떻게 살아가는지가 중요하다. 선택은 당신의 몫이다.

1부

인생 2분의 1에서
일생 반전을
일으키는

절반의 철학

1

숨 가쁘게 달려온 당신에게
'절반의 철학'이 필요한 까닭은?

'호모 헌드레드(Homo hundred)' 시대. "40대부터 인생 이모작을 준비해야 한다"고 지겹게 들었을 것이다. 전반전은 비록 남을 위해 살아왔지만 후반전만이라도 내가 주인이 되는 삶을 살아야 한다고 들었다. 하지만 아직도 '낡은 몸과 마음 그대로의 나'에 머물러 있다. 아직 다가오지 않았다는 이유만으로 제2의 인생은 진지하게 생각해보지도 않은 채 맞이한 또는 곧 맞이할 오십이라는 숫자는 늘 무겁게 막연하게 느끼는 나이다. 나이는 '나 이제부터 내가 알아서 할 수 있다'는 깨달음인데, 나는 언제부터 나를 깨닫는 각성과 결단의 시간을 맞이할 수 있을지 여전히 오리무중이다. 지금까지 살아온 신통치 않은 성적표뿐 아니라 살아온 날만큼의 시간을 살아가야 한다는 막연한 부담감이 그저 감당되지 않는 게 문제다. 진정한 담당자는 주어진 인생을 감당하는 사람이다. 나는 과연 오십 후반전을 감당할 능력과 의지를 지니고 있는지 물어보지 않을 수 없다. 문제없는 인생이 문제라고 하지만 가만히 생각만 하고 있다고 다가오는 문제가 저절로 해결될 리 만무다.

현실을 받아들이는 것부터 해야겠다. "견해는 언젠가 진부해지지만, 사실은 영원히 진부해지지 않는다"는 아이작 싱어의 말을 기억해 볼 필요가 있다. 사실은 현실을 기반으로 지금 여기서의 삶이 양산하는 산물이다. 사실은 오로지 사실이 거주하는 현장에 몸이 개입되지 않고서는 파악할 수 없는 진실의 재료다. 백세 시대 삶에 관한 다양한 주장과 견해는 내 몸을 관통하며 남긴 흔적과 얼룩이 번역된 언어가 아니다. 당연히 와닿지 않고 자주 듣다 보니 남의 이야기처럼 진부하게 들릴 뿐이다. 그런데 몸이나 정신은 전처럼 팔팔하지 않고 특히 체력은 기하급수적으로 떨어지고 있음을 피부로 느끼고 있다. 그럼에도 불구하고 아무런 조치도 취하지 않고 언젠가 나아질 거라는 막연한 기대로 살아간다. 지금까지 살아온 시간과 앞으로 살날은 더 길고, 지금까지 투자한 돈보다 앞으로 들어갈 돈도 더 많은데 언제까지 일할 수 있을지 모르는 불안감은 엄연한 현실이자 사실이다. 내 인생 2분의 1, 오십 이후는 이전과는 다른 방식으로 살아야 한다는 현실에는 엄연한 '사실'이 똬리를 틀고 우리를 노려보고 있다.

그렇다면 인생 전후반을 나누는 삶의 반환점에서 우리는 앞으로 어떻게 살아가야 할까. 《논어》〈위정편〉에 따르면 50세는 하늘의 명을 깨닫는 나이, 지천명(知天命)이다. 30세에 뜻을 세우는 이립(而立)을 지나 세상일에 정신을 빼앗겨 판단을 흐리는 일이 없는 불혹(不惑)의 40세를 넘겼어도 여전히 뜻대로 되지 않은 일이 더 많아지고 중심을 잡지 못하고 마음이 흔들리는 일은 줄어들지 않는다. 오십의 오(五)는 나를 의미하는 오(吾)의 다른 이름이다. 지금까지 남을 위해서 힘들게 살아온 삶에서 벗어나 진정한 내가 누구인지를 깨닫고 나(悟)답게 살기 시작하는 시기가 바로 오십이다. 단순한 숫자 오(五)가 나를 의미하는 오(吾)로 바뀌고 마침내 내가 누구인지를 깨닫는 오(悟)로 바뀌는 일련의 과정이 오십이 되면서 자유로운 나로 거듭나는 진정한 변신 과정이다. 오리무중의 삶을 오색찬란 빛나게 만드는 한 가지 방법이 바로 마지못해서 하던 일을 절반으로 줄이고 하지 않던 또는 하던 일을 두 배로 늘리는 것이다. 자유롭고 행복한 삶을 지금 여기서 실천하는 가장 강력한 방법은 나의 '코나투스'나 '힘에의 의지'*를 떨어뜨리는 일은 아예 끊어버리거나 절반으로 줄이고 나를 살아 있게 만들어주는 일은 두 배로 늘리는 것이다.

절반의 철학이 필요한 4가지 이유

절반의 철학은 인생 후반전에 일생 반전을 노린다. 절반의 철학은 인생 후반전에 나침반이 가리키는 진북을 향해 목적의식과 소명을 갖고 진군하는 과정을 지원한다. 절반의 철학은 본분을 다하는 삶을 지원하는 철학적 기반이다. 마지막으로 절반의 철학은 줄임이 쓰임을

● '코나투스'와 '힘에의 의지' 개념은 이 책 3부에서 자세히 밝힐 것이다.

결정한다는 삶의 철학을 구체적인 실천 덕목으로 권장하려는 의지를
천명한다.

① 인생 후반전이 일생 반전이다

인생의 초반을 잘못 시작했어도 우리는 그 끝에서 다시 시작할 수
있다. 끄트머리라는 말이 의미심장하게 다가오는 이유다. 끝에 머리,
즉 시작이 존재한다는 놀라운 말이다. 모든 끝(End)에서 또 다른 시작
이 이어진다(And). 'End'와 'End' 사이에 언제나 'And'가 살아간다. 끝
과 끝 사이에 그 끝을 이어주는 접속사 그리고(And)에는 언제나 인생
반전을 꿈꾸는 절치부심이 살아간다. 인생의 중반을 넘어섰어도 만
반의 준비로 반전을 시도하면 인생 후반전이나 종반전에도 얼마든지
인생 역전 드라마를 쓸 수 있다. 시작은 미약하였으나 진지한 실천을
반복하면 인생의 어느 시점에서 생각지도 못한 반전이 시작된다. 반
전을 꿈꾸려면 우선 몸집을 가볍게 해야 된다. 그것이 바로 절반으로
줄이는 것이다. 후반전에 반전을 노리는 사람은 우선 절반의 철학을
몸소 실천해야 한다.

② 절반 속에 나침반이 살아간다

절반을 줄이면 어디로 가야 할지 인생의 나침반이 보이고, 두 배로
늘리면 무엇을 숭배하며 살아야 할지 인생의 보배가 보이기 시작한
다. 시간을 보면서 앞만 보고 달리던 시계 중심의 인생은 절반으로 줄
이고 내가 어디로 가면 행복한지 인생의 방향을 잡아야 내가 하면 행

복한 일도 잡을 수 있다.* 내가 하면 행복한 일은 얼마나 빠른 시간에 일을 하고 있는지 시계가 알려주지 않는다. 내가 꿈꾸는 설렘의 목적지를 찾아가는 나침반이 인생의 진정한 동반자다. 나침반은 우선 하던 일을 줄이라고 속삭인다. 줄이지 않고 하던 일을 계속 늘려가면 늘어지는 인생을 살 수 있어도 늘 행복한 삶은 만끽할 수 없다. 절반 속에 살아가는 나침반을 찾기 위해서는 그동안 마지못해서 늘 해오던 습관과 관습의 틀을 벗어던지고 나에게 의미와 가치를 주지 않거나 나를 행복하게 만들어주지 못하는 모든 일들은 과감하게 끊어버려야 한다. 끊기 없는 끈기는 삶의 위기를 불러온다.

③ 분에 넘치면 본분을 다할 수 없다

절반으로 줄여야 하고 있는 일의 가치가 갑절 늘어날 수 있을 뿐만 아니라 새롭게 시작하는 일의 의미도 의미심장하게 다가오면서 삶의 활력소가 생겨나기 시작한다. 절반으로 줄이지 않으면 내 인생에 대한 돌이킬 수 없는 위반이자 자기 자신에 대한 심각한 배반이다. 절반으로 줄이지 않고 하던 일을 두 배로 늘리기만 한다면 그것이야말로 이율배반일 수 있다. 절반의 철학을 몸소 실천하는 사람들이 실천하면서 깨달은 삶의 노하우를 십시일반 공유하면서 살아가는 의미와 가치를 공유하기 시작하면 너와 나, 그리고 우리는 피차일반의 친구이자 희망의 연대를 같이 만들어가는 인생의 도반(道伴)임을 알 수 있다. 절반의 철학은 본분을 다하기 위해 절반으로 줄일 것을 먼저 선정한

● 절반이 나침반을 찾아간 까닭은? 절반에게 시계보다 나침반이 필요하기 때문.

다음 나머지 인생을 만끽함으로써 행복을 가져올 수 있는 일은 두 배로 늘릴 것을 제안한다.

④ 줄임의 크기가 쓰임의 크기를 결정한다

나의 쓰임을 알아내려면 하던 일을 절반으로 줄이고 안 하던 일을 두 배로 늘려봐야 한다. 몸이 개입되는 체험적 산고의 과정을 거치지 않고서는 내 인생의 의미를 알려주는 신체적 각성은 일어나지 않는다. 하고 싶지 않은 일을 절반으로 줄이기만 해도 내 삶의 다른 쓰임새가 전혀 다른 곳에 있음을 새롭게 발견할 수 있다. 절반으로 줄이지 않으면 내가 무슨 일을 하면 행복한지를 알아내기 어렵다. 절반으로 줄여야 인생의 동반자를 만날 수 있고 두 배로 늘려야 삶의 축배를 들 수 있는 축제를 즐길 수 있다. 절반으로 줄여야 인생 후반전이 행복해지고 종반전까지 건강하게 살 수 있다. 안 하던 일 또는 내가 하면 가치 있고 행복해지는 일은 두 배로 늘려야 삶의 축배를 올릴 수 있고, 지금보다 백배 더 재미있게 살 수 있다. 나를 행복하게 만들어주는 일을 두 배로 더 늘리지 않으면 인생의 고배를 마실 수 있고, 다른 사람에게 지배당할 수 있다.

절반의 철학을 실천하면서 인생 후반전을 일생 반전으로 만들고 싶은가? 더 자유롭고 행복한 삶을 살아가고 싶은가? 그렇다면 하던 일을 반으로 줄이고, 하고 있거나 안 하던 일을 두 배로 늘려야 한다. 절반으로 줄이면(÷2) 인생 후반전이 행복해지고 종반전까지 건강하게 살 수 있다. 두 배로 늘리면(×2) 지금보다 백배 더 재미있게 살 수 있다. 이분의 일(1/2)이 이(2)를 만나면 이 세상 어디에도 없는 유일(1)한 '나', 소중한 나가 된다. 나누기와 곱하기만 잘하면 성공하는 오십이 될 수 있다! 이걸 간단한 공식으로 만들면 다음과 같다.

$$\frac{1}{2} \text{(절반)} \times 2 \text{(두 배)} = 1 \text{(유일한 나)}$$

끊기 없는 끈기는 중년의 삶에 위기를 불러온다. 마지못해 늘 해오던 습관과 관습을 벗어던지고, 나에게 의미와 가치를 주지 않거나 나를 행복하게 만들어주지 못하는 모든 일들은 과감하게 끊어버려야 한다. 그러면 두 배 늘려야 할 것들이 보인다. 이 놀라운 마법의 세계로 여러분을 초대한다.

불운하지만 불행하지는 않다[1]

우여곡절의 삶이었고 시행착오가 줄을 이어 발생했던 전반전의 삶을 살았다고 해도 후반전에는 판단착오가 줄어들고 파란만장한 삶이 멈추지는 않을 것이다. 한 가지 확실한 사실은 전반전을 살았던 삶의 이력이 후반전의 경력을 만드는 원동력은 될 수 있다는 점이다. 미래를 앞당겨 예측하기는 어렵다. 자신의 미래를 점을 봐서 알아내려고

● 미야노 마키코와 이소노 마호의 《우연의 질병, 필연의 죽음》이라는 책 속 한 구절을 차용했음을 밝혀둔다. 불운했지만 불운한 사건을 감당한 사람의 해석 결과에 따라 불행할 수도 있고 불행하지 않을 수도 있다는 말이다.

하기보다 지금까지 살아오면서 축적한 직간접적인 모든 경험의 점을 연결해서 생긴 선을 그리다 보면 내 삶의 면모가 드러난다. 시간의 깊이와 넓이의 점이 희로애락을 겪으며 저마다의 인생 곡선을 만들고, 파란만장한 곡선의 여정이 결국 한 사람의 면모를 만들어나간다. 후반전의 삶은 자신의 운명을 사랑하고 미지의 세계로 몸을 던져 어제와 다른 우연이라는 선물을 만나는 여행이다. 어떤 우연이 나와 마주칠지 예측할 수는 없다.

분명한 사실은 알 수 없는 미래에 대한 믿음이 전제되어야 어제와 다른 앎이 생긴다는 점이다. "믿어야 앎이 생긴다"는 마이클 폴라니의 말처럼 다리가 무너지지 않을 것이라는 믿음이 전제되어야 다리를 건너는 행동이 따른다. 마찬가지로 오십 후반전의 미래가 새로운 우연이라는 선물을 가져다줄 것이라고 믿어야 어제와 다른 시작을 만날 수 있다. 한 번도 시작해보지 않은 출발의 설렘이 누구도 예측할 수 없는 우연이라는 선물과 마주치게 만들어준다. 하던 일을 절반으로 줄이고 아예 하지 않거나 하고 있던 일을 두 배로 늘리는 일 자체가 이제까지 만나보지 못했던 설레는 미래를 맞이하겠다는 다짐이자 기대다. 절반으로 줄이고 두 배로 늘리는 그 생각과 행동 사이에서 이제껏 만나볼 수 없었던 새로운 나를 탄생시키는 아름다운 순간이 살아간다.

2

거품을 버리고
기품 있게 살고 싶다면

지금까지는 남의 인생을 쫓아 열심히 벤치마킹했지만 지금부터는 나의 인생을 살아가기 위해 내가 걸어가면 길이 되는 패스 브레이킹 (path breaking)을 해야 한다. 지금까지는 남보다 빠르게 살아가려고 했다면 지금부터는 전보다 이르게 살아가야 한다. '빠르게'는 속도전이지만 '이르게'는 의미 전쟁이다. 빠른 사람은 효율을 추구하지만 이른 사람은 효과를 추구한다. 효율은 정해진 길을 적은 입력을 투입, 더 많은 성과를 내려고 노력하지만, 효과는 정해지지 않은 길을 걸어가더라도 보다 의미 있는 성취를 내려고 노력한다. 성과는 결과 중심 사고의 산물이지만 성취는 과정 중심의 부산물이다. 빨리 목표를 달성해서 높은 성과를 만들어냈지만 성취감은 느끼지 못하고 허전한 마음을 달랠 길이 없는 이유는 무엇일까? 남이 하던 방식을 열심히 쫓아가서 목표는 달성했지만 내 인생의 전정한 목적은 무엇인지, 나는 남의 삶이 아니라 나의 삶을 살고 있는 것인지에 대한 진지한 물음 속에서 나의 관점과 시각으로 해석한 해답이 아니기 때문이다.

　남의 욕망을 쫓아 선망하는 삶은 다 망한다는 사실을 지금이라도 깨닫지 않으면 후반의 인생은 더욱 절망적이다. 선망은 시선이 자신을 향하지 않고 남을 향하면서 그들의 성과와 비교하면서 발생하는 잘못된 욕망이다. 지금까지는 밖으로 향하는 시선을 멈출 수 없었지만 지금부터는 밖으로 향하던 시선을 멈추고 안으로 향하면서 선망 대신에 희망을 품기 시작하자. 선망은 경쟁심을 부추기지만 희망은 경쟁력을 부채질한다. 지금까지 남과 비교해서 조목조목 따지는 삶을 살아왔다면 지금부터는 자신의 내면을 다지면서 나를 중심에 두고 내가 주인이 되어 살아가는 삶을 살아가야 할 시점이다. 지금까지는 스케일이 큰 꿈도 꾸고 총론이 좋으면 찬성하는 추상적인 의미를 추구했지만 지금부터는 스케일보다는 디테일, 총론보다는 각론, 추상 명사를 보통 명사가 살아가는 동사의 삶으로 바꿔 살아갈 시점이다. 고생 끝에 달콤한 미래가 온다는 고진감래는 이제 고생 끝에 통증밖에 오지 않는다는 고진통래로 바꿔야 한다. 몸은 '여기' 있으면서 마음은 아직 오지 않은 '저기'로 향하는 삶을 살아온 오십 전후의 사람들에게 "인생 후반전이 반전"이라는 메시지를 주기 위해 이 글을 쓰기 시작했다.

　나이 들어서 통념을 먹고 푸념하면서 체념하기보다 지금까지와는 다른 경이로운 세계를 심장 뛰는 마음으로 맞이하려면 어떤 노력이 필요할까? 지금까지 남의 인생을 살기 위해 남이 정해놓은 규칙과 법에 맞춰 살아온 누추한 삶은 우선 버려야 한다. 내 삶의 주인은 나다. 내가 나답게 살아가는 삶의 주인공이다. 전혀 관계가 없다고 생각되는 이질적인 2가지를 엮어내는 유추를 통해 경탄에 마지않는 경이로운 기적이 일상이 되는 그런 삶을 살아갈 가능성을 찾아가야 한다.

"가을은 모든 나뭇잎에 꽃이 피는 제2의 봄이다." 알베르 카뮈의 명언이다. 이걸 중년의 삶에 대입해서 바꿔 쓰면 더 멋진 명언이 탄생된다. "중년은 모든 역경이 경력이 되는 제2의 봄이다." 역경을 뒤집어 경력으로 만드는 중년은 또 다른 인생이 시작되는 제2의 봄이다. 다만 그 봄을 준비하고 실천하는 사람에게만 다가가는 선물이다.

3

나답게 살게 해주는
오성급 성공 모델

지금까지 사회가 요구하고 조직이 원하는 사람, 집의 가장에게 덧씌워진 의무 이행자로 살아왔다면 지금부터는 내 인생의 의미를 찾아 물건을 사기 위해 1억을 저축하는 사람이 아니라 추억을 만들기 위해 경험을 사는 사람으로 살아가기 위해 갖춰야 할 5가지 조건을 이야기한다. 일명 오성급 성공 모델이다. 여기에는 체력으로 단련하는 야성,

지능을 능가하는 지성, 감동과 감탄의 원천인 감성, 심장 뛰는 비전의 언어를 만드는 탄성, 마지막으로 믿을 만한 인간관계를 만드는 정성이 포함된다.

❶ 야성(체력과 건강)

야성은 야생성(野生性)의 줄임말이다. 인류학자 레비스트로스가 쓴 책《야생의 사고》[2]가 바로 과학적 사고와 대조되는 길들여지지 않은 사유를 지칭한다. 야성은 야생에서 야전을 통해 길러진다. 야성은 한마디로 몸으로 체득한 자기 정체성이자 미래 가능성이다. 나를 바꾸는 방법은 내 몸을 바꾸는 것이다. 몸으로 야생 체험을 통해 닦은 야생성이 나의 자생력을 결정하는 원동력이다. 오십을 넘기면서 급격히 떨어지는 체력을 회복하지 않으면 오십 후반의 인생은 체념으로 바뀌기 시작한다. 몸이 건강해야 기분이 상쾌해진다. 상쾌하지 않으면 머리도 명쾌해지지 않고 마음 역시 유쾌하지 않으며 꿈을 쫓아가는 여정이 통쾌하지 않을 뿐만 아니라 나에게 의미를 제공해주는 그 어떤 제안도 흔쾌히 받아들이지 못한다.

평소 운동을 주기적으로 하면서 근력을 키우는 사람은 시련과 역경을 극복하는 근성을 지니고 있어서 일희일비하지 않고 맡은 분야에서 끈기를 발휘하며 묵묵히 자기 본분을 다하며 살아간다. 야성지수가 높은 사람은 겪어보지 않은 난국이 다가와도 쉽게 포기하지 않고 정면 도전해서 극복해보려는 높은 기상과 극기의 정신을 지니고 있다. 끈기로 극기하는 사람은 굵직굵직한 사안이 의사 결정을 기다려도 흔들림 없이 강직하게 처리하면서 결연한 결행을 감행하는 사람이다. 나이 들수록 운동으로 몸을 단련해야 되는 중요한 이유는 무기력해지지 않고 오십 후반을 더욱더 열심히 살면서 열정적인 사람으로 거듭나기 위한 기초 체력을 다지기 위해서다. 그래야 어떤 사건과 사고가 터져도 끈기를 발휘해서 극기할 수 있다.

야성으로 어제와 다른 삶을 추구하는 사람은 미지의 세계에 대한 호기심으로 한계에 도전하면서 우연한 마주침을 즐기는 사람이다. 마주침이 없다는 이야기는 현실에 안주하며 산다는 반증이다. 낯선 환경과의 체험적 마주침, 낯선 사람과의 인간적 마주침, 낯선 책과의 지적 마주침이 책상에서 배울 수 없는 길들여지지 않는 사유, 야성을 기르는 3대 원천이다. 야성을 지향하는 사람은 몸으로 감각을 익혀 체감이나 실감이 뛰어난 사람이며 남다르게 시야가 넓다.

❷ 지성(지력과 배움)

지성은 낡아빠진 생각을 익은 생각으로 창조하는 각성제다. 늙어가는 몸은 어쩔 수 없지만 낡아빠져가는 생각은 어쩔 수 있다. 낡은 생각을 날조하는 꼰대, 입력은 고장 났는데 출력만 살아 있는 꼰대에서 벗어나기 위해서는 익은 생각을 창조하는 리더로 변신을 거듭해야 한다. 이런 지성은 야성을 통해 개발될 때 지루한 관성으로 전락하지 않는다. 야성 없는 지성은 지루하고 지성 없는 야성은 야만으로 전락할 수 있는 이유다. 오십 후반에 일정한 주제를 잡아서 비교적 오랫동안 공부를 통해 지성을 연마할수록 생각은 어제와 다른 각성을 통해 색다른 통찰을 잉태하기 시작한다. 그리고 촌철살인의 지혜와 하나를 물어보면 10가지 가능성을 모색하는 문일지십을 삶의 덕목으로 삼게 된다.

다양한 도전과 시도, 실험과 모색을 통해 지성을 지속적으로 단련하는 사람은 삶의 지혜가 풍부해서 위기도 슬기롭게 대처하는 사람이다. 책상머리에서 잔머리 굴리며 지성을 연마할수록 현실 논리와 무관하거나 거리가 먼 관념의 파편을 양산할 수 있다. 인생 중반을 넘어서는 사람은 지금까지 나름 산전수전 경험을 통해 사리를 분별할 수 있는 분명한 시력을 지니고 있다. 여기서 시력은 겉으로 보이는 것만을 보는 능력이 아니라 보이지 않는 것이 보이는 것을 움직인다는 사실을 믿는 안목이자 식견이다. 지성의 근육을 단련하는 사람은 삶의 중심을 잡고 사안의 핵심이 무엇인지를 간파하는 사람이다. 나아가 지성으로 단련하는 사람은 지금까지 살아오면서 몸으로 체득한 교훈을 뼈에 새길 정도로 마음속 깊이 새겨두고 잊지 않는 각골명심을 실천하는 사람이다.

타성과 고정관념에 빠지지 않고 지성을 연마하는 사람은 우연한 마주침으로 색다른 깨우침을 즐기며 언제나 어제와 다른 영감을 추구하는 사람이다. 체험적, 인간적, 지적 마주침으로 어제와 다른 깨우침을 얻는 지성적인 50대는 중년으로 접어들면서 배움의 방식도 많이 변하기 시작한다. 지성을 지속적으로 연마하는 50대는 한의원에서 맞는 침보다 내 몸을 어제와 다르게 움직이면서 직접 내 몸에 아로새기는 각성이나 촌철살인의 통찰력을 소중하게 개발하고 간직하려고 한다. 몸이 상쾌해진 사람은 머리도 명쾌해진다. 몸이 수직으로 서서 움직일 때 생각은 수평으로 누워 잠시라도 쉴 수 있다. 그 짧은 쉼이 숨 돌리며 머리를 명쾌하게 만드는 묘약이다. 움직임이 생각의 프레임을 바꾸는 이유다. 짧은 시간이라도 산책하며 걸으면 생각의 발로가 발로부터 시작된다는 사실을 깨달을 수 있다.

❸ 감성(매력과 말)

햄버거를 먹으면 살이 찐다고 생각하는 사람은 과학자가 논리적으로 분석하는 뇌안(腦眼), 즉 지성의 관점으로 바라보는 사람이다. 뇌안은 햄버거의 영양 성분을 과학적으로 분석, 지방 함량이 상대적으로 많은 햄버거를 먹을수록 살이 찐다는 결과를 내놓는다. 그런데 누군가는 햄버거를 보면 소의 아픔이 연상된다는 심안(心眼)으로 가슴 아픈 사연을 호소하는 사람도 있다. 느낌은 머리가 알기 전에 먼저 다가오는 정직한 신체적 반응이다. 감성은 내가 몸을 움직여 겪어보지 않으면 생기지 않는 공감 능력이다. 해보지 않고도 책상에서 논리적으로 알 수 있는 뇌안은 지성을 개발한다. 하지만 직접 몸이 겪어보면서 감성적으로 느끼는 심안은 감성을 개발한다. 세상을 움직이는 사람은 논리적으로 설명하지 않고 감성적으로 설득한다.

감성적 설득의 언어를 주로 사용하는 사람은 타인의 아픔을 감지하면 가만히 있지 못한다. 사람은 머리가 아프면 계산을 하면서 이해타산을 따지지만 가슴이 아프면 나에게 손해가 됨에도 불구하고 몸을 던지며 과감하게 행동한다. 이들은 이해타산을 따지는 머리의 언어보다 몸을 던져 타자의 아픔을 치유하는 몸의 언어를 주로 사용한다. 과감하게 행동할 수 있는 '용기'는 머리에서 비롯되지 않고 가슴에서 시작된다. 이들은 의미를 심장에 꽂아 의미심장하게 만드는 언어를 주로 사용한다. 용기(courage)의 어원은 가슴(heart)에서 유래되었다는 말이 일리가 있는 이유다. 용기 있게 행동하는 사람은 머리로 오랫동안 숙고하면서 검토를 거듭하기보다 가슴으로 느낌이 오면 머리로 올라가 생각이 시작되기 전에 과감하게 행동한다. 감성이 풍부한 사람은 누구보다도 공감의 언어를 사용하는 사람이다. 한편 감성적 설득의 언어를 주로 사용하는 사람은 운동으로 깨어난 상쾌함과 지적으로 최고의 상태를 유지하는 명쾌함과 더불어 유쾌한 언어를 사용하면서 삶의 의미와 가치를 찾는다. 이들은 함께 만나 화기애애하게 살아가는 기반을 감성적 설득의 언어를 사용하는 소통에서 찾는다.

유쾌한 마음은 세상을 바라보는 시각도 다르다. 부정적인 언어의 옷을 입은 하늘은 온통 먹구름이다. 하지만 먹구름 속에 태양이 있다는 긍정적인 마인드로 하늘을 바라보면 보이지 않는 태양으로 절망 속의 희망을 낚아챌 수 있다. '용기(勇氣, courage)'가 넘치는 사람은 용기(容器, container)를 깨트리는 혁신적이지만 공감대를 형성하는 언어를 사용한다. 특히 용기로 무장한 사람은 타인에게 세심한 관심을 갖고 애정 어린 눈으로 보살피며 타자를 배려하는 가슴 따뜻한 언어를 사용한다. 타자의 아픔에 눈감지 않고 그 아픔에 공감하는 사람은 기본적으로 측은지심이 강한 사람이다. 이해타산을 따지는 머리가 발동되기 전에 측은지심으로 상대의 아픔에 눈을 뜬 덕분에 뜻밖의 가르침을 감성적인 언어로 부단히 벼리고 벼려서 표현하려고 안간힘을 쓴다. 머리로 생각해서 얻을 수 없는 가장 소중한 깨우침, 그 어디서도 배울 수 없는 정문일침의 교훈을 필생의 깨달음으로 간직하기 위해 적확한 언어로 번역하는 일에 게으름을 피우지 않는다.

❹ 정성(협력과 관계)

정성을 다하는 인간관계는 단순히 예의상 성의를 표시하거나 일정한 조건으로 발목을 잡는 접대하려는 마음가짐이 아니다. 정성은 아무런 조건 없이 상대를 사랑하고 존경하는 마음에서 우러나오는 대접에서 비롯되는 미덕이다. 접대를 뒤집으면 대접이 된다. 접대는 받으면 안 된다. 접대받으면 옳은 소리를 하지 못하게 만드는 아킬레스건에 걸린다. 하지만 대접을 받는 의미 속에는 존경하는 마음이 스며들어 있어서 오히려 흐뭇한 마음이 온몸을 따스하게 만든다. 정성도 사람과 사람을 연결하고 이전과 다르게 연대하게 만드는 신뢰 자본이다. 오십 세가 되면 이제 접대받는 인간관계는 끊어버리고 대접받는 인간관계는 두 배로 늘릴 때 행복도 그만큼 배가된다.

매사에 정성을 다하는 사람은 마음 씀씀이가 갸륵하기 이를 데 없다. 이심전심으로 통하는 온기는 인간관계를 성심성의껏 정성을 다하는 아름다운 관계 맺음으로 유도한다. 나이가 들면서 느끼는 행복감은 대부분 절친한 인간관계에서 비롯된다. 내가 믿고 의지할 수 있는 인간관계가 친구로 나타날 때 따뜻한 정기를 주고받을 수 있으며 진심으로 상대의 이야기를 경청할 수 있다. 정성으로 상대를 대하는 사람은 따듯한 시선으로 바라보면서 내가 상대에게 기쁨을 주는 파트너가 되려면 어떤 노력을 거듭해야 되는지를 생각한다. 작은 배려와 격려, 희망과 용기를 전해주는 진심 어린 한마디의 말도 소중하지만, 귀담아 들어주는 경청이야말로 관계를 따뜻하게 만들어주는 가교다. 성인(聖人)이라는 말도 잘 들어주고 말하는 사람이라는 의미다. '성(聖)' 자를 보면 귀 이(耳)가 먼저 나오고 입 구(口)가 나중에 나온다. 먼저 잘 듣고 말은 적게 하라는 의미다.

뼈저린 뉘우침을 통해 인간관계에서 배운 소중한 교훈을 삶의 지침으로 삼는다. 나에게 기쁨이나 살아가는 의미를 깨닫게 해주지 못하고 만나기 전부터 스트레스가 쌓이는 인간관계 홍수 속에서 살아간다. 우리는 언제부터인가 부정적인 인간관계를 어쩔 수 없이 유지하며 살아간다. 나에게 아픔을 주는 관계는 끊어버리고 나에게 기쁨을 주는 관계는 이어나갈 때 삶은 더불어서 소중해지고 의미 있는 가치를 되새기며 행복한 삶을 만들어나갈 수 있다. 만나서 호감이 가고 따뜻한 정감을 주고받으면서 이전보다 더 좋은 사람으로 거듭나는 소중한 만남의 끈으로 이어지는 삶을 가꾸어나갈 필요가 있다. 반면교사도 나에게 깨달음을 주는 교사지만 남은 인생은 만나기 전부터 심장 뛰는 삶의 의미를 전해주는 진정한 스승을 만나고 싶다. 그래야 상대방의 정성 어린 제안도 흔쾌히 받아들여 더불어 행복한 삶을 살아가는 연대만을 구축할 수 있다.

❺ 탄성(탄력과 행복)

매사를 '덕분에' 잘되었다고 감사하는 사람은 일상이 행복한 감탄사 천국이다. 반면에 매사를 '때문에' 안되었다고 불평불만을 터뜨리는 사람은 일상이 한심과 한탄이 자라는 텃밭이다. 감탄사 천국에서 살아가는 사람은 부정보다 긍정, 걱정보다 인정하면서 타성에 젖어 살기보다 탄성을 말벗으로 살아간다. 탄성을 말벗으로 살아가는 사람은 감동받으면 눈물을 흘리고, 감격하면 와락 포옹하고, 감명받으면 가슴이 뭉클해지는 3감(감동, 감격, 감명)이 활력 있는 삶의 원동력이다. 일상이 경이로운 감탄의 원천이고 감사함의 대상이다. 이들에게는 꿈을 향해 살아가는 심장 뛰는 삶이 일상 그 자체다. 호랑이처럼 원대한 꿈을 품고 있지만 소처럼 우직하게 걸어가는 호시우보의 비전과 전략을 쌍두마차로 살아간다. 이들은 앉아서 꿈만 꾸지 않고 나가서 막무가내로 시행착오를 범하지 않는다. 행복한 비전은 내가 꿈꾸는 미지의 세계를 그림으로 그리면서 시각화하는 과정에서 현실로 구현되는 모습이다.

행복한 사람은 매사에 감사함을 표시하고 감탄사를 연발하며 타성에 젖어 사는 고루한 인생에서 탈피하는 게 최우선의 과제다. 탄성을 말벗으로 살아가는 사람은 원대한 꿈과 한계에 도전하는 삶을 진지하게 반복하면서 패기 넘치는 인생이 무엇인지를 보여준다. 행복한 삶을 삶의 궁극적인 목적지로 상정한 사람들을 당연히 남들에게 귀감이 되는 사람이다. 이들은 틀에 박힌 일상도 어제와 다른 시각과 관점으로 실지의 사정을 살피는 다각적인 시찰을 통해, 주어진 현실에서 가장 행복하게 살아갈 수 있는 현실적인 대안을 선택하고 실천하는 심장 떨리는 인생을 살아간다. 이들은 언제나 산전수전 경험과 시행착오를 겪으며 실수를 줄여나가는 가운데 몸으로 겪은 체험적 각성을 행복한 삶을 살아가는 소중한 원동력으로 삼는다. 이들은 내 몸을 관통한 흔적과 얼룩이 씨줄과 날줄로 직조되면서 다른 사람이 감동받고, 감격하며, 감명받은 깨달음을 통해 자기 정체성을 정립해나가는 사람이다.

감탄사 천국에서 살아가는 사람은 지금 여기서 발목을 잡는 사고의 한계들을 넘어서서 비상하는 상상력으로 무장한다. 근거 없는 망상이나 몽상, 환상이나 허상은 허공에서 관념을 먹고 자란다. 행복한 인생을 꿈꾸는 사람은 밤에 꿈만 꾸지 않고 낮에 두 눈을 부릅뜨고 몸으로 꿈을 꾼다. 다양한 마주침을 통해 깨우침을 배우면서 험난한 인생을 살아가는 가운데 행복한 삶을 살아가는 사람은 튼실한 밑받침을 만들어나간다. 공자가 《논어》에서 말하는 기본이 서면 나아갈 길이 생긴다는 본립도생의 삶과 일맥상통한다. 기본 없는 기술은 하나의 술수에 지나지 않는다. 기본기가 확고부동해야 자신만의 컬러와 스타일을 담아내는 필살기가 정련된다. 탄성을 삶의 미덕으로 추구하는 행복한 사람은 기본에서 멀어지고 술책을 강구하려는 사심이 싹틀때 언제나 초심으로 들어가 일편단심 다짐하는 자세와 태도를 강력하게 만들어간다. 매사에 감탄하며 행복한 삶을 살아가는 사람이 지키는 철칙이다. 초심을 잃지 않고 몸을 던져 땀을 흘리는 사람이야말로 열정적인 삶을 살아가는 우리 모두의 스승이다.

2부

나이 들수록
버려야 하는
채워야 하는

50가지 습관

1장 체력과 건강

야성 넘치는 후반전을 위한
상쾌한 몸 처방전

운동하는 동안은 동안이다

평상시에 반복해서 걷는 사소한 보행이 어느 순간 운명을 바꾸는 위대한 행보로 바뀐다. 부자는 책상에 앉아서 요리조리 머리 쓰는 단기전의 승자가 아니라 이리저리 몸을 움직이며 실험하고 모색하며 승부수를 던지는 장기전의 승자다. 부자가 장기전에서 오랫동안 버티고 견뎌내면서 시련과 난국을 돌파하기 위해 주식과 부동산 투자보다 몸에 투자하는 이유다.

실력도 체력의 산물이다. 실력은 실행력이 만든다. 실행하는 힘은 뇌력이 아니라 체력이다. 체력이 있어야 실행력을 높일 수 있고 실행력을 통해 실력이 쌓인다. 체력이 뇌력을 낳는 이유다. 몸이 부실하면 실행을 할 수가 없고 실력이 쌓일 수가 없다. 뇌력도 몸이 망가지면 같이 없어진다. 마인드가 신체를 통제하는 게 아니라 몸이 마인드를 통제한다. 몸은 마음이 거주하는 집이다. 몸이 망가져버리면 집이 없는데 마음이 어떻게 살아가나. 재테크나 금테크는 망할 수 있지만, 근테크는 절대 망하지 않는다. 돈 들여 살은 뺄 수 있지만 돈 들여 근육은 만들 수 없다.

운동을 못하는 이유는 시작하지 않기 때문이다. 결심했으면 비가 와도 나가서 뛰면 놀라운 희열감을 느낀다. 결심하고 다짐하고 핑계 대고 조건을 따지다 보면 운동은 절대로 시작할 수 없다. 부자들이나 성공한 사람들은 자기 관리나 자기 계발을 지속적으로 꾸준히 한다. 특히 자기 관리 중 첫 번째가 몸 관리다! 꿈의 목적지까지 가지 않고 몸으로 간다. 몸이 부실하면 꿈을 꿔도 목적지까지 갈수가 없다.

행복은 허리둘레에 반비례하고 허벅지 두께에 정비례한다. 몸매가 망가지면 몸뻬 바지 입어야 한다. 많이 움직인 만큼 세상을 바라보는 프레임도 바뀐다. 행동하면 행복해지고 행운도 따라오는 이유다. 결국 신화창조의 주역은 머리가 아니라 몸이다. 성공한 사람은 자기 관리, 특히 몸 관리에 전력투구한다. 몸을 보면 과거를 어떻게 살았는지, 현재 무슨 일을 하는지 담겨 있고, 미래에 뭘 할 수 있는지도 알 수 있다. 이처럼 신체성은 자기 정체성의 증표이자 미래 가능성의 담보물이다.

1

뱃살은 절반으로
넉살·익살은 두 배로

🥣 뱃살은 무책임한 비무장 지대다

뱃살과 비무장 지대는 무슨 관계일까? 인공지능 시대, 인공지능은 취약하지만 인간은 강점으로 지니고 있는 능력 중에 유추 능력이 있다. 관계없다고 생각되는 익숙한 2가지를 낯설게 연결시키는 가운데 발현되는 이연연상 능력이다. 겉으로 보기에 아무 관계 없는 것처럼 보이는 뱃살과 비무장 지대는 한 작가의 상상력으로 갑자기 연결된다. 서울대학교 김영민 교수는 한 칼럼에서 뱃살을 '상반신과 하반신에 걸쳐 있는 무책임한 비무장 지대'라고 비유했다.[3]

뱃살은 살아가는 데 아무런 도움이 되지 않는 군더더기 살, 군살이다. 뱃살은 다른 사람에게 눈살 찌푸리게 만드는 망신살이다. 세월의 흐름으로 생긴 인생의 내공은 주름살로 가지만 식탐과 운동 부족이 만든 합작품은 상반신과 하반신에 걸쳐 있는 무책임한 비무장 지대에서 비만으로 살아간다. 복부 비만은 몸집을 무겁게 만들어 태만을 친구로 불러들인다. 복부 비만은 태만과 함께 출렁이는 지방의 바다에서 소리 없는 파도 소리 들으며 24시간 잠복근무 중이다. 뱃살은 자기 관리를 하지 못한 게으름의 상징이다. 배가 나왔다는 이야기는 그만큼 먹고 움직이지 않았다는 반증이다. 이제 먹는 게 남는 거라는 말은 통용되지 않는다. 먹은 칼로리만큼 운동이나 이동으로 소비하지 않으면 먹는 게 남아서 내장 지방으로 축적될 뿐이다.

움직임이 세상을 바라보는 프레임도 결정한다. 뱃살이 출렁이기 전에 사생결단, 운동을 시작하지 않으면 당신의 건강 백세는 질병 백세로 반드시 바뀐다. 뱃살은 모든 건강의 적신호를 내장에 내장 지방으로 축적한 산물이다. 내장 지방에 축적된 그동안 먹은 것의 잔해들은 온몸 구석구석으로 보내지지 않고 뱃살에 고스란히 남아 출렁이는 지방 왕국을 만드는 건축 재료로 활용된다. 뱃살은 염증지수를 높이는 물질을 생산하고, 고혈압이나 당뇨를 비롯한 모든 성인병의 온상으로 작용한다. 뱃살은 세월이 가져다준 나잇살이 아니다. 뱃살은 과도한 음주와 탐식, 운동 부족이 만든 사회역사적 합작품이다. 뱃살은 당신의 잘못된 식습관이 만든 탐욕의 증표이며, 삶을 얼룩지게 만드는 구김살이다.

행복은 허리둘레에 반비례하고 허벅지 두께에 정비례한다. 중년 이후 행복해지고 싶으면 가장 먼저 해결해야 될 대상이 뱃살 빼기다. 뱃살은 살살 빼기의 대상이 아니라 초전박살 대상이다. 지금 당장 유산소 운동을 비롯한 뱃살 빼기 운동을 구체적으로 시작하지 않으면 노화는 가속화되고 삶의 질은 현격하게 떨어지기 시작한다. 더 이상 엄살 부릴 시간이 없다. 지금 가장 먼저 불태워야 할 것은 굳은살로 가기 전에 뱃살에 포진된 내장 지방이다. 그래야 건강의 적신호를 청신호로 바꿀 수 있다.

●● 당신의 필살기는 넉살과 익살이다

살아가면서 나잇살을 먹는다고 자동으로 넉살과 익살이 생기지 않는다. 먹기 싫어도 먹게 되는 살이 바로 나잇살이다. 세월의 흐름을 역류시킬 수 없다. 나잇살이 정신적인 연령으로 성숙되는 사람이 있는가 하면 육체적 연령으로 인식되어 청춘의 열정과 용기를 잃어가는 사람이 있다. 육체적 나잇살에 관계없이 정신적 연령이 축적되어 삶에 대한 관조적 자세와 함께 청춘의 열정은 더 뜨겁게 불타오르는 사람이 있다. 사람은 뱃심과 배짱이 있어야 하지만 뱃살은 굳이 없어도 되는 살이다. 예전에는 뱃살 좀 나와야 인격으로 봐주었지만 지금은 자기 계발을 안 하는 게으른 사람으로 취급받기 십상이다. 자신의 의지와 관계없이 먹는 나잇살과는 다르게 뱃살은 얼마든지 자신의 의지대로 생기지 않게 노력할 수 있는 살이다.

뱃살은 건강에 안 좋지만, 넉살과 익살은 있으면 인생을 긍정적으로 살아가는 데 매우 필요한 살이다. 절체절명의 위기 상황에서도 긍정으로 웃어넘길 줄 아는 살이 넉살이다. 넉살 좋은 사람에게 화가 난다고 침을 뱉을 수 없고 야단을 칠 수가 없다. 화를 내고 야단을 치려는 순간 그 넉살에 자신도 모르게 웃음이 나오기 때문이다. 넉살에 비해 익살은 유쾌한 위트와 유머로 사람들의 마음의 문을 열어젖히는 살이다. 넉살이 별다른 손을 쓸 틈도 주지 않고 사람들을 속수무책으로 만들지만, 익살은 그래도 여유를 갖고 웃을 수 있는 유쾌함과 통쾌함을 가져다준다.

익살과 넉살이 없으면 마지막 비장의 카드에는 엄살도 있다. 엄살이 진정성이나 진실함을 근간으로 발휘되지 않고 지나치게 과장되면 엄한 사살의 타깃이 되기도 한다. 무엇보다도 엄살은 스스로를 낮추고 겸손한 가운데 발휘해야 될 마지막 화살이다. 필요할 때는 자신을 낮추고 무리하게 도전할 필요가 없을 때 엄살을 부려도 된다. 엄살을 부리는 동안 생각지도 못하게 위기나 딜레마 상황도 시간과 더불어 넘어간다.

혼돈의 시대, 불확실성의 바다를 건너는 방법은 뱃살은 절반으로 줄이고 넉살과 익살은 두 배로 늘리는 것이다. 나이 들어서 더욱 필요한 능력은 사람을 웃음 짓게 하는 유머 능력이다. 실력과 더불어 유머를 갖춘 사람은 상대방을 무너뜨리고 자기편으로 만들 필살기를 갖춘 셈이다. 유머가 부르는 재미는 생각지도 못한 생각을 불러일으키며 통렬한 깨달음의 뒤통수를 맞았을 때 찾아온다. 의외성과 기대 저버림에서 재미가 나온다. 유머는 한바탕의 웃음이 아니다. 틀에 박힌 일상을 남다른 관심과 애정으로 살펴보면서 본질을 꿰뚫는 직관과 더불어 뜻밖의 통찰을 줄 때 일어난다. 유머는 기대를 저버릴 때 폭발한다. 예를 들면 "사과 열 개 중에 세 개 먹으면 몇 개 남을까요?"라는 물음에 일곱 개라고 답하면 아무도 웃지 않는다. 기대에 부응한 논리적 사유의 산물이기 때문이다. 그런데 한 학생이 말한다. "세 개 남아요. 먹는 게 남는 거니까요." 대답을 듣는 순간 폭소가 터진다. 왜냐하면 기대를 망가뜨린 뜻밖의 대답이니까.

"웃음은 얼굴에서 겨울을 몰아내는 태양이다."

- 빅토르 위고의 말 중에서

2

침은 절반으로
땀은 두 배로

💭 **시샘하면 침샘이 자극되어 침이 흐른다**

한의학에서는 피가 제대로 흐르지 않고 기가 통하지 않으면 불통되어 통증이 발생한다고 한다. 통증 해소를 위한 최고의 처방은 침이다. 혈류가 막힌 곳에 침을 놓아 피가 잘 통하도록 하는 방법이다. 정문일침이라는 사자성어가 있다. 정수리에 침 하나를 꽂는다는 뜻으로, 상대방의 급소를 찌르는 따끔한 충고나 교훈을 이르는 말이다. 정문일침의 깨달음은 주로 낯선 환경과의 마주침에서 생긴다. 마주침이 있어야 깨우침과 가르침, 그리고 뉘우침도 생긴다. 나이가 들수록 한의원에서 가서 침도 맞을 필요가 있다. 하지만 건강에 더 좋은 침은 한의사에게 맞는 침이 아니라 몸을 움직여 맞는 마주침이라는 자극이다.

한의사의 침이나 정신 못 차리는 사람에게 던지는 따끔한 충고의 침이나 모두 순간은 아프지만 그 아픔을 참고 견디면 침통한 표정도 밝아지고 정신도 맑아진다. 건강과 직결되는 또 다른 침이 있다. 맛있는 음식을 보면 침샘이 자극되어 입안에 침이 고이기 시작한다. 침은 소화 작용에 없어서는 안 되는 천연 소화제다. 침은 먹은 음식물을 부드럽게 녹여 소화 과정을 촉진하는 미각 촉진제다. 음식을 소화시키는 데 만약 침샘에서 침이 제대로 분비되지 않는다면 음식 맛도 제대로 못 느낄 뿐만 아니라 위에도 좋지 못한 영향을 미친다. 군침 돌게 만드는 음식을 먹는 것도 삶에서 꼭 누려야 할 행복이다.

소화에 필요한 침은 이렇게 우리 몸을 건강하게 만드는 데 작용하지만 반대로 시샘하면 나도 모르게 나오는 게 침이다. 이런 침은 사람을 추하게 만들고 오히려 역기능적 폐해를 부르는 장본인으로 작용한다. 이런 침은 주로 시샘하거나 질투하면서 자기도 모르게 흘리는 타액이다. 성공하는 사람은 선망하지 않고 희망을 품는다. 불가능이나 한계에 도전하는 불굴의 의지를 갖고 절망 속에서도 희망의 빛을 찾아간다. 그런데 남의 성공을 바라보며 선망하는 사람은 다 망한다. '선망(羨望)'이라는 말을 구성하는 부러워할 '선(羨)' 자를 파자해보면 더욱 의미가 선명해진다. 남의 '양(羊)'을 보고 먹고 싶어서 '침(次)'을 흘리는 모습이다.

성공하는 사람은 침을 흘리지 않고 땀을 흘린다. 성공하는 사람은 다른 사람이 성공하기까지 분투노력한 과정을 보고 교훈을 배우는 데 시간을 투자하지만, 그렇지 못한 사람은 성공한 사람의 결과만 보고 침을 흘린다. 얼마나 땀을 흘렸는지에 따라 성공한 사람의 성취감도 다르다. 땀은 몸을 움직여 노동한 대가로 나오는 수고와 정성의 증표지만, 침은 힘들이지 않아도 자기도 모르게 흐르는 시샘과 질투의 반증이다. 이제 이런 침은 절반으로 줄이고 땀은 두 배로 늘려갈 때 우리 몸도 더욱 건강해진다.

●● 지금 땀 흘리지 않으면 나중에 진땀 뺀다

땀은 몸을 아끼지 않고 도전하는 사람들이 만나는 보람과 성취의 직접적 결과지만, 침은 몸은 움직이지 않고 잔꾀를 부리면서 머리로 생각만 하는 사람들이 흘리는 부수적 결과물이다. 땀은 온몸을 던져 노력한 이후 일정 시간이 흘러야 나오지만, 침은 생각만 해도 순식간에 저절로 나온다. 땀은 밖으로 흘려야 몸의 순환을 돕고, 침은 안으로 흘려야 몸의 순환을 돕는다. 땀이 안에서 고이면 찌든 때가 되고, 침이 밖을 향하면 추한 몰골이 된다. 땀은 밖으로 침은 안으로 흘려야 건강하지만 그 방향이 바뀌는 순간 위험해진다.

땀에는 염분이 있어서 짜다. 바닷물에 포함된 미량의 소금이 바닷물을 짜게 만든다. 미량의 소금이 바닷물의 속성을 결정하듯 땀방울에 함유된 미량의 염분이 사람을 썩지 않고 계속 성장하고 발전하게 만든다. 반면에 침은 소금기가 없어서 썩는다. 땀 흘리는 사람은 그냥 썩어서 없어지지 않지만 침 흘리는 사람은 썩어서 없어질 수도 있다. 미량의 소금이 썩지 않게 만드는 방부제 역할을 하듯 열정적으로 몰입해서 흐르는 땀방울의 소금이 위대한 성취를 일궈내는 원동력이다.

침은 가만히 앉아서도 흘릴 수 있지만 땀은 몸을 움직여 고된 노동을 해야 나온다. 땀은 육체적 노동의 대가로 나오는 건강한 노력의 결과다. 침은 맛있는 음식을 보면 나오기도 하지만 성공한 사람의 성취를 보면서 자신도 모르게 흐르는 부정적인 산물이다. 앉아서 우유를 먹는 사람보다 밖에 나가서 우유 배달하는 사람이 더 건강한 이유는 땀을 흘리는 노동 때문이다. 땀은 흘리기 전까지는 힘들지만 땀을 흘리는 와중 또는 땀을 흘리고 나면 뿌듯한 보람과 성취감을 느낀다. 이에 반해 침은 본인조차도 의식하지 못하는 사이에 흐르는 사심과 욕심의 부산물이다.

남을 대신해서 땀을 흘리면 아름답지만, 남을 대신해서 침을 흘리면 추하다. 세상은 각자의 자리에서 본분을 지키고 최선의 노력을 경주하면서 땀 흘리는 사람들의 수고와 정성이 만들어간다. 성공하는 사람은 침을 흘리지 않고 땀을 흘린다. 뭔가 다른 사람은 자기 일에 열정적으로 몰입하면서 땀을 흘리지만 그렇지 않은 사람은 남의 일에 열광하면서 침을 흘린다. 땀과 침의 차이는 결국 열정과 열광의 차이다. 열정은 내 일에 몰입하면 부산물로 땀이 흐르는 노력이지만 열광은 남의 일에 발광하면서 부산물로 침이 나오는 활동이다.

자신이 하는 일을 조금 더 잘하기 위해 애간장을 태우는 마음이 열정이다. 열정은 뭔가에 흠뻑 취하는 것이다. 취(醉)하지 않으면 취(取)할 수 없다. 열정은 용광로에서 태어난다. 열정이 언제나 뜨거운 이유다. 열정은 할 수 있다는 자신감과 될 수 있다는 가능성이라는 믿음 위에 피는 불꽃같은 의지다. 열정은 내가 하면 재미있는 능력, 재능을 발견할 때 더욱 뜨겁게 불타오른다. 남의 일에 발광하며 침 흘리지 말고 내 일에 몰입하며 열정을 발휘해야 내일이 새롭게 열린다.

"오늘의 당신은 당신이 흘린 땀의 양에 비례한다."
  - 흑인 최초로 미국 최고의 발레단 수석 무용수가 된 미스티 코플랜드의 말 중에서

3 마음주름은 절반으로 몸씨름은 두 배로

🍚 삶의 시름, 마음의 주름

강의할 때 가장 힘든 청중은 재미있는 이야기를 해줘도 시종일관 무표정이거나 기분이 별로 좋지 않다는 표정을 짓는 사람이다. 나의 의도로 봤을 때 이 시점에서 웃어주어야 나름 시나리오가 풀린다는 가정으로 강의하지만 청중은 무반응이다. 그 순간 말이 꼬이기 시작하고 의도와 관계없는 다른 이야기를 하다가 자칫 강의가 잠깐이지만 삼천포로 빠지는 경우도 있다. 프랑스 시인 폴 발레리는 이런 명언을 남겼다. "심각한 사람은 아이디어가 없다. 아이디어가 있는 사람은 절대로 심각하지 않다." 내 경험상 직급이 높은 분일수록 강의를 들을 때 엄숙하고 근엄하며 진지하고 심각하다. 업무 강도가 그만큼 높고 복잡한 의사 결정을 빠르게 처리해야 되는 심리적 부담감이 가중되어서 그럴 것이다. 재미있게 웃고 즐겁게 노는 삶 속에서 살아가는 의미도 더 발견할 수 있다. 언제까지 살아갈지 모르는 상황에서 매 순간을 재미와 의미가 함께 만드는 이중주를 연주해야 되지 않을까.

세월의 흐름이 사람에게 가져다주는 주름도 거역할 수 없는 삶의 흔적이다. 사람은 인생의 주름과 씨름하면서 나름의 의미를 만들어가며 자기 이름값을 하면서 살아간다. 인생의 고비마다 먹구름이 낄 때도 있고, 시름시름 앓아가면서 힘든 삶과 사투를 벌이지만 여전히 뜬구름 잡는 이야기 같아서 공허할 때가 많다. 그러다가 갑자기 누군가의 부름을 받고 심부름을 하거나 한 시대의 흐름을 타고 소름 끼칠 정도로 일이 잘 풀리면서 승승장구할 수도 있다. 하지만 여전히 인생은 모름의 바다이며 생각대로 풀리지 않는 일들이 고름처럼 우리들을 괴롭히며 아픔을 얼룩으로 남긴다. 한시름 놨다고 생각하는 순간 느닷없이 고드름이 뚝 떨어지듯 절망과 좌절의 주름이 나도 모르게 늘어만 간다. 내가 겪은 모든 주름의 흔적은 밑거름이 될 수 있고 용오름처럼 어느 순간 폭발적으로 상승기류를 타며 자기 존재를 아름답게 드러내는 추억의 필름으로 남는다.

의문을 품고 질문을 던지지 않고 의심의 눈초리로 상대나 대상을 바라볼 때 마음의 주름은 더욱 그 골이 깊어진다. 몸을 움직여 마음의 주름에 쌓인 걱정거리나 고민을 털어내야 되지만 그 주름은 오히려 게으름을 친구로 불러들여 아예 태만을 부리다 나태한 삶을 만들어버린다. 몸을 움직여 삶의 시름을 걷어내지 않고 앉아서 잔머리를 굴리다 보니 머리는 더욱 아프고 시름시름 앓아눕는 경우도 발생한다. 잔머리를 돌려 몸에게 명령을 내려도 몸은 마음대로 움직이지 않고 제 멋대로 움직인다. 몸이 먼저 움직이면 잔머리로 생각하던 삶의 시름 이나 마음의 주름은 말끔하게 제거된다.

●● 힘들이지 않고 생기는 근육의 힘이 어디 있으랴

운동하는 사람의 몸동작만 봐도 얼마나 열심히 몸으로 대응하는지 를 몸으로 감지할 수 있다. 육체노동은 잔머리를 인정하지 않는다. 아 니 아예 잔머리가 들어설 틈이 없다. 땀으로 보여주지 않으면 아무런 변화를 보여주지 않는 게 몸이다. 힘든 노동일수록 시작하기는 어렵 지만 일단 그 과정에 빠져들면 빠져나오지 못한다. 노동으로서의 운 동이지만 하면 할수록 내 몸에 기쁨을 안겨주는 즐거운 고통이다. 고 통으로 몸에 흔적을 남겨야 그 흔적이 근육으로 변화되어 나와 소통 을 시작한다. 힘들게 운동했지만 그 결과는 말할 수 없는 뿌듯함을 가 져다준다.

평상시 운동을 꾸준히 반복해서 힘든 경험을 겪어내면 작은 고통이 운동하는 사이에 몸을 자극한다. 매일 운동을 반복하면 매일 작은 고 통을 힘들게 받은 몸은 일생 동안 경험하는 고통의 총량을 다 경험해 서 죽을 때는 웰다잉(well-dying)할 수 있다. 힘들지 않으면 힘을 기울 이지 않고 평소와 유사한 방식으로 힘을 쓴다. 힘들어야 이전과는 다 른 방식으로 힘쓰는 방법을 생각하기 시작한다. 힘든 시절을 보내야 이전과 다른 방법으로 힘든 시간을 극복하기 위해 어제와 다른 방법으로 힘쓰는 방법을 모색하기 시작한다. 힘들어야 힘 들어가는 이유다. 아령 운동을 할 때도 내 힘에 겨워 견디기 어려울 정도의 무게로 힘들여 운동해야 없었던 힘이 생긴다. 너무 가벼운 무게의 바벨이나 아령으로 운동을 반복해도 생각만큼 근육이 생기지 않는다. 고통이 가해지지 않기 때문이다.

운동은 내 몸의 곡선성을 회복하기 위한 자신과의 격렬한 싸움이다. 직선의 바벨을 들고 오르락내리락하지만 그 직선의 운동 기구가 내 몸에 남긴 흔적이 곡선의 근육이다. 허리의 곡선이 사람을 오랫동안 버티게 만들어주고, 유려한 엉덩이의 곡선이 오랫동안 버틸 수 있는 기본기를 닦아준다. 무엇보다 운동을 하면 힘든 일 앞에서도 성급하게 직선으로 결정하지 않고 곡선으로 우회하는 회복탄력성이 생긴다. 그래야 사람을 안아줄 수 있는 포근한 곡선의 미덕을 쌓을 수 있다. 굽이굽이 흐르는 강물이 바다에 이르러 휘몰아치는 파도를 만들 듯 곡선으로 다져진 몸과 맘이라야 흔들리는 세상 속에서도 세상을 뒤흔들 수 있다. 운동하는 과정도 우여곡절의 곡선이다. 숨이 턱까지 차올라 널브러져 하늘을 바라보고 무게를 견디지 못하고 주저앉기도 하며 절치부심하는 즐거운 고통의 곡선이 몸과 마음을 부드럽게 단련시킨다. 라이너 마리아 릴케의 〈젊은 시인에게 주는 충고〉를 차용해 쓴 시 한 편으로 마무리하겠다.

운동하려는 사람에게 주는 충고

유영만

몸에서 빠지지 않는 모든 지방에 대해
인내를 가지라.
지방 그 자체를 경멸하라.
지금 당장 지방이 빠지지 않는다고 낙담하지 말라.
아무런 노력도 하지 않으면 감량은 언제나 지지부진하니까.
중요한 건
모든 노력을 통해 시도해보는 일이다.
지금 살과의 전쟁을 시작하라.

그러면 가까운 미래에
자신도 알지 못하는 사이에
매력적인 몸이 너에게 아름다움을 선물해줄 테니까.

편안함은 절반으로
불편함은 두 배로

4

🥣 **움직이면 흔들리는 살들, 멈추면 느껴지는 지방들**

톨스토이의 소설 《안나 카레니나》[4]에서 유래한 안나 카레니나 법칙에 따르면 '행복한 가정은 모두 엇비슷하고 불행한 가정은 불행한 이유가 제각기 다르다'고 한다. 이는 운동에도 적용된다. "운동하는 사람은 모두 엇비슷하지만 운동하지 않는 사람은 저마다의 이유가 있다." 《안나 카레니나》의 그 유명한 첫 문장은 이렇듯 운동에도 적용된다. 운동을 안 하기로 핑계를 대고 5분을 더 자는 달콤한 순간적 착각과 쾌락이 50분을 정신없이 자게 만든다. 그러다가 헐레벌떡 일어나 허겁지겁 출근하는 일상이 반복될수록 건강과 먼 불편한 노후를 보장받는 보험에 가입하는 것이나 마찬가지다. 사람은 본능적으로 지금보다 더 편안함을 찾아 기꺼이 돈을 지불한다. 어렵고 위험하고 더러운 소위 3D 업종은 기계에게 맡기고 대신 그 시간에 사람은 좀 더 편안한 시간을 보낸다. 머리는 물론 몸을 더 안 쓰니까 용불용설에 의해서 뇌 기능이나 신체 기능은 점차 퇴화되기 시작한다.

봐야 될 디지털 정보가 많아지고 특히 영상이 폭증하면서 처음부터 끝까지 보는 인내심은 점차 고갈된다. 심지어 2시간짜리 영화를 2배속으로 시청하면서 영화 줄거리를 주마간산 격으로 훑어보는 사람도 많다. 메시지의 의미를 음미하고 분석하고 비교해서 그것이 나에게 던져주는 의미심장함을 느끼기에는 시간이 없다. 내 대신 누군가 편리하게 요약해주는 기능에 나의 뇌를 외주화시킨다. 이런 점에서 가성비에 버금가는 새로운 신조어로 '시간 대비 성능'을 따진다는 '시성비'라는 말도 등장했다. '편리한 것에 프리미엄(추가 요금)을 기꺼이 지불하는 트렌드'를 의미하는 '편리미엄'이라는 말도 하나의 예다.

이제 두꺼운 책은 물론 가벼운 책도 내가 직접 읽는 독서가 아니라 남이 읽어주는 독서, 즉 귀로 듣는 청서(聽書)가 유행하기 시작했다. 나의 뇌와 신체는 자본으로 편리함을 살수록 몸과 마음은 안락함의 덫에 걸려들기 시작한다. 내 손으로 직접 뭔가 만드는 것도 누군가 대신 해주는 서비스를 이용하면서 거의 모든 걸 다른 사람에게 맡기는 외주화가 가속화되고 있다. 상온에서 음식을 보관하는 체험적 노하우는 냉장고가 나오면서 실종되기 시작했고, 빨래는 세탁기를 넘어서 이제 세탁 서비스를 통해 집에 깨끗한 옷을 배달로 받는다. 음식은 대부분 서비스를 이용해 주문해서 먹고 식재료 또한 새벽 배송을 비롯해 집에 앉아서 모든 걸 해결한다. 움직임은 점차 줄어들고 먹는 양은 많아진다. 설상가상으로 정제된 탄수화물과 염분, 그리고 당분이 많이 함유된 배달 음식과 외식에 의존하면서 몸은 성인병의 온상으로 전락하고 있다. 나도 모르는 사이에 지방은 몸 곳곳에 축적되면서 움직이면 흔들리는 살들이 아우성을 쳐도 내 몸은 못 들은 척한다. 젊어서 편안함에 투자한 시간과 노력만큼 나이 들어서 보내는 불편한 시간은 늘어난다. 고급진 음식, 비싼 차, 그리고 안락한 침대가 우리를 침대에서 안락하게 죽게 만드는 주범임을 더 늦기 전에, 더 늙기 전에, 아주 죽기 전에 알아차리자.

●● 신체의 신음이 만들어낸 것만이 믿음이다

신체가 짊어질 수 있는 짐이 바로 현실을 살아가는 마지노선이다. 신체가 현실적인 짐을 짊어질 수 없다면 나에겐 미래도 꿈도 없고 비전은 슬픈 비전(悲典)일 뿐이다. 신체는 이전보다 힘든 상황에서만 힘을 쓴다. 기존의 힘으로도 충분히 극복이 가능하다고 신체가 판단하면 신체는 힘을 쓰지 않는다. 힘을 쓸 필요가 없기 때문에 생각도 거기서 멈춘다. 신체가 힘든 상황에 놓였을 때 기존의 힘만으로는 지금의 상황을 극복할 수 없다는 판단이 들 때만 신체는 이전과 다른 방법으로 힘을 쓰기 시작한다. 힘든 상황에 직면할 때만 신체는 힘을 들여서 난국을 극복한다. 신체의 신음이 마음을 움직이고 더 힘든 위기 상황도 극복해낼 수 있다는 믿음을 갖게 만든다. 신음 없이 새로운 믿음이 생기지 않는다. 신체로 확인한 믿음만이 미지의 세계로 향하는 발걸음을 가볍게 만들고 이전과 다른 물음을 제기하며 웃음 짓게 만든다. 몸이 관여해서 깨닫는 힘겨운 싸움이 나를 또 다른 세계로 발돋움하게 만드는 디딤돌이자 원동력이다. 운동의 '아픔'과 '고통' 사이, 그 사이에서 생각의 차이가 자란다.

무라카미 하루키는 저서 《달리기를 말할 때 내가 하고 싶은 이야기》[5]에서 '아픔'은 피할 수 없지만 '고통'은 선택에 달려 있다고 했다. 운동하면서 느끼는 감각은 아픔(pain)이 아니라 고통(suffering)이다. 아픔은 태생적이라서 불가피하다. 태어날 때 산모가 겪는 아픔은 피할 수 없다. 정면으로 맞서는 수밖에 없다. 하지만 산통이 주는 고통은 내가 해석하고 받아들이기 나름이다. 고통은 아픔에 대해 사후에 내가 느끼는 주관적인 경험이다. 다른 사람과 비교해볼 때 내가 겪는 고통은 고통도 아니라고 생각할 때 고통은 상대적인 느낌이다.

지금으로부터 약 25년 전에 내가 처음 조선일보 춘천 마라톤 풀코스에 출전했을 때 겪었던 아픔이나 통증은 피할 수 없는 신체 경험이었다. 마라톤이라는 힘든 운동을 선택해서 춘천까지 달려간 내 몸이 피할 수 없는 아픔이었다. 이 아픔을 피하는 유일한 방법은 내 몸을 그런 경험을 하지 않는 상황으로 데려가는 길뿐이다. 아픔이 없는 곳에는 아름다움도 없다. 똑같은 아픔도 내가 어떻게 해석하는지에 따라서 전혀 다른 고통으로 내 몸에서 해석된다. 해석이 달라지면 골머리를 아프게 했던 문제도 해결된다.

하프코스를 목표로 뛰는 사람은 10km를 넘어서면 힘들어지고, 풀코스를 목표로 뛰는 사람은 하프 지점을 통과하면서 힘들어짐을 느낀다. 어느 지점을 목표로 하는지에 따라 내 몸이 느끼는 아픔이 고통으로 번역되어 다가오는 강도가 달라진다. 고통이 점점 심해질수록 결승선에 골인하며 환호하는 관중들에게 손을 흔드는 나의 완주 모습을 상상한다. 아직 오지 않은 잠시 후의 늠름한 나의 미래 모습을 현재로 끌어당겨 고통을 지속적으로 상쇄시켜나가다 보면 어느 사이 내 몸은 골인 지점을 향해 트랙을 돌고 있을 것이다.

여성학자 정희진은 저서 《나쁜 사람에게 지지 않으려고 쓴다》[6]에서 인간이 변하는 2가지 경우를 들었다. 하나는 상대방이 저항할 때, 다른 하나는 자신이 고통받을 때라고 했는데 근육도 마찬가지다. "근육이 변하는 경우는 2가지밖에 없다. 하나는 힘든 운동에 저항할 때이고, 나머지는 근육이 힘든 운동에 고통받을 때다." 돈 들여서 다이어트로 살은 뺄 수 있지만 아무리 돈을 들여도 근육은 생기지 않는다. 근육량은 내가 난관을 돌파하면서 위기를 극복할 수 있는 물리적 강도를 판가름하는 기준이다. 근육은 오로지 땀과 노력의 산물이다.

5

법대로 하는 일은 절반으로
방법 개발은 두 배로

> 고생 끝에 달콤한 미래는 오지 않고 통증만 남는다

법은 아무나 만들 수 없다. 국회의원의 가장 중요한 임무가 입법이다. 사회가 질서를 유지하며 안정적으로 유지되기 위해 반드시 필요한 게 법이다. 법은 과거 지향적이다. 물론 미래 사회를 지금과 다르게 상상하면서 필요한 법을 사전에 만들 수 있지만 대부분의 법은 이미 일어난 사건과 사고를 규제하고 불특정 다수의 국민들에게 억울한 피해가 가지 않기 위한 사전 조치이기도 하다. 대부분의 사업자나 직장인은 법대로 하지만 사업가나 장인은 법대로 안 되면 자신만의 법, 방법을 개발하는 방법 개발 전문가다. 법은 내 마음대로 만들 수 없지만 방법은 내 마음대로 만들 수 있다. 사업자나 직장인은 법대로 안 되면 좌절하고 절망하지만 사업가나 장인은 법대로 안 되면 법을 능가하는 방법을 개발해서 새로운 가능성의 세계를 열어간다. 사업자나 직장인은 해보기도 전에 한계선을 긋지만 사업가나 장인은 시도하면서 한계에 도전한다.

법대로 하는 사람은 주로 책상에 앉아서 다양한 구상과 계획, 검토와 분석을 통해 사안의 실현 가능성이나 장애 요인을 논리적으로 분석해보고 다양한 대안을 모색해본다. 법은 난공불락의 철칙이자 반드시 따라야 할 원칙이고 지침이다. 하지만 현실은 법이 수용하지 못하거나 법의 잣대나 기준으로 판정하기에는 딜레마적 이슈가 혼재되어 있는 회색 지대가 너무 많다. 사업자나 직장인은 주어진 일의 범위나 제한된 틀 속에서 최선의 대안을 모색하며 효율과 성과를 추구하는 사람이다. 가급적 새로운 도전이나 낯선 세계로 향하는 도전보다 현실적 대안을 모색하면서 안정과 조화, 규율과 관습에 따르는 삶의 방식을 선호한다.

법이 허용하는 범위 내에서 주어진 일을 최선을 다해 열심히 하는 사람은 미래 가능성을 위해 현실을 희생하는 일도 당연하게 받아들인다. 지금의 고생 덕분에 미래는 희망적일 것이라는 가정을 갖고 있다. 한마디로 이들에게 고진감래는 인생에서 소중하게 지켜야 할 원칙이나 다름없다. 고진감래를 삶의 철학으로 추구하는 사람은 지금 당장의 건강과 행복보다 미래의 언젠가 누리게 될 행복한 시간을 꿈꾸는데 더 많은 시간과 노력을 투자한다. 이들이 범하는 치명적 실수는 남에게 보여주기 위한 일을 자기희생을 감수하고서라도 해내려는 안간힘이다. 고진감래를 믿는 사람은 하루하루 먹고살기 위한 노동으로 자기다움을 드러내지 못한 채 평생을 남들처럼 살다가 안타까운 죽음을 맞이한다. 사회가 정한 기준에 따라 우리가 주어인 삶을 살아가다 불행한 최후를 맞이할 때 인생에 남는 것은 내가 그동안 남을 위한 인생을 살았다는 처참한 후회뿐이다.

나에게 정말 소중한 것은 신체가 존재하는 동안 신체와 더불어 일어나는 내 삶의 일상을 어제와 다르게 반복하는 노력이다. 신체가 갈망하고 욕망하는 일상적 삶에서 신체와 더불어 부딪히는 모든 체험적 일상이 내 삶의 일상이고 내 행복의 원천이다. 그런데 대부분의 사람들은 신체가 건강하고 사지가 멀쩡할 때 미래의 언젠가 향유할 행복을 담보로 가정법 인생을 산다. 그렇게 고생 끝에 달콤한 미래가 온다는 고진감래를 믿고 전력투구했지만 마지막으로 내 신체에 남는 것은 신경통과 관절염, 연골 파괴와 디스크 등 온몸에 남기는 병뿐이다.

●● 방법은 책상이 아닌 실행 속에서만 만들어진다

엘렌 코트의 〈초보자에게 주는 조언〉이라는 시는 '시작하라'는 말로 시작해서 완벽주의자가 아닌 경험주의자가 되라는 말로 끝난다. 운동도 마찬가지다. 유영만의 〈운동 초보자에게 주는 조언〉이라는 시도 "시작하라. 다시 또다시 시작하라. 운동을 시작하지 않는 유일한 이유도 시작하지 않기 때문이다…… 완벽주의자가 되려 하지 말고 경험주의자가 되라."로 끝난다. 시작하는 방법은 그냥 시작하는 것이다. 시작하면 방법이 생긴다. 니체도 말하지 않았던가. '모든 일의 시작은 위험하지만, 시작하지 않으면 아무것도 시작되지 않는다'고. 사실 운동을 시작하는 것은 위험하지 않다. 시작하지 않고 때를 기다리는 몸이 더 위험하다.

다리 떨지 않고 심장 뛰는 삶을 사는 사람은 키에르케고르가 구분한 '쿨 버드(Cool Bird)'에 대응하는 '핫 버드(Hot Bird)'다. 핫 버드는 목적을 달성하기 위해 불가능에 도전하며 어제와 다른 나로 변신을 거듭하는 사업가나 장인이다. 핫 버드는 세속적인 이유를 넘어서 어떤 일이 있어도 도전 과제를 완수하겠다는 신성한 이유(calling)를 갖고 스스로 동기를 부여하는, 직접 동기로 무장한 사람이다. 내가 살아야 되는 신성한 이유는 숭고한 목적에서 나온다. 성장 체험은 목적을 달성하는 과정에서 온몸으로 느끼고 깨닫는 체험적 깨달음이자 성숙해지는 각성이다. 예를 들면 부유한 변호사로의 길을 포기하고 압제에 저항하는 비폭력 도덕 정치가로 변신하게 해준 각성 사건(어떤 백인의 항의로 간다는 1등실 기차표를 갖고도 1등실에 타지 못하고 강제로 기차에서 내려야 했다)이 많은 사람의 존경을 받는 간디의 삶을 만들어준 것처럼 말이다. 윤정구 교수의《황금 수도꼭지》에 따르면 각성 사건은 자신의 삶이 목적과 만나는 특별한 경험이다.[7] 각성 사건은 한 사람의 삶을 혁명적으로 바꾸는 전환점이자 자신의 존재 이유를 깨달으며 다시 태어나는 제2의 탄생 과정이다. 남은 인생을 살아가야 하는 가장 소중한 이유나 목적은, 내가 왜 무엇을 위해 살아갈 때 가장 행복하고 신나는 삶인지를 깨닫는 각성 사건이 많은 삶에서 찾을 수 있다.

　각성 사건은 생각의 분량이 아니라 움직임의 분량에 비례한다. 격렬하게 움직이되 다치지 않는 움직임의 바다, 눈부신 움직임의 산맥, 힘들 때 한없이 깊어지는 포기의 생각, 그럼에도 지금 여기서 포기할 수 없는 신성한 목적, 행복할 때 꽃잎처럼 전율하는 근육의 떨림이 어울림의 하모니를 이룰 때 중년 이후의 삶은 건강하고 행복해질 것이다. 각성 사건은 주로 여행을 통해서 깨닫는 각성 체험의 산물이다. 여행이 더욱 각별하게 다가오는 이유도 사소한 것들이 상상을 초월할 정도로 소중하게 다가오는 감각을 온몸으로 느낄 수 있기 때문이다. 그래서 여행은 나에게 상상을 초월할 정도로 소중한 체험적 사유의 과정이다. 사소한 것을 더 이상 사소한 것으로 보지 않고 거기서 이전과 다르게 사유할 수 있는 힘이 생기는 과정이 다름 아닌 배움의 과정이라고 생각한다.

6

과식은 절반으로
음미는 두 배로

🍲 건강의 백미(白眉)는 백미(白米)에 없다

"당신이 무엇을 먹었는지 말해달라. 그러면 당신이 어떤 사람인지 말해주겠다." 프랑스의 미식가 브리야사바랭이 한 말이다. 내가 먹는 음식이 나의 지식을 결정하기도 한다. 빵을 주식으로 먹는 서양 사람들은 독립적이고 개체론적인 지식을 강조하고 밥을 주로 먹는 동양 사람들은 상호 의존적이고 관계론적 지식을 강조한다. 서양 음식은 하나하나가 독립적인 음식이다. 빵, 샐러드, 수프, 메인 요리, 디저트가 순서대로 나오는 이유다. 반면에 한국 음식은 밥과 반찬과 국이 어울려 나온다. 밥만 따로 먹지 않고 반찬이나 국과 함께 먹는 관계형 음식이다. 그래서 "국물도 없다"는 말은 심한 비하 발언이다.

흰쌀밥에 따끈한 국물을 떠먹는 것을 좋아하는 사람들이 많지만 건강에는 썩 좋지 않다. 나이 들수록 건강을 위해 식단 관리가 중요하고

2분의 1

과하게 먹지 않아야 한다. 건강한 나를 위해 지금 당장 절반으로 줄여야 할 첫 번째 음식이나 음료 또는 식재료는 설탕, 당과류, 설탕이 함유된 식품과 음료수, 과일, 과일주스 등을 의미하는 단순당이다. 단순당은 바로 체내에 소화 흡수되기 때문에 '빠른 당'으로도 불린다. 과일주스도 가급적 마시지 말고 생과일로 먹는 게 좋다. 각종 음료수에 담긴 단순당은 혈당으로 가는 지름길이다. 하얀 설탕과 하얀 소금, 그리고 하얀 쌀밥은 무조건 줄여야 할 3백(白)이다. 3백에는 백기를 드는 게 중년 이후 건강을 유지하는 자양강장제다.

두 번째 당장 절반으로 줄여야 할 것은 하얀 쌀밥을 포함하는 정제곡물이다. 쌀을 예로 들어 정제곡물이 무엇인지를 살펴보면 쉽게 이해할 수 있다. 쌀은 섬유와 영양분이 풍부한 외부 보호 코팅인 쌀겨, 비타민과 미네랄이 풍부하여 새 생명을 지탱할 수 있는 쌀눈(배아)로 구성되는데 흰쌀(백미)은 가장 영양분이 풍부한 배아와 쌀겨가 없는 정제곡물이다. 이에 반해서 통곡물은 쌀겨와 쌀눈이 손상되지 않은 상태의 곡물을 말한다. 국수, 크래커, 마카로니, 스파게티, 콘플레이크, 흰 빵, 흰쌀과 같은 정제된 곡물을 계속 먹으면 조기사망 위험이 27% 증가, 심장 관련 질병 위험 33%나 증가, 뇌졸중 위험은 무려 47%나 증가한다는 연구 결과가 2021년 〈브리티시메디컬저널(BMJ)〉에 발표되기도 했다.

당장 반으로 줄여야 할 마지막 음식은 햄, 소시지 등 가공식품이다.

세계보건기구(WHO)에 따르면 하루에 단 한 조각의 섭취만으로도 대장암의 위험이 18% 증가하고, 전 세계적으로 매년 34,000건의 암 관련 사망이 가공육의 과도한 섭취에서 직접적으로 기인한다고 밝혔다. 가공식품은 하루 평균 섭취해야 할 나트륨이나 지방 함량을 초과한다. 혈관 건강은 물론 체지방률에도 좋지 않은 영향을 미친다.

건강의 비결은 주식도 소식으로 줄이고 분식이나 외식, 그리고 회식 자리에서도 포식하지 않는 습관을 들여야 한다. 나이가 들어갈수록 단순당과 정제곡물, 그리고 가공식품을 절반으로 줄이고 채식 중심 음식은 꾸준히 늘려야 한다. 특히 소식을 꾸준히 할수록 언제나 건강과 함께 행복한 소식을 들고 찾아온다. 포만감이 들기 전에 숟가락을 놓아야 한다. 비만도 포만이 낳은 자식이다.

●● 음미되지 않는 삶은 용두사미다

음미(吟味)한다는 말은 시가를 읊조리며 그 맛을 감상하거나 어떤 사물 또는 개념의 속 내용을 새겨서 느끼거나 생각한다는 의미다. 음미는 사물이나 현상, 음식이나 문장에 담긴 의미심장함을 곱씹어 반추하면서 그것이 나에게 던져주는 깨달음의 메시지가 무엇인지를 생각해보는 것이다. 예를 들면 쌀 한 톨에 담긴 의미를 음미해보자. 쌀 한 톨이 생산되기 위해서 88번의 수고와 정성이 들어가야 얻을 수 있다는 깨달음을 얻는다. '쌀 미(米)' 자를 분석해보면 '여덟 팔(八)' 두 개가 합쳐져 이루어진 글자라고 한다. 즉 한 톨의 쌀이 생산되기까지는 88가지의 농부의 정성스러운 노력과 수고스러운 땀이 관련된다는 의미다.

음미하면 결과보다 과정에 담긴 수고와 정성의 의미를 다시 생각해보는 계기를 마련할 수 있다. 이런 점에서 음미는 뭔가를 만끽할 때 여유를 갖고 깊이 성찰하는 시간을 가질 때 비로소 가능한 소중한 시간이다. 음미는 속도나 효율과 어울리지 않고 삶의 매 순간을 감동적인 의미로 채워가려는 밀도감에서 나온다. 뉴욕 타임스에 따르면 식사 시간을 평균 100으로 할 때 프랑스 사람은 135분, 미국, 캐나다와 멕시코는 75분, 한국인은 30분 정도라고 한다. 아마 최근 한국인의 식사 시간은 더 빨라졌을 것이다. 한국 음식은 사실 빨리 먹을 수 없는 관계형 음식이다. 한국 음식은 서양 음식처럼 빵을 갖고 다니면서 빨리 먹거나 수프만 따로 빨리 먹을 수 있게 요리된 음식이 아니다.

우리 주변은 음식 맛은 물론이고 음미해볼수록 깊은 의미가 되살아나는 배움의 천국이다. 피트니스 센터에 가면 나를 조용히 기다리는 수많은 기구와 장비가 있다. 말할 수 없는 비생명체도 거기 존재하는 이유가 있다. 그 이유를 알아내려면 운동 기구가 나에게 던져주는 의미를 음미해보면 알 수 있다. 바벨은 어서 들어달라고 침묵으로 항변하고, 아령은 왜 자기에게 아랑곳하지 않느냐고 저쪽에서 큰 소리로 아우성을 친다. 러닝머신은 자기 위에서 달려봐야 인생이 고달프다는 사실을 러닝(learning)할 수 있다고 훈수를 주려고 기다린다. 벤치 프레스와 버터플라이는 자기를 들어주지 않으면 가슴을 펴고 살 수 없다고 내 손목을 잡아끈다. 레그 프레스와 레그 익스텐션은 오늘 자기를 거쳐 가지 않으면 허벅지와 엉덩이 근육이 부실해지고 가는 길에 발목 잡힐 수 있다고 경고 메시지를 날린다. 덤벨은 오늘 자기와 놀아주지 않으면 앞으로 살아가면서 덤으로 얻을 수 있는 게 아무것도 없다고 문자 메시지를 보낸다.

모두가 저마다의 위치에서 조용히 나를 기다리며 자신과 한 몸이 되는 순간을 고대하고 있다. 나는 기구와 장비를 이용해서 운동을 하는 게 아니라 이들과 함께 혼연일체가 된다. 그것은 일종의 사랑이다. 나는 이들의 인내심을 또한 사랑한다. 내가 그들의 이름을 불러주기 전까지는 모두가 침묵을 유지한 채 가만히 기다리고 있지 않은가. 그들은 나에게로 와서 사무치게 춤을 춘다. 격렬한 춤의 흔적이 몸으로 각인된다. 이런 상황에서 어찌 운동을 하지 않을 수 없을까. 오늘도 내 근육을 위해 몸 바쳐 충성하는 철들을 물끄러미 바라보며 용두사미 인생은 되지 말아야겠다고 다짐해본다.

"음미하지 않는 삶은 살 가치가 없다."

- 소크라테스의 말 중에서

7
검토는 절반으로
실행은 두 배로

💭 완벽한 때를 기다리다 몸에 때만 낀다

한국인이 지니고 있는 세계 최고의 경쟁력이 바로 검토 능력이라고 한다. 지나치게 생각을 많이 하면 행동하지 않고 그냥 지나친다. 나토(NATO)는 북대서양조약기구가 아니라 'No Action Talking(또는 Thinking) Only'의 약자다. 행동하지 않고 검토를 계속하거나 생각의 꼬리를 물고 생각만 계속하는 사람을 지칭해서 나토족이라고 한다. 우리나라는 이미 NATO에 가입해서 검토에 검토를 거듭하다 적극 검토하는 세계 최강국 대열에 들어섰다. 검토를 너무 많이 하다 보니 정말 구토가 나올 지경이다. 완벽하게 검토하고 준비해서 완벽하게 시작하려다 완벽하게 시작하지 못한다. 완벽한 때를 기다리다 몸에 때만 끼는 이유다.

어떤 사안이라도 검토에 검토를 거듭한다. 그리고 검토하고 검토해서 적극 검토해본 결과 다시 검토할 일정을 잡는다. 검토하는 일이 다반사가 되다 보니 검토하는 다양한 위원회가 난립한다. 위원회가 너무 많이 운영되다 보니 위원회를 관리하는 위원회가 생길 정도다. 그 위원회도 일 년 내내 검토에 검토를 거듭하다 해를 넘기고 다시 검토를 시작한다. 국회의원이 장관에게 대정부 질의할 때 조목조목 따지면서 답변을 요구한다. 그럼 장관이 "검토해보겠다"라고 대답한다. 국회의원은 성에 차지 않아서 더 적극적으로 따지고 물어본다. 그럼 장관은 "적극 검토해보겠다"라고 대답한다. 적극 검토하는 와중에 이미 세상을 바뀌었고, 검토하는 사안은 더 이상 이슈가 되지 않는다. 실패보다 치명적인 실기(失期)가 발생하는 이유다.

생각에 생각을 거듭하다 보면 전혀 일어날 것 같지 않은 일도 미리 당겨서 그 위험과 두려움을 고민하고 안 해도 되는 걱정을 계속한다. 느낌이 가슴으로 오면 머리로 올라가 생각을 시작하기 전에 뭔가를 결단하고 즉시 행동하지 않으면 행동으로 옮기기는 불가능에 가까워진다. 장고 끝에 악수 두는 법이다. 일단 행동해보고 실천에 옮기면서 안 되면 이전과 다르게 시도해도 늦지 않다. 실천하지 못하는 이유는 실천하지 않고 생각하기 때문이다. 느낌이 왔을 때 바로 몸을 던져 실행에 옮기지 않으면 머리는 그때부터 안 해도 되는 이유나 자기 합리화를 시작한다.

시작하지 못하는 이유는 시작하지 않기 때문이다. 시작하는 유일한 방법은 그냥 시작하는 것이다. 그냥 시작하지 않으면 다양한 변수를 검토 대상에 올려놓고 이해타산을 따지기 시작한다. 실패할 수 있는 가능성과 실천하면서 나타날 수 있는 위험 요인을 미리 앞당겨 생각하면서 생각은 또 다른 생각의 꼬리를 물기 시작한다. 생각이 거듭될수록 생각하는 머리는 행동으로 옮길 수 없는 이유로 둘러대기 시작한다. 세상을 바꾸는 사람은 위대한 생각을 가진 사람도 아니고 엄청난 아이디어를 품고 있는 사람도 아니다. 생각은 생각으로 끝나고 아이디어는 아이디어일 뿐이다. 생각과 아이디어는 현실이라는 텃밭에서 씨앗을 뿌리고 싹이 나야 비로소 의미가 생긴다. 검토는 절반으로 줄이고 실행을 두 배로 늘려야 머리도 아프지 않고 성공 가능성도 두 배로 높아진다.

●● 생각만 해본 사람은 당해본 사람을 못 당한다

쓸 때가 되면 쓸데가 생긴다. 쓸모없는 생각은 없다. 다만 생각만 계속하면 진짜 쓸모없는 생각이 나온다. 쓸모 있는 생각은 행동하면 나타난다. 10년 넘게 글쓰기 수업을 해온 은유 작가는 저서 《글쓰기의 최전선》[8]에서 내 앞에 있는 조잡한 도구로라도 일단 시작해야 능력이 확장된다고 강조한다. 우리는 시작하기 전에 어떻게 추진할 것인지를 너무 오랫동안 고민한다. 고민에 고민을 거듭할수록 고민은 해결되지 않고 생각은 더욱 꼬이기 시작한다. 망치로 삽을 만들기 전에 어떻게 만들 것인지를 고민하면 삽으로 사과나무를 심을 생각은 꿈에도 하지 못한다. 일단 시작하면 다음 행동을 위한 아이디어가 떠오르고 그 아이디어로 실행에 옮기면 생각지도 못한 방법이 부각된다.

전후좌우 상황을 상정해놓고 어떻게 추진하는 것이 가장 비용 대비 효율적인지를 숙고하고 판단해서 결정한다. 문제는 계획이나 계산이 실제 상황에서 일어나는 생각지도 못한 우발적 사건을 전부 고려할 수 없다는 점이다. 계획을 세우고 계산했지만 예기치 못한 변수로 갑자기 사건이 발생하면 구상했던 계획대로 일이 풀리지 않고 전혀 다른 방향으로 흘러간다. 예측 자체가 불가능한 복잡한 상황에서 난국을 타개하는 유일한 방법은 계산된 생각을 실천 현장에서 검증해보는 수밖에 없다. 위대한 생각이나 아이디어가 세상을 바꾸지 못한다. 아이디어는 현장에 구현되면서 새로운 창조로 빛을 발할 때 비로소 세상을 바꾸는 혁명의 씨앗으로 발아된다.

시도하면 왜 안 되는지 몸으로 느낌이 온다. 언어화시킬 수 없는 놀라운 체험적 각성이 지혜로 축적되면서 경지에 이르는 자기만의 노하우를 체득하는 길이 열린다. 하다 보면 내 생각이 얼마나 관념적이고 현실 논리와 동떨어진 허무맹랑한 몽상이나 망상이었는지도 뼈저리게 느낀다. 생각만 해본 사람은 당해본 사람을 못 당한다. 앉아서 계속 생각의 꼬리를 물고 생각하는 사람은 나가서 생각지도 못한 일을 당한 사람의 생각을 따라갈 수 없다. 몸으로 익힌 생각의 변화는 머리로 계산하는 생각을 언제나 능가한다. 머리가 명령을 내리기 전에 무의식적으로 움직이는 몸의 기억이 경지에 오른 사람의 설명할 수 없는 체험적 지혜다.

　프로는 오늘도 어제와 다르게 조금 더 노력한다. 어떻게 할 것인지를 오랫동안 생각하지 않고 일단 몸을 움직여 어제와 다른 실천을 진지하게 반복할 뿐이다. 영감은 무수한 실천 속에서 갑자기 떠오르는 기적의 선물이다. 영감은 오로지 갈급한 문제의식과 위기의식으로 치열하게 문제와 싸우는 사람에게만 다가오는 영혼을 울리는 감동이다. 아마추어는 오늘도 상황이 좋지 않다느니, 아직 때가 되지 않았다느니, 준비가 덜 되었다느니 등과 같은 핑계를 찾아내느라 분주하다. 프로는 오로지 묵묵히 어제와 다른 실천을 진지하게 반복할 뿐이다. "아마추어가 영감을 기다릴 때 프로는 작업한다." 사실주의 화가 척 클로스의 말이다. 이전과 다른 새로운 세계를 발견하고 싶으면 색다른 생각이 나에게 올 때까지 기다리지 말고 몸을 던져 현장에서 시도하고 실험하라.

"통찰이 행동으로 이어지기보다 행동이 통찰로 이어지는 경우가 더 많다."
－ 칩 히스와 댄 히스의 《순간의 힘》[9] 중에서

8

걱정은 절반으로
긍정은 두 배로

🥄 **아마도 섬의 걱정대학교 부정학과 자포자기 전공**

'아마도'라는 섬에는 「걱정대학교」가 있다. 이 학교에는 2가지 전공 트랙이 있다. '부정학과 자포자기 전공'과 '호시탐탐학과 절치부심 전공'이 그것이다. 호시탐탐학과 절치부심 전공은 학부 2학년 과정까지만 있다. 2학년을 마치고 '그럼에도' 섬에 있는 「들이대학교」로 편입학 시험에 합격하면 '저질러학과 뒷수습 전공'으로 편입하고, 불합격된 학생들은 걱정대학교 '부정학과 자포자기 전공'으로 트랙을 바꿔야 한다. 걱정대학교는 희망을 아예 포기하고 매사에 불평불만을 보다 강하게 표출하고 싶은 노하우를 배우고 싶은 학생들이 입학하는 대학이다. 「걱정대학교 부정학과 자포자기 전공」은 「절망대학교 투덜학과」, 「배째라대학 한탕학과」, 「얌체대학 뺀질이학과」라는 이름이 시대적 흐름에 따라 변천되면서 2023학년도 봄 학기에 새롭게 결정된 이름이다. 걱정대학교의 부정학과 자포자기 전공 학생들은 매사가 불만이고 누구를 만나든 불평으로 시작한다. 시도해보기도 전에 무조건 안 된다고 우기거나 도전하기도 전에 포기하는 습관이 오랫동안 몸에 배어 있는 학생들이다.

이 학교에서는 에너지 뱀파이어처럼 에너지 흡혈귀로 주목받은 학생들이 특별 관리 대상의 학생으로 입학할 수 있는 특별 전형도 실시된다. 주로 이 학교 학생들은 아마족과 설마족, 무마족, 그리고 낙마족의 후손들이 다니는 학교다. 다른 종족들보다 미래에 대해 긍정적인 아마족은 엄격한 심사와 검증 과정을 거쳐 그럼에도 섬의 들이대학교로 특별 전형을 통해 입학하는 사람도 있다. 아마족의 약 50% 정도는 들이대학교에 입학하거나 아니면 걱정대학교의 호시탐탐학과 절치부심 전공을 선택하게 된다. 걱정대학교는 정부의 특별 지원으로 등록금과 입학금의 절반을 지원받는다. 아마도 섬의 걱정대학교 호시탐탐학과 절치부심 전공 학생들은 아마 그럴 것이라는 어느 정도의 확신과 자신감을 더욱 단련시켜 보다 적극적이고 긍정적인 삶을 살아가는 방법을 집중적으로 배운다.

부정학과 자포자기 전공 학생들은 걱정이 많고 부정적인 생각이 지나치다 못해 타성에 물들고 통념에 젖어 살아간다. 타성은 더 이상 문제의식이 없을 때 기계적으로 반응하는 성질이다. 타성에 빠지면 삶에 대한 의욕과 열정이 없어지고 그냥 이대로 사는 현실 안주적 자세를 취한다. 어떤 상황에서도 그냥 그대로가 좋다. 타성(惰性)은 타성

걱정대학교의 두 전공 주요 교육 과정

학년	부정학과 자포자기 전공	호시탐탐학과 절치부심 전공
1학년	걱정심리학 개론, 부정조직학 원론, 분위기 다운학 개론, 한탄학 개론, 의심학 변론	인생회고론, 도약의 발판론, 좌절금지론, 희망 프로젝트
2학년	우왕좌왕·지지부진 개론, 불평불만 폭발론, 책임전가학 개론, 절망·좌절학 개론	갱생 프로젝트 추진론, 그럴 수도 있지 사례연구, 교토삼굴·권토중래론, 기사회생 연습, 인생기획론, 편입학시험 준비 과목
3학년	무조건반대 노하우 세미나, 시비걸기 개론, 부정적 정서론	*학부 2학년 과정까지만 있음
4학년	비전학(悲田學) 연습, 절망리더십 특강, 동분서주·지리멸렬 원론, 약점발굴 실습	

(打性), 즉 내 안의 현실 안주적 안이한 자세를 내외부적 자극으로 때릴 때 비로소 극복될 수 있다. '습관적'이라는 말도 '습관'이 '적'이라는 말이다. 타성이 관성을 만나면 치유불가능해질 수 있다. 관성과 타성은 습관의 적에 의해 압도당해 손을 쓸 수 없는 속수무책의 길로 빠지는 마음이다.

걱정을 해서 걱정이 없어지면 걱정이 없겠다. 티베트 속담이다. 걱정한다고 해결될 문제는 거의 없다. 걱정해도 어쩔 수 없는 일, 소용없는 일을 붙잡고 걱정에 걱정을 거듭해도 머리만 아플 뿐 긍정적으로 나아지는 게 없다. 걱정대학교에 입학해서 매사를 부정하고 자포자기하면서 인생 후반전을 낭비하지 말고 그럼에도 섬에 설립된 들이대학교에 입학하자.

●● 그럼에도 섬의 들이대학교 저질러학과 뒷수습 전공

　그럼에도 섬에는 유일하게 들이대학교라는 인생 대학교가 있다. 이 대학은 입학금이나 등록금은 전혀 없고 모든 학생들이 장학생이다. 들이대학교는 본래 「긍정대학교」, 「용기대학교」, 「도전대학교」라는 이름으로 여러 번 대학 명칭이 바뀌어 오다 2023년 봄 새롭게 제정된 대학 명칭이다. 들이대학교에서 가장 중요하게 생각하는 입학 자격이나 자질은 긍정성, 도전, 불굴의 의지나 용기다. 이 대학교의 유일한 학과인 '저질러학과', 그 학과의 유일한 전공인 '뒷수습 전공'이 있을 뿐이다. 들이대학교는 행동으로 옮기기 전에 고민만 하지 않고 시련과 역경에 아랑곳하지 않고 주어진 현실을 긍정하면서 과감하게 도전할 수 있는 용기와 강한 의지를 길러주는 대학이다. 들이대학교는 안 된다고 생각하거나 시도해보기도 전에 한계선을 긋는 학생들은 절대로 입학할 수 없다. 들이대학교 학생들은 도전에 한계를 두지 않고, 한계에 도전을 즐기는 학생들이다. 들이대학교의 저질러학과가 의미하는 '저질러'는 앞뒤 안 가리고 무조건 저지르라는 말은 아니다. 오히려 전후좌우를 조목조목 따져보되 고민만 하고 행동하지 않거나, 다음에 실천으로 옮기겠다고 차일피일 미루는 나약한 사람들을 경계하는 말이다.

　들이대학교 학생들에게 삶은 곧 배움이자 앎이고 그 앎이 곧 삶이다. 이들에게 앎과 삶과 옳음은 따로 놀지 않는다. 삶 속에서 앎을 배우고 앎 속에서 삶을 일궈나가는 들이대학교 학생들은 꼭 학교에서만 배우는 활동을 전개하지 않는다. 그들에게 앎은 삶과 더불어 언제나

들이대학교의 유일한 학과인 저질러학과 뒷수습 전공 교육 과정

1학년	긍정심리학 특강, 희망학 원론, 신바람학 특강, 긍정적 조직학 원론
2학년	불가능 도전학 세미나, 칭찬학 명사 특강, YES MAN 원론, 긍정적 일탈론 사례연구
3학년	긍정언어학 세미나, 경청비법 특강, 걸림돌 제거 비법학 세미나, 역발상 각론
4학년	긍정적 리더십 명사초청 특강, 한계도전 인턴십, 불장난 실습, 강점 강화 실습

일어나는 활동이다. 배움을 멈추는 순간 성장도 멈추고 인간적 성숙을 기대할 수 없다.

삶은 모든 배움의 무대다. 들이대학교 학생들의 지금 여기서 살아가는 삶으로서 앎을 증명해보겠다는 실천적인 의지의 표현이다. 이들에게는 알고 행하겠다는 선지후행의 문제가 아니라 앎과 삶의 합일, 즉 지행합일의 문제다. 행동하면서 깨닫고 그 깨달음의 결과가 다음 행동에 다시 반영되어 부단히 선순환하는 앎과 삶의 구조다.

중년 이후 절반으로 줄여야 할 가장 최우선의 대상 중의 하나가 바로 걱정이고 두 배로 지금 당장 늘려야 할 것은 자신의 현재 위치를 솔직하게 인정하고 가급적 긍정적인 삶의 자세와 태도를 유지하는 것이다. 걱정대학교와 들이대학교의 갈림길에 서서 더 이상 고민하고 검토를 거듭하지 말고 지금 당장 들이대학교에 입학 원서를 내자. 그리고 지금보다 더 건강하고 행복한 인생을 만들어나가자.

2분의 1

9

빠듯한 일은 절반으로
뿌듯한 일은 두 배로

💬 하는 일의 의미를 음미하지 못하면 빠듯한 삶에 빠진다

빠듯한 일정을 보내는 사람은 시간에 종속되어 끌려가는 사람이고 뿌듯한 하루를 보내는 사람은 시간을 주도적으로 활용하는 사람이다. 빠듯한 시간을 보내는 사람은 뭔가를 성취하는 과정에서 우연히 만나는 부산물의 의미를 되새겨볼 시간적 여유 없이 목표를 달성하는 직선 주로를 전속력으로 달려간다. 빠듯한 하루를 보내는 사람은 잠시 휴식을 통해 자신이 하고 있는 일의 의미를 반추해볼 시간적 여유가 없이 톱니바퀴 돌아가듯 바쁜 일정을 보낸다.

빠듯한 일정에서 빠져나오지 못하면 빠질 수 없다. 빠듯한 사람은 시간에 종속된 사람이다. 시간 관리를 할수록 시간에 관리당하는 역설에 빠진다. 시간과 시간 사이에서 시각(視覺)을 갖고 자신이 보내는 시간의 의미를 다른 시각(時角)으로 바라보지 않으면 빠듯한 삶의 거

대한 수레바퀴가 돌아가기 시작한다. 한번 돌아가기 시작한 수레바퀴는 점차 내 힘으로 멈출 수 없는 가속력이 붙는다.

빠듯한 사람의 시계는 언제나 '바쁘다'라는 말로 얼룩져 있다. 모든 일정이 촘촘하게 짜여 있고 그 일정을 빠짐없이 챙기다 보니 한 가지에 빠져서 몰입하고 집중할 시간이 없다. 시간이 흘러가지만 무의미하게 흘러간다. 시간의 의미를 음미하지 못하고 이미 지나간 시간과 별반 다르지 않은 시간을 무한 반복하는 악순환의 궤도에 진입한다. 소크라테스는 "음미되지 않는 삶은 살 가치가 없다"고 했다. 음미해봐야 무슨 의미가 있는지 알 수 있다. 음미는 남이 쉽게 볼 수 없는 음지에 담긴 의미를 반추해보는 과정이다. 사람도 그 사람의 양지보다는 음지를 음미해봐야 그 사람의 진면목을 이해할 수 있다. 마찬가지로 폭증하는 단편적 정보가 왜 어떤 시점에서 무슨 문제의식으로 탄생했는지 곰곰이 음미해보지 않으면 정보의 홍수에 떠내려가기 십상이다. 우리는 지금 '나는 바쁘고 너는 산만한' 빠듯함의 생태계에서 서로가 서로를 스쳐 지나가며 살아간다.

빠듯한 삶을 살아가는 사람이 보내는 시계는 언제나 크로노스의 시간이 흐른다. 크로노스는 자연스럽게 흘러가는 물리적 시간이고, 특별한 의미가 부여된 시간은 카이로스다. 시간에 종속되어 빠듯한 일상을 보내는 사람은 이것저것 빠짐없이 하다가 운동하는 시간은 빼먹는다. 바쁘다는 핑계로 운동하는 시간에서 빠져나오니까 다른 일로 바쁘게 지내다 결국 건강을 잃고 인생의 소중한 의미를 다 잃어버리는 결과를 낳는다. 빠듯한 시간을 보내는 사람은 남을 배려하는 시간보다 항상 자기 배 채우기에 바쁘다. 양손에 들고 다니는 짐도 많아서 다른 사람의 아픔을 감지하고 배려할 시간이 없다. 빈손이라야 빈말이라도 하면서 다른 사람의 삶을 들여다보고 배려하는 시간적 여유를 가질 수 있다.

낮은 하늘을 나는 참새는 바쁜 날갯짓을 하며 언제나 빠듯한 삶을 살아간다. 하지만 창공을 나는 독수리는 활공에 어울리는 날개를 펼치고 아래를 내다보며 뿌듯한 비행을 즐긴다. 빠듯한 시간을 보내는 참새에게 세상은 좁고 다리 떨리는 두려운 일은 늘 많지만, 뿌듯한 시간을 보내는 독수리에게 세상은 넓고 심장 뛰는 설레는 일이 언제나 줄 서서 기다리고 있다.

●● 내 시간의 주인을 나로 만들자

세상은 크로노스보다 카이로스의 시간을 만들어가는 사람이 바꿔나간다. 크로노스가 과거에서 현재로 그냥 의미 없이 흘러가는 시간이라면 카이로스는 미래에서 현재로 당기면서 기다려지는 시간이다. 똑같은 물리적 시간이 흘러가도 누군가에는 새로운 창작의 시간이다. 카이로스의 시간을 보내는 사람은 누군가의 눈치를 보거나 사회가 일방적으로 정한 가치 판단 기준에 비추어 자신을 들여다보지 않는다. 무엇보다도 자신이 하면 재미있고 즐거운 재능이나 적성을 찾아 몰두하고 몰입하며 뭔가를 창작하는 과정을 즐긴다. 나는 오늘 어제의 나보다 뭐가 나아지고 있는지 스스로를 반성하고 성찰하며 지금까지의 삶과는 다른 삶을 전망하며 이전과 다른 가치를 추구할 수 있는 교육적 기반을 마련해야 한다.

뿌듯한 하루를 보내는 사람은 어제와 다르게 자신이 하고 있는 일에 깊이 뿌리를 내리는 데 몰입하고 집중한다. 뿌리가 깊을수록 쉽게 뿌리치지 못한다. 자신도 모르게 성장하는 모습, 그 모습은 자신이 하고 싶은 일을 더 잘하면서 지나가는 바람에는 흔들려도 쉽게 뿌리째 뽑히지 않는 굳은 심지를 기르는 과정이다. 특히 운동도 하면 할수록 더욱 뿌듯한 충만감에 젖어 운동하고 싶은 유혹을 스스로 뿌리치지 못한다. 운동조차 자투리 시간밖에 할 수 없이 빠듯하게 보내는 사람은 운동의 세계에 깊이 빠져들지 못한다. 빠듯한 일정을 보내는 사람은 빠지지 못하고 늘 빠져나가는 일에 허둥지둥 하루를 보내다 보니 시간은 흘렀지만 남는 감각적 느낌이 실종되는 삶을 반복한다.

빠듯하게 사는 사람의 또 다른 특징은 주로 조급하게 뭔가를 서두른다는 것이다. 조급해지면 의사 결정을 신중하게 할 수 없고 시류나 대세에 밀려 자기중심을 잡지 못하고 허둥대다 결정해버린다. 뿌듯하게 살아가는 사람은 복잡한 문제나 난국에 직면해도 서두르지 않고 다양한 대안을 모색하면서 문제의 핵심과 본질을 파고드는 집요함과

담대함을 보여준다. 간담이 서늘한 결연함과 불굴의 의지 속에 용기
라는 희망의 열매가 자란다.

10

다리 떨리는 일은 절반으로 심장 뛰는 일은 두 배로

🥢 다리가 떨리면 인생이 끝나가고 있다는 뜻이다

한때 드러머의 꿈을 꾸며 드럼을 배우고 공연도 해보았다. 하지만 역시 나는 선천적 음치와 박치라서 보기에는 멋있지만 드러머로의 변신은 참으로 어렵다는 점을 여러 번의 도전 끝에 알게 되었다. 공연하기 전날은 여지없이 다리가 떨리고 중요한 강연이 있는 전날은 심장이 뛰기 시작한다. 왜 드럼 공연을 하기 전날은 다리가 떨리고 강연하기 전날은 심장이 뛸까? 다리가 떨리는 일과 심장이 뛰는 일의 근본적인 차이는 무엇일까? 다리가 떨리는 일은 하기 싫거나 하면 두려움에 휩싸이는 일이다. 한마디로 재미없는 일인데 주어진 여건상 어쩔 수 없이 해야 되는 의무적인 일일 때 주로 다리가 떨린다. 나에게 드럼 연주는 꼭 도전해보고 싶은 버킷 리스트 중의 하나였다. 하지만 3년에 걸쳐 연습에 연습을 하고 출간 기념 강연할 때와 몇 차례 공연을 했는데도 긴장감은 줄어들지 않았다. 설상가상으로 박자를 못 맞추지나 않을까 하는 걱정과 두려움 때문에 늘 다리가 떨렸다.

미국의 직업알선 및 커리어 컨설팅 회사인 몬스터(Monster) 광고 중에 '월요일과 싸우지 마라(Don't fight Monday)'라는 영상이 있다. 동네 주민들이 월요일 새벽에 해가 뜨기 전에 모두 일어나 큰 반사경을 들고 동쪽으로 달려간다. 해가 뜨는 곳에 위치한 그들은 반사경을 들고 동쪽으로 향해 안간힘을 다해 비춘다. 드디어 해가 뜨기 시작한다. 뜨는 해가 반사경에 반사되어 떠오르지 못하게 하려는 의도였다. 월요일 아침에 보여준 동네 주민들의 처절한 노력과 간절한 열망이었지만 결국 해는 뜨고 만다. 주민들의 노력은 수포로 돌아갔다. 그리고 화면에 등장하는 메시지, "월요일과 싸우지 마라"라는 자막이 뜨면서 광고는 끝난다. 몬스터 회사가 이런 광고를 한 목적은 월요일 아침에 출근하기 싫은 회사와 싸우지 말고 우리 회사로 연락하면 월요일 아침 심장 뛰는 회사로 출근시켜주겠다는 메시지를 전하기 위해서다.

여행을 떠나기 전날은 심장이 뛰는데 왜 월요일 아침에 출근할 때는 다리가 떨릴까? 직장인은 일터가 노동의 현장이다. 하기 싫은 일인데 밥 먹고 살기 위해서 마지못해 하는 일이니까 신이 날 리 만무하다. 일터는 나의 재능과 강점을 개발시켜주는 배움의 터전이 아니라 자기 계발에 별다른 도움을 제공해주지 못하는 탈출의 현장이다. 이런 직장인에게 다음과 같은 질문을 던져본다. 첫 번째 질문은 "남은 나이가 몇 살인지 아는 사람?"이다. 사실 우리가 몇 살까지 살지 아는 사람은 아무도 없다. 그 이야기는 우리는 언제 죽을지 모른다는 이야기다. 두 번째 질문은 "당분간은 지금 다니던 회사 다닐 거죠?"이다. 당분간은 다닐 거니까 다닐 동안만이라도 다리 떨면서 재미없는 회사 생활 하지 말고 세상에서 가장 재미있고 행복한 시간을 보내야 하지 않을까.

●● 자기 일을 사랑하면 질문이 많아지고 심장이 뛴다

장인은 어제와 다른 방법으로 조금 더 잘하기 위해 안간힘을 쓰면서 분투노력하는 사람이다. 왜냐하면 장인은 자기 일을 너무 사랑하기 때문에 이 일을 어제보다 잘하려면 어떻게 해야 되는지에 대해 호기심의 물음표가 많고 매 순간 애를 쓰기 때문이다. 미국의 시인 메리 올리버는 저서 《휘파람 부는 사람》[10]에서 우주가 우리에게 준 선물로 '사랑하는 힘'과 '질문하는 힘'을 꼽았다. 자기 일을 사랑하는 장인은 지금 하고 있는 일을 조금 더 잘하기 위해 애를 쓰면서 끊임없이 질문을 던지며 다양한 시도와 실험을 한다. 반면에 자기 일을 사랑하지 않는 직장인은 지금 하는 일을 어제와 같은 방식으로 오늘도 반복하고 내일도 마지못해서 그냥 했던 대로 한다. 장인은 언제나 몸과 마음이 한 군데 붙어 다닌다. 몸이 일터에 있으면 마음도 일터에 있다. 몸과 마음이 혼연일체가 될 때 몰입하고 성취감을 맛보며 자기 일을 통해서 자신이 성장한다는 느낌을 갖는다. 하지만 직장인은 몸은 직장에 있지만 마음은 콩밭에 있다. 몰입과 집중이 안 된다. 퇴근 시간을 기다렸다 칼퇴하는 이유다.

평화학 연구자 정희진은 '사랑의 끝은 질문이 없어진 상태'라고 했다.[11] 그렇다. 내가 사랑하는 사람에게 질문이 없어지기 시작하면 사랑도 식어가고 있다는 증거다. 내가 하는 일에 대해서 질문하지 않는 이유도 내가 하는 일을 사랑하지 않기 때문이다. 이런 점에서 사랑하는 힘과 질문하는 능력은 서로 다른 능력이 아니라 한 가지 능력을 2개의 관점에서 본 것이다. 일이든 사람이든 사랑하면 질문이 많아지고 질문이 없어지면 호기심이 없어져서 어제 했던 일을 그냥 받아들이고 대강 해내는 데 급급하다. 사랑하는 힘이 지속되기 위해서는 사람이든 일이든 한꺼번에 알 수 없는 비밀이 남아 있어야 한다. 내가 알고 싶은, 풀고 싶은 비밀이 다 밝혀지는 순간 인간은 앎에의 의지와 욕망이 사라지고 질문도 없어지며 사랑도 급속도로 식어간다. 끊임없이 질문을 던지며 매일 대상이나 사람이나 일을 더 잘 알고 싶어서 어제와 다른 물음표를 던지며 정진할 때 나는 어제와 다르게 성장하고 발전한다.

바로 사랑하는 힘이 질문을 낳고 그 질문이 앎에의 의지를 강화시켜 나가기 때문이다. 사랑하면 질문이 많아지고 불가능에 도전해서 혁명을 일으킨다. 질문을 잘하는 방법은 사랑이 답을 알고 있다. 사랑하면 한계에 도전하면서 전대미문의 질문을 던져 전인미답의 길을 열어간다. 직장인은 사는 게 재미도 없고 자기가 하는 일의 의미를 찾지 못한다. 매사에 의욕도 없고 뭔가를 해내고야 말겠다는 불굴의 의지와 목표에 대한 열정도 식어서 지지부진하게 일을 처리한다. 당연히 운동도 주기적으로 하지 않고 그날그날 하루를 간신히 버티며 살아간다. 반면에 장인은 매사에 능동적이고 적극적인 자세로 활기차게 주어진 일을 해낸다. 장인의 에너지 원천은 자기 일에 대한 재미와 의미를 찾아 어제와 다르게 도전하는 열정이다. 열정도 심장에서 나오지 않고 체력에서 나온다. 건강한 몸에서 솟구치는 열정은 걸림돌을 디딤돌로 바꾸는 변신의 촉매제다.

"우리가 가진 세계란 오직 타인과 함께 산출하는 세계뿐이다. 그리고 오직 사랑의 힘으로만 우리는 이 세계를 산출할 수 있다."

- 움베르또 마뚜라나와 프란시스코 바렐라의 《앎의 나무》[12] 중에서

2장 지력과 배움

지성으로 성숙미를 더해가는
명쾌한 공부 처방전

배우는 사람이 인생의 주연 배우다

인생 전반전에 깨달은 깨우침도 앞으로 살아갈 후반전에는 별로 도움이 되지 않을 수 있다. 내가 믿었던 신념도 통념으로 바뀌고 고정관념으로 자리 잡기도 한다. 배움의 끈을 놓지 않고 끊임없이 공부해야 되는 이유다. 배우는 사람만이 인생의 주연 배우가 될 수 있는 이유다. 배우는 사람은 물론과 당연의 세계에 살고 있는 마침표와 결별하고, 호기심의 물음표를 던져 감동의 느낌표를 찾아가는 여정을 즐긴다. 옳다고 믿었던 통념에게도 통렬한 물음표를 던져 지금 이 상황에서도 여전히 통용되는 신념인지를 물어본다.

배우는 사람은 모든 가치 판단 기준을 자신에게 두고 세상의 모든 다름에게 명령을 내리는 가방형 배움을 지양한다. 오히려 다름과 차이를 인정하고 내 생각도 틀릴 수 있다는 보자기형 배움으로 타자를 인정하고 수용한다. 이들은 주로 검색을 통해 다른 사람의 앎을 참조하기는 하지만 그것으로 확신하지 않는다. 오히려 깊은 사색을 통해 자기 생각을 창조하는 시간을 늘려나간다. 배우는 사람이 가장 경계하는 습관은 관성대로 살아가는 것이다. 자신도 모르게 습관적으로 움직여서 생긴 각종 관례나 관습도 어제와 다른 눈으로 관찰하면서 색다른 깨우침을 얻는 공부를 게을리하지 않는다. 배우는 사람은 사소한 일상에서도 스침으로 지나가는 시간을 줄이고 낯선 환경이나 대상과 우연히 만나는 마주침의 과정을 즐긴다.

인생의 주연 배우가 되는 공부를 멈추지 말아야 할 가장 중요한 이유는, 나를 세상에 과시하기보다 내가 공부를 통해서 습득한 전문성이나 깨달음의 산물을 다른 사람을 위해 기꺼이 감사한 마음으로 봉사하는 보시(布施)를 베풀기 위해서다. 왜냐하면 공부를 통해서 습득한 모든 전문성도 나와 더불어 공부 과정에 관여한 모든 사람이나 사물이 함께해서 창작한 사회적 합작품이기 때문이다.

11

마침표는 절반으로
물음표·느낌표는 두 배로

😛 마침표는 원래, 물론, 당연함의 삼각관계가 낳은 자식이다

당신의 심장을 뛰게 만드는 질문을 받아본 적이 있는가? 아니면 당신은 심장을 뛰게 만드는 질문을 가슴속에 품어본 적이 있는가? 혼돈의 시대, 불확실성이 상존하는 세상, 불안감이 가중되는 시기에 하나의 정답으로 세상의 고민과 걱정을 해결할 방법은 존재하지 않는다. 정답을 찾아내는 모범생의 노력보다 그 누구도 던지지 않은 질문을 디자인하는 모험생이 필요하다. 당신은 아무 생각 없이 틀에 박힌 일상을 반복하던 사람들에게 가던 길을 멈추게 만드는 질문을 던지는 사람인가? 아니면 누군가가 던진 질문 앞에 정답을 찾기 위해 고민하는 사람인가?

지금은 정해진 답을 찾아 나서는 공부보다 아무것도 결정되지 않은 불확실 세상의 파고를 헤쳐나갈 전대미문의 질문이 필요한 시기다.

한계를 넘어서는 방법은 한계를 초월하는 질문을 던지는 것이다. 질문이 품고 있는 한계 수준이 질문으로 넘어설 수 있는 가능성의 수준을 결정한다.

나는 지금까지 내가 던진 질문이다. 나는 내가 던진 호기심의 물음표가 품고 있는 감동의 느낌표를 찾기 위해 살아온 사회역사적 산물이다. 오십이 된 나의 현재 모습은 오십이 되기 전에 내가 던진 질문의 성격과 방향이 만든 결과다. 스탠퍼드대학의 한 연구 결과에 따르면 다섯 살 즈음에는 하루 평균 65번 내외 질문하지만 45세 정도 되면 질문이 1/10로 줄어들어 하루 평균 5~6번 정도 질문한다고 한다. 나이가 들수록 호기심의 물음표는 없어지고 그 자리에 마침표가 언제나 자리를 차지하게 된다. 이제 물음표 앞에서 전율하는 체험이 줄어들면서 사람과 세상을 향한 호기심의 물음표는 실종되기 시작한다. 이때부터 늘어나는 단어가 3개 있다. "원래 그래." "물론 그런 거야." "당연한 거야." 원래, 물론, 당연이라는 말이 늘어나면서 호기심의 물음표는 없어지고 마침표가 찍히기 시작한다.

모든 게 불가사의였던 호기심 천국은 이제 7대 불가사의만 남긴 채 세상은 틀에 박힌 마침표 천지로 뒤바뀐다. 호기심의 물음표를 갖고 세상이라는 학교로 등교했지만 생각의 교도소에 근무하는 3형제, 원래와 물론, 그리고 당연함이 세상을 식상한 상식의 텃밭으로 변질시켜버렸다. 이처럼 호기심을 갖고 질문하는 능력이야말로 인간만이 갖는 고유한 능력이 아닐까. 기계는 대답하지만 인간은 질문한다. 기계도 질문하지만 알고리듬 속에서 질문한다. 딱따구리가 나무를 찍어서 집을 만드는 걸 보고 아이가 아빠에게 질문한다. "아빠, 딱따구리는 저렇게 부리로 나무를 쪼아대는데 왜 두통에 안 걸려?" 아빠는 어이가 없다는 표정을 지으면서 아들에게 이렇게 대답한다. "그럼 딱따구리가 고무를 찍니? 당연한 걸 갖고 물어보고 그래." 아이는 그 후 더 이상 아빠에게 질문하지 않는다.

●● 스스로 캐묻지 않으면 묻힌다

메리 올리버가 이야기했던 우주가 우리에게 준 2가지 선물, 사랑하는 힘과 질문하는 능력을 생각해보자. 과연 사랑하는 힘과 질문하는 능력은 서로 다른 능력일까? 내가 누군가를 사랑한다면 사랑하는 사람에게 당연히 궁금한 게 많아진다. 집에 잘 들어갔는지, 밤에 추운데 잠은 잘 잤는지, 아침에 제대로 일어나서 밥은 먹고 출근했는지 등 사랑은 온통 질문으로 장식된다. 사랑이 식어가는 시점에 이르면 질문도 없어진다. 사랑하는 힘과 질문하는 능력은 각기 다른 능력이 아니라 한 가지 능력을 다르게 표현했을 뿐이다.

사랑하는 사람과 사랑하지 않는 사람을 구분하는 방법은, 똑같은 시간이 주어졌을 때 그 시간을 어떻게 보내는지를 알아보는 것이다. 직장인이 직장에서 보내는 시간은 빨리 벗어나야 할 노동의 시간이지만 장인이 직장에서 보내는 시간은 재미있는 의미를 만드는 놀이의 시간이다. 똑같은 시간이 주어져도 장인은 자기 일을 사랑하기 때문에 이 일을 더 잘하기 위해서 질문을 던지고 애쓰는 시간으로 보낸다. 직장인에게 업무 시간은 빨리 흘려보내야 할 시간이지만 장인에게는 몰입하고 집중해서 자신도 모르게 지나가는 시간이다. 장인은 자신의 일을 너무 사랑하기 때문에 질문을 던져 지금보다 더 잘하는 방법을 찾아내려고 안간힘을 쓴다. 혁명은 직장인에게 고단한 노동이지만 장인에게는 즐거운 놀이다.

"개미 다리는 몇 개입니까?" 사실을 알면 금방 대답할 수 있지만 모르면 대답할 수 없는 질문이다. 개미 다리는 6개다. 마찬가지 질문이지만 조금 난이도가 높은 질문은 "지네 다리는 몇 개입니까?"다. 지네 다리가 몇 개인지 호기심을 갖고 찾아보는 사람은 드물 것이다. (지네는 다리가 최소 15쌍에서 최대 170쌍 정도가 있다.) 호기심을 갖고 파고드는 질문을 던져야 지금과 다른 낯선 세계로 들어가는 새로운 관문이 열린다.

스스로 캐묻지 않으면 묻힌다. "캐묻지 않는 삶은 살 가치가 없다." 소크라테스의 말이다. 질문은 익숙한 세계에서 낯선 세계로 들어가는 관문이다. 반문이 마침내 반전을 일으킨다. 질문은 당연한 세계에 용기를 갖고 파고드는 탐문의 시작이다. 질문은 옳다고 믿었던 신념 체계도 뒤흔든다. 그동안 내 신념을 정당화해주었던 지식(Knowledge)

과 기술(Skill)과 태도(Attitude)를 지칭하는 소위 KSA에 대해서도 문제를 제기하고 뒤집어야 한다. KSA를 뒤집으면 ASK(묻다)가 되지 않는가? 끊임없이 질문을 던져 탐문하고 탐험해서 또 다른 신념 체계를 만들어나가야 한다.

12

스침은 절반으로
마주침은 두 배로

스침은 지나침과 마주침 사이에 존재하는 짧은 외침이다

당구공이 다른 당구공과 마주친다. 마주쳤지만 스쳐 지나간 당구공이 진한 아쉬움에 젖어 뒤돌아본다. 스치는 만남은 당구공 같은 만남이다. 몸의 일부가 당구처럼 순간적으로 부딪쳤다가 순식간에 떨어지는 찰나의 만남이다. 언제 만났는지 기억도 잘 안 나는 만남이다. 우리는 하루에도 수많은 사람들과 스쳐 지나가며 만난다. 초침이 분침을 스쳐 지나가는 사이, 분침은 시침을 밟고 넘어선다. 초침과 분침, 그리고 시침 사이에 숱한 마주침이 시간을 던져놓고 달아나지만 공간 속에 파고드는 의미는 없었다.

최근 나를 스치고 지나간 순간의 흔적을 돌이켜 생각해보겠다. 뛰는 심장을 잠재우는 뜨거운 커피가 입속으로 스며들며 혀와 한바탕 전투를 하더니 붉은 고백을 대책 없이 온몸에 퍼뜨린다. 절치부심하

2분의 1

며 손꼽아 기다리던 와인이 병 속에 웅크리고 있다가 혀끝을 스치더니 입안을 휘저으며 마디마디 속으로 스며든다. 지나가는 바람에 베인 나뭇잎이 상처를 어루만진다. 어둠이 스며드는 그리움에 눈물겨워 밤의 적막을 까맣게 적셔놓는다. 마주치지 않고 부딪히려다 외롭게 죽어가는 고독이 하고 싶은 말을 주석에 잔뜩 풀어놓고 외로움 속으로 몸을 던진다.

숱한 인연의 끈이 이어졌어도 결국 남는 건 기억조차 나지 않는 스쳐 지나간 만남의 흔적이다. 스쳐 지나가면 파고들 기회를 잡지 못한다. 스침이 반복되어 피상적 만남이 이어지기 때문에 파고듦의 배움은 일어나지 않는다. 스침은 지나침이다. 정도를 지나침은 미치지 못함과 같다는 과유불급을 의미하지 않는다. 너무 빨리 지나가는 지나침일 때, 과정에서 마주친 만남의 의미를 되새겨볼 시간이 마련되지 않는다. 여행지를 많이 돌아다녔어도 다 스쳐 지나간 지나침만 남을 뿐, 낯선 환경이나 사람 또는 음식과 마주치며 내 몸에 각인된 기억의 흔적이 없다면 스침의 흔적인 남아 있는 지나침의 기억만 갖게 될 뿐이다. 많이 돌아다니고 많이 봤지만 실제로 제대로 본 것은 없는 경우다. 여행지의 수많은 간판을 지나쳤고, 바닷가 카페가 품은 파도의 정적을 지나쳤다. 지나치게 지나친 흔적이 많을수록 기억은 어두침침해질 뿐이다.

스미는 만남은 짧은 만남이어도 깊은 인상이 남는 만남이다. 책이 그렇다. 책을 펴다 갑자기 다가오는 자기(磁氣) 같은 문장이 불현듯 스며든다. 책을 덮어도 의미의 잔향이 깊이 파고든다. 심장을 파고드는 진한 여운이 책 밖에서 소용돌이를 친다. 책 속에 갇혀 숨죽이던 생각들이 허공을 맴돌던 차가운 공기를 뚫고 지상으로 내려오던 햇살과 마주친다. 무릎을 치는 깨우침을 얻은 듯 다시 책 속으로 들어가 저마다의 단어를 붙잡고 문장을 만든다.

●● 어제와 다른 마주침을 맞아야 색다른 깨우침도 생긴다

2012년도 사하라 사막 울트라 마라톤에 도전한 까닭은 사막에 대한 막연한 동경보다 사막에서 달리는 마라톤은 도대체 어떤 느낌인지를 몸으로 마주쳐보기 위해서였다. 우선 밖으로 나가서 보는 아웃사이트(outsight)가 바뀌어야 안을 들여다보는 인사이트(insight)도 바뀐다. 안(in)에서 다르게 보려면(sight) 밖(out)에서 다르게 본 것들이 새롭게 입력되어야 한다. 밖에서 본 체험적 자극이 바뀌지 않으면 안에서 일어나는 통찰력도 바뀌지 않는다.

통찰력이 바뀌려면 밖에서 내가 부딪히는 3가지 체험이 바뀌어야 한다. 밖에서 보는 세 자극이 바뀌면 내가 체인지(change)되는 체인지(體仁智)의 지혜다. 첫째, 내가 반복하는 체험을 바꾸어야 한다. 낯선 환경과 부딪치는 마주침을 맞지 않으면 색다른 깨우침과 뉘우침, 그리고 가르침도 받을 수 없다. 둘째, 내가 그동안 구축해온 인맥을 바꾸지 않으면 색다른 인간적 자극을 받을 수 없다. 마지막으로 내가 읽는 책을 바꾸지 않으면 지적 자극이 바뀌지 않는다. 전공의 경계를 넘나드는 독서가 새로운 지적 자극을 준다. 낯선 행동을 해보거나(體) 새로운 사람을 만나기도 하고(仁), 전혀 다른 지혜의 보고인 책도 읽어봐야(智) 한다.

세상에서 가장 강력한 침 중 하나가 우연한 기회에 만나는 마주침이다. 마주침의 강도는 생각지도 못한 우연한 기회에 그것도 내가 추구하고 있거나 고민하고 있는 화두의 단서를 제공해줄 수 있는 기회를 만났을 때 더욱 높아진다. 누군가 생각지도 못한 깨달음을 주어서 색다른 가르침으로 다가올 때 정문일침이 뇌리에 박힌다. 배우고자 노력하는 사람, 모든 사람과 사물로부터 자신의 인격 수양을 위해 배울 게 있다고 생각하는 사람에게만 약효가 있는 따끔한 정문일침이 가르침이다. 잘못을 했거나 기대에 어긋나는 행동을 했을 때, 예기치 못한 실수나 실패로 좌절하고 절망하고 있을 때 다시는 그런 행동을 하지 않기로 스스로 다짐하고 지난 과오를 반성하면서 다가오는 정문일침은 뉘우침이다.

뉘우침은 누군가 나에게 강제로 침을 놓는다고 맞을 수 있는 게 아니라 스스로 자신의 과오를 반성하고 앞으로 동일한 실수가 반복되지 않기 위해서는 어떻게 해야 되는지를 대오각성할 때 꽂히는 침이다. 뉘우침은 자세를 낮추고 문제의 원인을 밖에서 찾기보다 내 안에서 찾으려는 노력이 전개될 때나 '~ 때문에' 안 되었다고 불평불만을 늘어놓기보다 '~ 덕분에' 오히려 잘되었다고 반성할 때 더 효력이 배가된다. 인생을 바꾸는 대단한 비결은 없다. 지금 나와 스쳐 지나가는 순간적 마주침에서 깨우침의 지혜를 포착하는 것이다.

13

통념은 절반으로
신념은 두 배로

☕ 통념을 통렬하게 부정하라

주변에서 발생하는 크고 작은 일들, 특히 경제 위기의 조짐이나 징후들을 그대로 방치할 경우 생각지도 못한 심각한 사태가 발생한다. 더욱더 심각한 문제는 이런 위기의 증상들이 뭔가 심각한 문제가 있다는 명백한 사실임에도 불구하고 늘 일상적으로 일어나는 일이라고 방치하거나, 주어진 위기의 실상을 바라보는 시각을 여전히 이제까지 통용되던 상식이나 통념에 근거할 경우 상황은 더욱 심각해진다. 상식도 내 안경으로 바라본 편견이다. 편견이 더욱 심각한 문제가 되는 것은 많은 사람들이 집단적으로 '그렇다'고 생각하는 것이 '더 이상 그렇지 않은 현상'으로 발생하는 경우다. 지금은 새로운 변수가 등장하고 이제까지 보지도 듣지도 못한 현상이 자주 부각되어 상식이 더 이상 상식으로 통용되지 않는 시대다.

많은 사람들이 생각하면서 의견(意見)을 제시한다고 생각한다. 하지만 그 의견은 습관적으로 생각해온 의견(疑見)에 불과할 수도 있음을 인정할 때 내 생각도 틀릴 수 있다는 생각을 할 수 있게 된다. 의견(意見)도 의심해볼 만한 의견(疑見)인 경우가 많기 때문이다. 생각한다는 것은 당연함에 시비를 걸고 근본과 근원을 따져보는 물어봄이며, 이전과는 다른 물음을 던져 베일에 가려진 이면을 드러내려는 치열함이다. 공부는 어제와 다른 물음표를 던져 어제와 다른 생각을 끌어내는 방법을 배우는 과정이다.

상식에 시비를 거는 몰상식한 발상이 바로 공부를 통해서 우리가 배워야 될 상식이다. 몰상식하다는 것은 자세와 태도가 바람직하지 못해서 예의범절을 지키지 않는 개념 없는 사람들을 지칭하지 않는다. 오히려 몰상식하다는 것은 상식을 그대로 받아들이지 않고 한 번쯤 의문을 던져보고 문제를 제기해보는 건강한 삶의 자세다. 몰상식한 생각은 상식의 불합리성이나 타성에 젖은 관습적 생각을 그대로 받아들이지 않고 다시 한번 생각해보려는 자세와 태도다. 태생적으로 몸에 각인된 프레임대로 돌아가려는 기계적인 생각에 한 번쯤 브레이크를 걸어보고 과연 나의 의지와 관계없이 무의식적으로 돌아가는 생각이 올바른 생각인지를 끊임없이 반추하는 과정이 바로 공부하는 과정이다.

상식은 살아가면서 여러 번 불량 결혼을 한다. 상식은 습관과 결탁

하여 고정관념으로 주저앉는다. 상식은 좌정관천의 경험과 합작하여 편견으로 고착된다. 상식은 새로운 생각을 거부하면서 선입견으로 굳어진다. 상식은 관습과 어울리면서 웬만한 타격으로는 깨지지 않는 타성으로 자리를 잡는다. 공부를 부단히 하지 않으면 안 되는 이유는 상식이 만들어나가는 고정관념, 편견, 선입견, 타성에 의문을 던져 고정관념이 더 이상 관념으로 고정되지 않도록 부단한 자극을 제공해 주어야 하기 때문이다. 편견과 선입견에 근본을 파고드는 질문을 던져 정당한 의견을 만들어나갈 수 있는 문제의식을 배우는 과정이 공부다. 공부를 하지 않으면 안 되는 또 다른 이유는 아무런 문제의식 없이 타성에 젖어 살아가려는 생각의 중심을 죽비로 내려치면서 틀 밖의 사유를 즐기기 위해서다.

●● 위기 상황에서 밑바닥을 치는 신념이 태어난다

통념을 깨는 아픔이 수반되지 않으면 통념에 맞고 쓰러질 수밖에 없다. 내 생각 주머니에 들어 있는 생각 벌레들이 더 이상 집단 난동을 피우기 이전에 생각 주머니를 청소하는 작업이 필요하다. 생각의 구조 조정이 급선무인 시대에 생각의 군살을 빼는 생각 다이어트를 시행하지 않으면 상황 판단이 느려지고 심지어는 주어진 상황을 잘못 해석하고 대응하는 경우도 발생한다. 당연한 것을 너무나도 당연하지 않은 것으로 받아들여야 생존이 가능한 시대다. 고정관념이 고정 본능으로 바뀌기 전에 생각의 구조 조정을 단행할 필요가 있다.

생각의 구조 조정을 시작하기 위해서는 바닥으로 내려가야 한다. 바닥으로 내려가서 원점에서 다시 시작해야 한다. 늑대도 사냥에 실패하면 중간 지점이 아닌 원점으로 돌아가 다시 시작한다. 바닥은 희망의 터전이다. 바닥은 실패한 사람들이 절망과 울분을 토로하는 장소라기보다 성공을 꿈꾸는 사람들이 꿈과 희망을 싹틔우는 터전이다. 바닥은 인생을 새롭게 세울 수 있는 튼실한 기반이다. 바닥은 지금과는 다른 방법으로 다시 출발하기 위한 원점이다.

다시 출발하기 위해서는 나를 우선 다스리고 닦아야 한다. 우선 '다스리다'라는 말도 '다시'라는 말에서 갈려 나왔다. 내 밖의 시련과 역경을 극복하고 다스리기 위해서는 나를 우선 다시 닦아야 한다. 자유(自由)라는 말도 자기(自己)의 이유(理由)가 줄여서 된 말이다. 삶의 진정한 자유를 누리기 위해서는 내가 살아가는 이유를 바닥에서 다시 성찰해봐야 한다. 밑바닥부터 다시 뜻을 세우는 것이다. 성숙해지는 지름길은 나를 지탱하고 있는 바닥을 흔드는 것이다. 바닥은 신념이다. 바닥의 신념을 흔들어야 내가 바뀐다!

우리 교육은 지나치게 책상 공부를 통해 머리의 언어를 연마하고 지식을 축적하는 데 많은 관심을 쏟아부어왔다. 진짜 공부는 앎과 삶이 분리되지 않는다. 진짜 공부는 사유가 먼저 있고 나중에 행동을 배우는 것이 아니라 오히려 그 반대다. 통념은 주로 책상머리에서 관념적 사유를 반복하면서 관성대로 살아갈 때 생긴다. 우리가 몸에 옷을 맞추듯, 실제로 하는 경험에 사유가 뒤쫓아가야 그 경험이 완전해진다고 한다.[13] 몸으로 아픔이나 슬픔을 경험해봐야 어떤 사유의 옷이 내 몸에 맞는지를 확인할 수 있다.

14 가방형 배움은 절반으로
보자기형 배움은 두 배로

🥟 가방형 배움은 독단적 편견을 양산할 뿐이다

똑같은 경험이라도 배우는 자세와 관점을 어떻게 취하느냐에 따라 배움의 질적 결과는 하늘과 땅 차이다. 예를 들면 여기 가방과 보자기가 있다고 생각해보자. 즉 가방으로서의 배움과 보자기로서의 배움의 차이를 생각해보는 것이다. 《이어령의 보자기 인문학》[14]을 보면 가방은 뭔가를 넣는 것이고 보자기는 무엇인가를 싸는 것이라고 구분한다. 가방 안으로 들어가기 위해서는 가방이 원하는 크기나 형태대로 미리 결정되어 있어야 하는 데 반해, 보자기는 어떤 형태로 무슨 내용물을 쌀지 정해져 있지 않다. 즉 보자기로 감싸 안을 내용물은 예측 불가능하다. 보자기는 한마디로 세상의 어떤 형태나 모양에 관계없이 다 감싸 안을 수 있는 포용력이 있지만, 가방은 자신의 모양과 형태에 맞게 외부의 내용물이 맞춰져 있지 않으면 절대로 가방 안으로 들어갈 수 없다.

이어령 박사에 따르면 '서양인은 가방을 만들어냈고 동양인은 보자기를 만들어냈다'고 했다. 가방은 서구 사람들의 엄격한 규칙과 표준화된 논리나 절차를 강조하지만 보자기는 유연함이나 융통성을 특징으로 하면서 상황에 따라 수시로 변할 수 있는 가능성을 강조한다. 가방과 보자기는 기능과 용도를 비교해봐도 그 차이가 뚜렷하다. 가방은 외양과 내면의 기능이 다르기는 하지만 어느 정도 일정한 형태와 모습을 갖추고 있어서 규격화된 스타일을 강조한다. 반면에 보자기역시 컬러나 스타일의 차이가 있기는 하지만 본질적으로 일정한 형태로 규격화되어 있지 않고 상황에 따라 얼마든지 자신의 모습을 바꿔주어진 환경에 대응할 수 있는 변화 가능성을 띄고 있다. 가방은 또한아무런 기능을 발휘하지 않을 때에도 본래 모습을 그대로 유지하면서일정한 공간을 차지하지만 보자기는 어떤 목적을 달성하기 위해서 사용되기 이전에는 일정한 공간을 차지하지 않고 조용히 자신의 쓰임을기다린다. 즉 가방은 자신의 모습을 드러내면서 공간을 차지하고 있지만 보자기는 공(空)의 상태로 자신의 모습을 드러내지 않는다.

가방과 보자기는 자신이 좋아하는 동사가 따로 있다. 가방은 자신에게 들어오는 내용물에 관계없이 주로 '넣다'라는 동사를 선호한다. 가방은 집어넣으면 끝나지만 보자기는 '싸다', '둘러메다', '덮어씌우다', '붙잡아 매다', '감싸 안다' 등과 같이 타자의 입장과 위치를 중심으로 기꺼이 자신을 변형시킨다. 이런 점에서 가방은 외부의 다양한 생각이나 의견을 억지로 집어넣어 하나로 획일화시키려는 배움이라면 보자기는 저마다의 고유한 개성을 존중하면서 본래의 모습이 고스란히 드러날 수 있도록 자기다움을 강조하는 배움이다. 자기중심적 사유에 젖어 사는 사람은 자신과 다른 생각을 갖고 있는 사람과 대화를 나누는 과정에서도 상대방의 다름과 차이를 무시하고 자기주장을 일방적으로 강조하기 쉽다. 무엇이 옳고 그른지 이미 결정된 가방에게 배움은 자기주장이나 신념을 뒷받침하는 방향으로 강화된다. 가방 안에 맞춰 들어간 다양한 생각들의 차이는 차별성을 갖고 특별해지기보다 획일화되어 용광로 속에서 녹아버린다. 가방 속으로 들어간 다양한 생각은 어두운 독방에서 절치부심하지만 강제된 규격에 맞추다가 자신의 품격을 잃어버리고 독단적 편견으로 둔갑하기 시작한다.

●● 내용이 형식을 지배하는 보자기형 배움에 힘쓰자

진짜 배움을 열망하는 사람은 보자기가 품고 있는 스타일을 추구한다. 보자기는 가방처럼 자기주장을 일방적으로 내세우고 입장의 통일을 요구하기보다 저마다의 고유한 다름과 차이를 배움의 출발점으로 삼는다. 보자기형 배움은 나의 기준과 규칙으로 세상을 재단하고 평가하기보다 저마다의 강점과 재능이 충분히 발휘될 수 있도록 배려하고 존중하는 자세를 잃지 않으려고 배전의 노력을 경주한다. 가방형 배움은 다양성이나 다름과 차이를 인정하거나 포용하지 않고 미리 정해진 규칙과 절차를 따라가는 직선형 학습이다. 그러나 보자기형 배움은 주어진 상황에 따라 학습 과정과 방식을 적절히 바꾸는 곡선형 학습이다. 가방이 추구하는 직선형 학습은 목적 달성을 위해 고속 주행을 필요로 하지만 보자기가 추구하는 곡선형 학습은 주어진 과정에서 얼마나 많은 깨달음을 얻느냐가 목표다.

인생 전반전에는 목표를 달성하고 성과를 높이기 위해서 주로 가방형 학습에 자신도 모르게 주력해왔다. 가방형 학습은 철저한 사전 계획과 준비에 따른 효율적인 판단과 행동을 최우선 가치로 둔다. 반면에 보자기형 학습은 미리 계획을 세웠어도 주어진 상황 변화로 이전과 다른 방법으로 목적지에 이르는 것이 보다 의미와 가치가 있다고 생각하면 과감하게 노선을 바꾼다. 특히 보자기형 학습은 배우는 과정에서 만나는 우연성을 소중하게 생각한다. 가방형 학습은 배우는 과정에서 일어나는 우연한 의미 발견 자체를 받아들이거나 즐길 시간적 여유가 없다. 목적지에 이르는 비효율적인 방법이기 때문이다. 하지만 보자기형 학습은 보자기로 뭔가를 싸다가도 더 좋은 방법을 우연히 발견하면 그 방법을 따라 더 의미 있는 깨달음을 얻는다.

확실한 결과를 염두에 두고 사전에 처방된 노선을 최선을 다해 따라가면 뭔가를 얻을 수 있었던 전반전의 가방형 배움은 이제 그 실효성이나 유익성 측면에서도 재고될 필요가 있다. 배움은 언제나 불확실한 미지의 세계로 몸을 던지는 뛰어듦의 여정이다. 삶은 확실한 세계보다 불확실한 세계가 더 많다. 확실한 세계에 대한 확신이 설 때까지 검토하고 계획을 수립한 다음 실천하다 실기(失期)할 수 있다. 기존의 정형화된 가치 체계나 규율이 더 이상 효력을 발휘할 수 없음을 깨닫고, 가방형 배움의 방식을 버리고 보자기형 배움으로 불확실한 인생 후반전을 준비할 때다. 내가 믿고 있는 진리는 무리가 아닌지를 주어진 상황에 비추어 비판적으로 의문을 품고 부단히 파고들지 않으면 통념이나 고정관념의 늪에 빠져 헤어 나오기 어려울 수도 있다.

어떻게 살아가는 것이 행복한 삶인지에 대해 사전에 결정된 처방전은 없다. 지금까지는 사회가 요구하는 가방에 맞추어 나를 구겨 넣기 위해 뭔가를 허둥지둥 배웠다면 이제는 내용에 따라 얼마든지 형식을 자유자재로 바꿔가면서 가장 자기다운 스타일을 찾아가는 보자기형 배움으로 전환할 필요가 있다. 내가 원하는 형식, 즉 스타일을 개발하고 창조하기 위해 이제껏 경험해보지 못한 우연의 바다로 몸을 던져 어제와 다른 깨달음을 얻는 보자기형 배움의 끈을 놓지 말자. 가방형 배움은 남다름에서 먹구름을 보고 씨름하지만 보자기형 배움은 색다름에서 나름의 아름다움을 보고 무한한 가능성을 찾아낸다.

꾸미기는 절반으로 가꾸기는 두 배로

15

🥟 꾸미지 말고 가꿔야 나다운 나가 된다

살다 보면 자신이나 자신이 만든 작품을 꾸미거나 가꾸는 게 필요하다. 꾸미는 일은 겉모습이 마음에 들지 않아서 포장하거나 화장해서 겉모습과 다르게 보이기 위한 가장이나 위장이다. 이에 비해 가꾼다는 의미는 겉모습을 바꾸는 것이 아니라 내면이나 본질적 속성을 이전보다 더 아름답게 만든다는 의미다. 가꾸는 노력은 자기 입장이나 주장을 분명하게 확립함으로써 어제와 다른 성장, 즉 일취월장할 수 있는 비장의 무기다. 꾸밈의 목적은 내가 아니라 다른 사람의 눈치를 보기 위해서다. 다른 사람의 생각이나 가치관에 자신이 어떻게 어울리거나 맞을지를 생각하는 꾸미기가 계속될수록 나는 없어지고 다른 사람을 위한 삶이 반복된다. 후반전의 삶은 가장하고 위장하는 꾸미기의 삶과 결별하고 진짜 나의 인생을 살아가기 위해서라도 가꾸기의 삶을 살아가야 한다.

가꾸는 것은 본래 가지고 있는 나다움이나 자기다움이 잘 드러나게 하거나 더 낫게 하는 일이다. 가꾸면 가꿀수록 자기다움의 쓸모가 더욱 돋보이는 이유다. 그러나 꾸미는 것은 본래 가지고 있는 것을 살리는 의미보다 어떤 것을 덧붙이거나, 본래의 성질을 변화시켜 다른 것이나 새로운 것을 만드는 것이어서 과장이나 포장한다는 의미가 강하다. 이런 점에서 꾸미는 문장은 남의 주장으로 자기 입장을 포장하는 노력이지만 가꾸는 문장은 자기 생각과 자기만의 언어로 문장을 건축, 의미심장한 메시지를 세상에 던져 파장을 일으키는 애쓰기의 산물이다.

쓰지 않으면 쓰임이 없다. 생각만으로는 어떤 변화도 일어나지 않는다. 어떻게 꾸밀 것인지 생각을 거듭해도 뜬구름 속의 공상과 망상만 가중될 뿐이다. 자기다운 문장을 가꾸는 노력은 무조건 쓰면서 성장하고 발전하는 길을 열어준다. 몸으로 느끼고 머리로 생각한 것을 일단 겉으로 표현해봐야 자기다운 생각과 느낌을 어떻게 색다르게 가꾸는지 알 수 있다. 쓴 글을 보면 어느 부분이 지나치게 과장되었고 위장된 의미를 감추고 있는지 알 수 있다.

대작과 명작도 실패작으로 시작했다. 세상에서 들은 남의 이야기로 꾸미지 말고 내가 겪은 경험으로 나의 이야기를 가꾸는 노력을 꾸준히 전개할 때 가장 자기다운 문장이 탄생된다. 그렇게 하루도 쉬지 않고 작은 실천을 진지하게 반복하다 보면 글발이 생기고 말발이 서며,

더불어 끗발이 생긴다. 글발은 결국 끗발로 완성된다.

흔히 가꿀 게 없으면 꾸미기 시작한다. 가꾸는 것은 굳이 꾸미지 않는다. 꾸민다는 것은 꿍꿍이속이 있어서 허위와 가장으로 치장하는 것이다. 꾸밈이 없고 자연 그대로의 정체가 드러날 때 그 사람의 진면목을 볼 수 있다. 없는 것을 있는 것처럼 꾸미지 말고 본래 내가 가지고 있는 가능성과 재능을 가꿔야 나다운 나가 된다. 꾸밈은 남다르게 드러내기 위한 안간힘이지만 가꿈은 색다름을 드러내려는 애쓰기다. 꾸밀수록 남달라지지만 가꿀수록 색달라진다. 꾸미는 노력이 반복될수록 남달라지기 위한 경쟁을 계속하지만 가꾸는 노력을 거듭할수록 색달라지기 위한 자기다움을 만들어나간다.

●● 도무지·도루묵·도대체 3형제가 꾸미기와 가꾸기를 논하다

어느 날 도무지, 도루묵, 도대체 3형제가 만나 살아가는 이유에 대해서 대화를 시작했다. 도무지가 우리는 왜 사는지 도무지 모르겠다는 무지를 드러냈다. 도무지는 나름 열심히 살아왔다고 생각했는데 도대체 나는 어디로 가는 것인지, 왜 사는 것인지, 내가 하면 신나는 일이 무엇인지 등 질문이 이어지지만 아직은 잘 모르겠다고 말했다. 나는 왜 남을 의식해서 꾸미는 일에만 몰두하는지 아무리 생각해봐도 속 시원한 답을 얻을 수 없었다.

이 이야기를 듣고 있던 도루묵이 한마디 거든다. 자신도 도무지가 던진 질문이 무슨 뜻인지, 그리고 그 답이 무엇인지 정말 궁금해서 자신이 이제까지 걸어왔던 길을 조용히 반추해보았다고 한다. 그럼에도 불구하고 도루묵도 도무지 이해하기 어렵다는 것이다. 결국 지난 일을 돌이켜보면서 나는 그렇게 열심히 꾸미는 일에 몰두했지만 꾸밈을 멈추는 순간 원상태로 되돌아와서 도루묵이 되었다는 것이다.

도무지와 도루묵의 이야기를 경청하고 있던 도대체도 내가 왜 사는지, 인생이란 무엇인지, 왜 나는 나다움을 드러내는 가꾸기보다 남달라지려는 꾸미기에 혈안이 되고 있는지를 도대체 모르겠다고 하소연했다. 도무지, 도루묵 그리고 도대체는 내가 누구인지, 나답게 살기위해서 꾸미지 말고 가꾸는 노력에 왜 더 시간을 투자해야 하는지, 꾸미는 인생을 살수록 왜 더 불행한 삶으로 다가오는지를 다시 한번 숙고해보기로 했다.

도무지는 꾸미는 화장은 위장이나 가장을 통해 과장되게 자기를 포장하는 노력으로 그칠 수 있음을 깨닫고 무지의 늪에서 비로소 벗어났다. 도루묵도 꾸미는 화장은 자기 과장일 뿐 기고만장한 모습을 보이다 끝장날 수밖에 없다는 사실을 아수라장 직전에 깨달았다. 도대체는 무지에서 벗어나 깨달음을 얻은 도무지와 침묵 끝에 궁극의 진리에 이른 도루묵의 깨우침에 힘입어 가꾸기야말로 일취월장할 수 있는 비장의 무기임을 알게 되었다. 도대체는 꾸미는 화장보다 가꾸는 노력이야말로 자기주장을 적극적으로 표현하는 길임을 도무지와 도루묵에게도 가르쳐주었다. 도대체는 자기다움을 적나라하게 드러내는 가꾸기 방법을 도무지와 도루묵에게 권장하고 주장하기에 이르렀다.

우리는 꾸미기의 포로에서 가꾸기의 프로로 변신해야 한다. 가꾸기의 프로는 다르게 표현하면 자기다움을 토로하는 포로이기도 하다. 꾸미는 사람은 남에게 보여주기 위해 수단과 방법을 가리지 않고, 가꾸는 사람은 오로지 자기다움을 표현하는 데 많은 시간과 노력을 투자한다. 꾸미는 사람은 남과 다른 차별화를 추구하지만, 가꾸는 사람은 본연의 모습을 드러내는 데 전력투구한다.

"단 한 번도 되어본 적이 없는 자기가 되기가 이 자기 실천의 가장 핵심적인 요소 중의 하나이고 중심 테마이기도 합니다."

- 미셸 푸코의 《주체의 해석학》[15] 중에서

검색은 절반으로
사색은 두 배로

16

🥣 스스로 사고하지 않으면 심각한 사고가 난다

사색(思索)하는 시간을 갖지 않으면 사색(死色)이 될 수 있다. 많은 사람들이 오늘날 사색이 되는 이유는 검색만 하고 사색할 시간을 갖지 않기 때문이다. 사색은 홀로 사유하는 시간을 통해서 삶의 의미를 반추하는 사고 과정이다. 사고하지 않으면 심각한 사고(事故)가 날 수 있는데도 우리는 문제가 발생하면 문제의 본질을 파고들어 근본적인 원인을 탐색하고 근원적인 대책을 강구하기보다 바로 검색창에 물어본다. 아니, 요즘에는 유튜브를 통해 검색하거나 챗GPT나 뤼튼과 같은 생성형 인공지능에게 물어보고 깊이 사색하지 않는다.

쏟아지는 정보, 시도 때도 없이 날아오는 SNS 메시지, 이메일 등에 뇌는 잠시도 쉴 틈 없이 반응하느라 이제 팝콘 형태로 진화되고 있다고 한다. 그래서 고전이나 인문학 책을 사색과 사고를 하면서 읽을 수 있는 뇌 기능이 없어진다고 한다. 인류가 수천 년을 통해 뇌 회로에 책 읽는 기능을 심어왔지만 불과 몇 년 사이에 책 읽는 뇌 회로가 실종되고 있다는 슬픈 소식이 들린다. 《다시, 책으로》[16]를 쓴 매리언 울프에 따르면 깊이 읽고 생각하지 않고 빠르게 훑어보고 또 다른 정보에 노출되는 악순환을 반복한다. 이제 우리의 뇌는 더 이상 두꺼운 책을 해독할 뇌 기능 자체가 실종되고 있기 때문에 디지털 기술의 편리함에 매몰될수록 인류는 가장 심각한 사고 혁명의 위기에 직면하고 있다고 경고한다.

디지털 기술이 발전하고 인터넷으로 수많은 사람 및 정보와 연결되면 될수록 인간은 조용히 침묵을 유지하면서 사색할 시간이 없어지고 있다. 검색 기술은 날로 발전하고 검색 전문가는 많아져도 사색의 기술과 사색 전문가는 상대적으로 답보 상태를 면하지 못하고 있다. 효율적인 검색의 시간과 함께 비효율적인 사색의 시간도 필요하다. 일주일에 하루 이틀은 인터넷에서 잠시 손을 떼고 책장을 넘기면서 사색에 빠져보자. "학생에게 필요한 것은 수도사의 다락방이다. 책을 읽을 수 있는 불이 켜져 있고, 창밖의 별을 내다볼 수 있는, 그런 다락방이면 족하다." 세계적 건축가 르코르뷔지에의 말이다.

기술 발달은 기계를 스마트하게 만들어가고 있다. 인간의 뇌 기능을 대신하여 길을 찾아주는 내비게이션과 다양한 검색 엔진, 그리고 사람을 대신해서 삶을 편리하게 만들어주는 스마트폰 등이 발전하면서 사람은 과거처럼 깊게 생각하지 않아도 복잡하고 반복되는 일을 쉽게 처리할 수 있게 되었다. 고독을 벗 삼아 책을 읽는 대신에 항상 어딘가에 연결되어 스마트폰을 들여다보고 뭔가를 검색하고 서핑하며 고개를 숙이고 있다. 그래서 과거 어느 때보다 사람들이 책을 읽지 않는다. 책도 누군가 읽고 올려놓은 짧은 독후감이나 서평을 읽는 것으로 대신한다. 하루 종일 소통하고 있지만 나 자신과 대화하는 시간, 스스로에게 자문하고 고뇌하며 진지하게 답을 찾아 나서는 독서 시간은 실종되고 있다.

●● 사색을 하지 않으면 사색이 된다

이야기를 하다 모르는 사항이 나타나거나 궁금하면 바로 검색해보고 뭔가를 먹고 싶어도 음식점을 검색한다. 쇼핑할 때도 검색하고 길을 찾을 때도 스마트폰이 지도를 찾아서 알아서 가르쳐준다. 검색으로 쉽게 찾은 정보는 지식으로 전환되지 못하고 부표처럼 떠다니다 어디론가 사라진다. 온몸으로 책을 읽고 책에 나온 내용대로 실천하지 않으면 책은 책대로 나는 나대로 따로 살아갈 수밖에 없다. 검색에 투자한 시간만큼 침묵과 고독을 친구로 사색(思索)하지 않는 이상, 인간은 사색(死色)이 될 수밖에 없다. 짧은 문자 메시지를 보내고 받는데 익숙한 나머지 긴 글을 읽을 수도 없고 쓰기 어려워지기도 한다.

뇌는 소중하지 않지만 중요하고 급한 일에 순간적으로 많은 시간을 할애하고 있다. 몰입과 집중 기능이 없어지는 뇌의 실상에 대한 과학적 연구가 줄을 잇고 있다. 《생각하지 않는 사람들》[17]이라는 책을 보면 이런 고백들이 줄을 잇고 있다. 대학에서 문학을 전공했고 독서를 좋아했는데 이제는 인터넷에서조차 긴 기사를 읽는 능력을 잃어버렸다는 사람, 사고가 스타카토 형식이라 더 이상 《전쟁과 평화》 같은 책을 읽을 수 없다는 사람 등이다. 인터넷이 주는 자극의 불협화음 때문에 창의적 사고를 방해받고 정보를 내 것으로 만들지 못하는 것이다.

정리된 정보만 먹으면 전두엽이 활성화되지 않고 후두엽만 계속 움직인다. 빠르게 지나가는 정보를 포착하기 위해 후두엽은 바쁘게 움직이지만 정작 생각할 시간을 갖지 못하면 후두엽으로 입력된 정보를 전두엽이 분석하고 정리할 시간을 잃게 되는 것이다. 검색하면 쉽게 정보를 얻을 수 있지만 얻은 정보의 의미를 생각하는 사색의 시간을 후두엽이 담당하지 않고 바로 다른 정보를 검색하기를 반복한다면 정말 인간은 사색이 될 수밖에 없다. 검색한 정보를 근간으로 그 의미를 따져보고 분석하면서 사색하면 전두엽이 활성화되고 정보의 의미와 가치를 깨달은 사람의 얼굴에는 화색이 돌게 된다.

문제는 어렸을 때부터 스마트폰과 게임에 빠져 살아가는 습관을 버리지 않고 나이 들어서도 여전히 사색보다 검색에 빠져 살아갈수록 후두엽이 지나치게 발달하고 전두엽은 상대적으로 약화 또는 퇴화된다는 점이다. 전두엽의 기능이 용불용설에 의해 쓰지 않을수록 점차 퇴화된다면 순간적으로 들어오는 정보에 지나치게 예민하게 반응할 뿐, 입력된 정보의 의미를 해석하고 새로운 지식을 창조하는 기회를 상실하게 되고 결과적으로 전두엽은 그 기능을 상실하면서 정서불안으로 집중할 수 없는 상태로 전락하기 시작한다. 결국 우리가 전두엽을 활성화시키기 위해서는 글을 읽는 것은 물론 글을 쓰는 과정, 깊은 사색의 과정이 필요하다.

"생활(living) 속에서 잃어버린 우리의 삶(life)은 어디에 있는가
지혜(wisdom) 속에서 잃어버린 우리의 생활은 어디에 있는가
지식(knowledge) 속에서 잃어버린 우리의 지혜는 어디에 있는가
정보(information) 속에서 잃어버린 우리의 지식은 어디에 있는가"[18]

- 토머스 엘리엇의 시 〈바위〉 중에서

17 차이는 절반으로
차연은 두 배로

💬 **차이를 지금 여기서 결정하면 진정한 차별화가 생기지 않는다**

옛날에는 한 우물만 파면 전문가가 됐는데 이제 한 우물만 파다가는 자신이 판 그 우물에 매몰되어버리는 시대가 도래했다. 전문가가 겪고 있는 이런 위기를 극복하는 한 가지 방안을 철학자 데리다에게 배워보려고 한다. 그가 만든 개념 중에 디페랑스(differance, 차연)라는 단어에 비추어 진정한 전문가상은 무엇인가 하는 점을 고민해보면 많은 시사점을 얻을 수 있다.

디페랑스는 영어의 디퍼런스(difference)의 'e'를 'a'로 바꾸어서 조어한 개념이다. 영어의 '차이'로는 설명이 불가능한 새로운 차이를 설명하기 위해 만들었다. 이 말에는 영어의 차이를 시간, 공간적으로 연기(延期)시켜 개념적 차이를 끊임없이 더 생각해보자는 의도가 숨어 있다. 데리다의 《해체》[19]에 따르면 차연도 흔적이라는 개념이 낳은 또 다른 산물이다. 차연은 공간적 차이와 시간적 연기를 합쳐 만든 색다른 신조어다. 차이를 여기서 결정하지 말고 공간적 다름과 시간적 지연을 통해 새롭게 더 생각해보자는 의미다.

예를 들면 영단어 차이(difference)는 '대머리'와 '잔머리'에서 '대'와 '잔'과 같은 공간적인 다름이다. 그런데 실제로 어떤 언어의 의미상의 차이를 인식하는 순간은 언어 체계의 기존 요소가 다른 요소로 대체될 때다. 대머리와 잔머리의 의미상의 차이가 발생하는 것은 '대'가 잠시 우리 의식 속에 머물러 있다가 '잔'으로 대체되는 시간 속에 있을 때다. 언어에서의 의미는 공간적인 차이와 시간적인 지연이 한데 합쳐졌을 때 발생한다. 공간적 차이와 시간적 지연이 합쳐져서 탄생한 개념이 바로 차연이다. 언어 체계의 한 가지 요소가 다른 언어 체계의 다른 요소들과 대체되면서 일어나는 끊임없는 미끄러짐과 겹침이 결국 차연의 논리다. 차연의 논리에 따르면 언어적 의미는 지금 여기서 결정할 수 없고 언제나 확정할 수 없는 상태로 미끄러져나가는 비확정성을 대변하는 개념이다.

차연 개념에 비추어보면 중심과 기원도 존재하지 않는다. 모든 언어의 의미는 언제나 이전 언어가 남긴 흔적이며, 그 흔적은 다시 나타나는 새로운 언어 체계의 다른 요소와 대체되면서 다시 사라진다. 지금의 언어는 또 다른 언어 체계의 다른 요소와 만나면서 잠시 머물렀다가 미끄러지면서 사라지고 흔적을 남길 뿐이다. 절대적인 중심도 없고 처음 시작을 의미하는 기원도 또 다른 흔적의 연속이 남긴 흔적의 흔적일 뿐이다. 차연은 끊임없이 차이를 생산하는 영원한 현재 진행형이다.

차연 개념을 차용한다면 2가지 대립되는 개념적 차이점도 지금 여기서 결정된 고정적 의미상의 차이가 아니다. 오히려 개념적 차이는 언제나 시간과 공간 속에서 계속 진화되는 진행 과정이다. 대립되는 두 개념 간의 우열 관계도 마찬가지다. 차연은 개념적 차이점을 끊임없이 생산하는 동태적 움직임의 연속이다. 결정된 것은 아무것도 없다. 차이는 의미상의 차이를 지금 여기서 결정하는 명사지만 차연은 차이를 여기서 결정하지 않고 다른 의미상의 차이를 계속 더 찾아보는 동사다.

●● 차연은 다른 차이를 모색하는 과정이다

사전에 정의된 의미는 고정된 형태로 사전 속에 죽어 있다. 아무 때나 다시 들여다봐도 개념에 대한 정의는 늘 불변하는 상태로 잠자고 있다. 차연은 공간적으로 다르고(differ) 시간으로 연기(defer)한다는 의미를 지니고 있다. 개념이든 현상이든 그 의미를 지금 여기서 알아보는 것과 다른 곳에서 그 의미를 재고해보는 것은 언제나 같을 수 없다. 늘 다른 의미로 다시 태어난다. 시간적으로 오늘 특정 단어의 의미를 규정한다고 내일도 그 의미 상태로 고정될 수 없다. 시간이 지나

면서 모든 개념은 어제와 다르게 오늘 새로운 모습으로 내 앞에 나타
난다.

　데리다가 생각하는 '의미'는 앞으로 어떤 의미를 품고 나에게 도래
할 지는 아무도 모르는 미완성과 미결정성의 상태다. 사전 속에서 잠
자고 있는 고정된 개념적 의미를 여기저기로 데리고 다니면서 의미상
의 차이를 끊임없이 탐구하는 지극한 사랑과 열정이야말로 차연이 내
포하는 가장 소중한 함의다. 사전에 규정된 의미를 그대로 따르지 말
고 또 다른 의미를 찾아 지적 여행을 떠날 때 우리가 사용하는 모든
개념적 의미는 언제나 다른 가능성으로 열려 있는 것이다.

　데리다는 자서전적 읽기를 강조하면서 누군가 자서전을 써도 온전
히 자신을 다 담아낼 수 없다고 한다. 나에 대한 온전한 이해도 끊임
없이 달라지기 때문이고, 시간적으로 연기되기 때문이다. 오십 이전
에 자서전을 쓴 결과물과 오십 이후에 다시 자서전을 쓰면 그 결과는
분명 차이가 드러날 것이다. 데리다가 차연과 관련해서 의미를 지금
여기서 결정할 수 없다는 말은 지금까지의 노력을 끝으로 개념적 의
미를 더 이상 탐구하지 않겠다는 무관심이나 게으른 포기 선언을 의
미하지 않는다. 오히려 비결정성은 '불가능한 것에의 열정'과 '정의를
향한 갈망'이다.[20] 데리다에게 비결정성은 엄밀히 말하면 결정할 수
없는 것에 대한 겸허한 인정과 수용이자 그럼에도 불구하고 불가능한
앎의 세계에 도달하려는 치열한 열정이다.

데리다의 차연 개념에 비추어 전문가를 새로운 의미로 탄생시킨 개념을 《브리꼴레르》[21]라는 책에 소개한 적이 있다. 전문가와 전문가 사이에 존재하는 차이를 존중해주고 내가 갖고 있지 않은 다른 사람의 전문성을 나의 전문성과 융합, 새로운 지식을 끊임없이 창조하는 '사이 전문가(Homo differance)'다. 생각하는 인간(Homo sapiens)처럼 전문가 사이에 존재하는 차이를 끊임없이 탐구하는 사이 전문가는 데리다의 차연 개념을 호모와 융합, 새롭게 창조한 신조어다. 한 분야만 깊이 파다가 기피 대상이 되거나, 자기가 판 우물에 매몰되는 어리석음에서 벗어나기 위해서는 나의 전문 분야와 다른 분야에서 깊이 파는 전문가와 자주 만나 소통하면서 내가 모르는 세계를 배우려는 겸손한 자세가 필요하다.

"즉 우리가 안다고 생각하는 것들은 무지의 아주 작은 일부분일 뿐이라는 것이다."

- 몽테뉴의 《몽테뉴의 수상록》[22] 중에서

18

과시는 절반으로
보시는 두 배로

🥣 나이 들어 보이는 꼴불견 중 상위가 과시다

과시는 자신의 과거를 들먹이며 자랑만 일삼거나 다른 사람의 의견을 일방적으로 무시하거나 경시하는 수준을 넘어서 멸시하거나 괄시한다. 자기 관심사 이외에 모든 걸 상관하지 않거나 무시하는 도외시나 소홀하게 보아 넘기는 등한시를 갖추면 자기 과시에 필요한 탁월한 기반 능력을 가진 셈이다. 자기 과시에 매몰된 사람이 주로 쓰는 안경은 백안시다. 백안시는 흰자위를 보이며 흘겨본다는 뜻으로, 상대방을 무시하거나 업신여기는 행동 또는 눈빛을 말한다. 백안시는 그야말로 과시하다 자기 파멸의 길로 빠진 최악의 자세나 태도 중의 하나다.

과시하겠다고 생각하는 순간 배움의 끈은 끊어지고 이미 습득한 지식이나 경험으로 자기주장의 정당성을 옹호하려고 한다. 과시는 배움의 욕망을 가로막는 장본인이다. 과시하려는 사람들이 자주 걸리는 병이 수주대토다. 수주대토는, 농사를 짓던 농부 옆으로 토끼가 전속력으로 달려가다 나무 밑동에 부딪혀 죽는 모습을 본 농부는 농사짓기를 그만두고 토끼가 다시 나무 밑동에 부딪혀 죽을 것이라고 가정한다는 인간의 어리석음을 지적하는 사자성어다. 과거의 성공 체험을 버리지 않고 환경이 바뀌었음에도 불구하고 반복해서 적용하려는 어리석음을 지칭한다. "현자(賢者)는 역사에서 배우고 우자(愚者)는 경험에서 배운다." 아놀드 토인비의 명언이다. 진짜 현명한 사람은 주어진 경험이 나에게 던져주는 시사점이 무엇인지를 주도면밀하게 따져 물어보고 배움에 활용한다.

나이 들어 보이는 꼴불견 중 상위 랭크되는 경우는 과시에 몰두하는 꼰대들이다. 입력은 고장 난 상태에서 출력을 더 강력하게 발설할 때 꼰대의 자기 과시는 극치를 달린다. 과시는 가급적 절반으로 줄이고 평소 눈길이 안 가던 곳을 응시하거나 주시해서 세상을 위해 내가 은혜를 베풀 수 있는 보시에 관심을 갖는 게 중요하다. 보시에 관심을 가질수록 맵시가 돋보이는 중년의 중후한 미덕이 돋보이기 시작할 것이다. 과시하기보다 묵시나 암시를 통해 자신이 뜻하는 바가 넌지시 전달될 수 있도록 살며시 보시를 베풀 때, 말로만 하는 봉사가 아니라 유사시나 평상시에 실천을 통해 세상을 바꾸는 실사구시가 세상에 구현될 것이다. 그러면 세상을 바꾸는 장편의 대서사시가 탄생해서 지그시 눈 감고 살포시 감상할 수 있는 시적 상상력도 덤으로 생길 것이다. 이런 중년의 여유를 즐기는 오십에게는 존중과 환대의 손길이 문전성시를 이루지나 않을까 하는 괜한 걱정이 들기도 한다.

●● 보시하려면 밥사, 술사, 감사, 봉사 학위를 취득하라

우리가 공부하는 1차 목적은 자신이 쌓은 전문성으로 삶을 한 단계 업그레이드하는 데 있다. 그런데 더 중요한 목적은 내가 쌓은 전문성을 전문성이 부족한 다른 사람을 위해 기꺼이 활용하는 데 있다. 사람은 남에게 인정받고 싶은 개인적 욕구도 있지만, 남과 더불어 보다 밝은 사회, 함께하면 더욱 즐겁고 신나는 공동체를 구축하려는 이타적 욕구도 있다. 인간은 사회적 동물이기에 관계 속에서 행복을 찾고 추구한다.

따라서 공부를 계속하는 목적도 혼자서는 해결할 수 없는 힘들고 어려운 문제를 함께 해결함으로써 모두가 행복한 공동체를 건설하는 데 있다. 그래서 학사와 석사 그리고 박사 위에 존재하는 더 높은 학위가 있다. 바로 밥사와 술사 그리고 감사와 봉사라는 학위다. 밥사는 함께 일하는 동료를 위해 기꺼이 밥 한 끼 사는 마음을 가진 사람에게 주는 학위고, 술사는 힘들 때 고민을 함께 들어주면서 술 한잔 사는 사람에게 부여하는 학위다. 감사는 못 가진 것을 가지려고 욕망에 이끌려 사는 사람이 아니라 가진 것에 만족하고 매사에 고마움을 표시하는 사람에게 주는 학위다. 봉사는 가진 것을 남과 나누면서 더불어 살아가는 세상을 만드는 데 기꺼이 노력하는 사람에게 주는 학위다.

내가 갖춘 전문성도 결국 내가 전문성을 쌓는 과정에서 직간접적인 도움을 제공해준 다른 사람들과 함께 만든 사회적 합작품이다. 사회적 합작품으로서의 전문성을 다른 사람을 위해 기꺼이 사용하는 '봉사'야말로 일생일대 취득해야 될 가장 아름답고 값진 학위다. 불교에서는 이런 봉사를 실천할 수 있는 한 가지 방법을 제시하고 있다.《잡보장경》[23]에는 재물 없이 보시하는 7가지 방법을 제시하고 있다. 무재칠시(無財七施)가 그것이다.

첫째는 눈으로 보시하는 안시(眼施)다. 눈총 쏘지 말고 세상에서 가장 따뜻한 눈길을 보내주는 것만으로 서로에게 행복한 인사를 할 수 있다. 둘째는 화안열색시(和顏悅色施), 얼굴로 하는 보시라는 뜻이다. 온화한 얼굴과 미소 짓는 모습으로 인사를 나눠도 더불어 행복해진다. 셋째는 말로 보시하는 언사시(言辭施)다. 따뜻한 온기를 품은 다정한 말로 인사를 나누자. 넷째는 몸으로 하는 보시라는 뜻을 가진 신시(身施)다. 사람을 만날 때마다 먼저 일어나 인사하고 악수를 청하기만 해도 다가오는 사람이 행복해진다. 다섯째는 마음으로 보시하는 심시(心施)다. 상대를 배려하고 존중하는 마음이 이심전심으로 통한다는 느낌만 받아도 행복해진다. 여섯째는 자리를 양보하는 보시라는 뜻의 상좌시(床座施)다. 빈자리가 생기면 먼저 앉기 전에 나보다 힘들고 불편한 사람에게 자리를 양보하는 미덕을 보여주면 행복한 에너지를 주고받을 수 있다. 일곱째는 잠자리를 보시한다는 방사시(房舍施)다. 먼 곳에서 손님이 찾아오면 방석을 내주고 묵을 곳을 기꺼이 내주는 것도 보시가 된다.

"아침에 눈을 뜨면 무엇보다도 먼저 오늘은 한 사람에게만이라도 기쁨을 주어야겠다는 생각으로 하루를 시작하라."

- 니체의 말 중에서

19

관성은 절반으로
관찰은 두 배로

관성에 젖어 사는 사람은 흐름을 따라만 간다

세상에는 두 부류의 사람이 있다고 한다. 하나는 세상의 관성대로 흘러가는 사람, 다른 하나는 나만의 관성을 만들어 새로운 흐름을 만드는 사람이다.[24] 전자는 세상의 흐름대로 살아가는 사람이고 후자는 세상의 흐름을 거슬러 올라가는 사람이다. 물고기도 죽은 물고기는 물의 흐름대로 떠내려가지만 살아 있는 물고기는 급류를 거슬러 올라간다. 흐름을 따라가는 사람은 관성과 습관대로 살아가는 사람이고 흐름을 읽어내고 변화를 감지하는 사람은 습관의 코드를 읽어내서 세상의 습관을 새롭게 만들어가는 사람이다. 성공한 사람, 위대한 성취를 이룬 모든 사람은 습관대로 살지 않고 습관을 창조한 사람들이다.

관성대로 살아가지 않고 세상의 작은 흐름을 관찰하는 사람은 습관의 물길이 향하는 곳에 존재하는 답을 찾아내는 사람이다. 세상의 흐름을 뒤집는 사람은 기존 습관을 버리고 새로운 습관을 또 다른 관성으로 만들어가는 사람이다. 세상은 다시 2가지 사람으로 재분류된다. 습관적으로 살아가는 사람과 습관을 바꾸거나 재창조하는 사람이다. 전자는 흐름에 휩쓸려가는 사람이고, 후자는 흐름을 만들어내는 사람이다. 습관이 무의식적으로 만든 관성을 따라가는 사람은, 습관의 관성이 어느 방향으로 흐를지 미리 감지하는 사람이나 습관이 형성할 관성의 방향을 바꾸어 지금까지와는 전혀 다른 흐름으로 세상의 패러다임을 바꾸는 사람에게 종속되어 살아갈 수밖에 없다.

관습도 습관의 산물이다. 습관적으로 반복해서 생긴 관성이 제도적 관행으로 굳어진 게 바로 관습이다. 무지라는 말이 있다. '아는 게 없다'는 이 말도 사실은 노력과 습관의 결과라고 한다.[25] 알고 싶지 않다는 마음가짐으로 꾸준히 노력한 결과가 무지라는 것이다. 관성대로 사는 습관도 저절로 생긴 산물이 아니다. 그걸 매일 반복하기 위해 얼마나 노력을 많이 했을까. 이걸 운동으로 바꿔도 일맥상통한다. 운동하지 않는 사람이 주로 머무는 곳은 의자다. 의자에 의지할수록 몸을 움직이지 않고 앉아서 생각을 거듭한다. 그러다 운동하지 않는 관성대로 살면서 운동하지 않는 습관이 일상이 된 것이다.

●● 오십에 갖추어야 할 5가지 관찰법
기상천외한 관점도 모두 평범한 사람들의 생각, 인지상정에서 비롯된다. 인지상정 없는 기상천외는 허무맹랑한 생각일 뿐이다. 이전과 다른 인생 후반전을 재미있으면서도 의미 있게 살아가기 위해서는 익숙했던 일상도 남다른 관심과 애정으로 관찰하는 시간을 많이 가져야 한다. 그럴수록 앞으로의 삶을 행복하게 살아갈 수 있는 통찰이 넘치기 시작한다.

오감으로 세상을 바라보며 관심 있게 관찰하면 관철시킬 고유한 자기주장이 생기고, 다양한 의견을 평정, 관통할 수 있는 관록이 생긴다. 관록이라는 저력과 내공을 갖기 위한 첫 번째 출발점은 관심이다. 관심은 선택과 포기 사이에서 결정된다. 관심은 애정을 동반하면서 비교적 오랫동안 대상이나 사물을 관찰한다. 관찰은 이전과 다른 통찰을 낳는다. 관찰로 생긴 통찰은 자신의 주장을 관철시킬 신념을 낳는다. 관철시키는 통찰력은 복잡한 사물이나 현상의 본질을 관통하는 핵심 원리를 포착하는 기반으로 작용한다. 관통하는 원리는 기존의 관례를 거부하고 새로운 시대에 적합한 사고 논리를 개발한다. 관심과 관찰, 관철과 관통은 힙을 합쳐 대체 불가능한 관록을 만들어낸다.

① 관찰자는 타인의 관념에 머무르지 않고 자신의 관심을 지켜간다

세상에는 남의 관념대로 살아가는 사람과 자신의 신념대로 살아가는 사람이 있다. 전자는 남들의 좋은 생각에 빠져 살면서 자기 생각을 키우려고 노력하지 않는 사람이다. 이에 반해 후자는 아무리 좋은 생각이라 해도 나의 신념으로 재무장해서 자기만의 독창적인 관심으로 세상을 재해석해내는 사람이다.

② 관찰자는 세상을 앉아서 관망하지 않고 애정으로 관찰한다

관찰자는 세상이 흘러가는 모습을 앉아서 관람하지 않는다. 평범한 세상, 익숙한 세상에도 질문을 던져 낯설게 생각하면서 깊이 관찰한다. 관찰자의 색다른 통찰은 모두 이런 관찰에서 비롯된 체험적 깨달음이다. 그들은 사소한 일상도 색다른 관점으로 관찰해서 비상하는 상상력을 얻는다.

③ 관찰자는 관성에 따르지 않고 자신의 주관을 관철시킨다

관찰자가 가장 경계하는 점은 남들이 만든 관성대로 습관적으로 살아가는 사람들이다. 관찰자에게 관행이나 관습은 아무런 문제의식 없이 반복되어야 하는 관성이 아니라 오히려 그런 관성이 습관적으로 만들어온 고정관념이나 타성을 깨부수고 새로 만들 때 새로운 관점이 생긴다고 믿는다. 관찰자는 관성대로 살아가는 사람들의 습관 코드를 읽어내서 자신의 주관을 관철시키는 사람이다.

④ 관찰자는 관례대로 살지 않고 관통하는 원리를 찾아낸다

관찰자가 가장 싫어하는 말이 관례에 없다는 말이다. 새로운 일을 시작하면 관례에 없다는 이유로 무조건 반대나 저항을 표시하는 사람들이다. 관례대로 행동하는 사람, 판례대로 판결을 내리는 판사치고 창의적인 사람은 없다. 세상에 이로운 가치를 추가하는 사람은 원래

대로 실행되어온 관례에 없던 새로운 사례를 추가하려고 한다. 그리고 그것이 세상을 관통하는 원리에 비추어 전례 없는 새로운 가치를 제안한다.

⑤ 관찰자는 매너리즘에 빠지지 않고 자기만의 관록으로 차별화시킨다

관찰자는 매뉴얼을 싫어한다. 매너 있게 새로운 일을 시작했던 사람도 시간이 지나면서 매뉴얼을 참고하기 시작한다. 매뉴얼의 친구는 매너리즘이다. 매너가 매너리즘으로 바뀌는 순간 세상은 틀에 박힌 마침표로 얼룩진다. 관찰자는 틀에 갇힌 사고방식대로 관리하는 스타일을 거부하고 자신의 주관으로 쌓아온 관록으로 밀고 나간다. 경지에 이른 사람만이 지니는 관록의 흔적을 세상 사람들은 기록하기 시작한다.

20

해명은 절반으로
해석은 두 배로

💬 **해명은 오해가 낳은 자식이지만 오해를 푸는 해석이기도 하다**

　나를 재미있게 소개하기 위해서 트위터 프로필에 지식 산부인과 의사라고 소개한 적이 있다. 한 의사가 교수님은 의사냐고 물어본 적이 있었다. 지식 산부인과 의사라고 했더니 의사 자격증이 있냐고 물어보았다. 산부인과 의사가 아니고 지식 산부인과 의사를 새롭게 조어한 개념이라서 의사 자격증이 필요 없다고 했더니 의사 자격증이 없으면 적법한 절차를 받고 의사 자격증을 따라는 황당한 요구가 있었다. 교수님은 의사 아닌데 의사라고 사기를 쳤기 때문에 대중을 상대로 공개사과를 하라고 요구해서 공, 개, 사과를 모아서 보여주었다. 더 이상 나하고 이야기하고 싶지 않다는 반응이 돌아왔다. 오해를 풀기 위해 노력해도 자기주장만 반복하거나 변명만 늘어놓는 사람에게는 해명 자체를 포기하는 게 정신 건강에도 좋다.

해명하는 사람은 자신은 잘못한 일이 없는데 남들이 잘못했으니 사과하라고 할 때 울화통이 터지고 화가 나서 어쩔 줄 모르는 사람이다. 자신의 순수한 동기로 어떤 일을 했지만 그 일을 바라보는 사람들은 나쁜 의도나 근본적인 다른 저의가 숨어 있다고 불신할 때 그렇지 않음을 밝히는 과정에서 해명이 필요하다. 나는 진실하다고 믿는데 사람들이 사심이 섞여 있어서 의도가 불순하다고 일방적으로 몰아붙일 때 해명이 필요하다. 원래 해명은 글자 그대로 사물을 이론적으로 자세하게 풀어 밝히는 설명이다. 해박한 배경지식으로 설명하고 의미의 오독을 해독하는 해명은 오해만 풀리면 바로 해결되고 사건이나 사고의 의미를 재해석하는 계기를 마련한다. 하지만 해명을 통해 오해가 풀리는 경우보다 오히려 오해의 정도가 깊어져서 해명을 할수록 명분만 초라해지는 경우가 많다.

해명하는 사람이 우선 세상 사람들에게 느끼는 감정은 답답함이다. 내가 어떤 일을 추진한 의도나 의미는 해명을 요구하는 사람의 입장과 전혀 다름에도 불구하고 상대방이 요구하는 해명을 해야 하는 과정 자체가 마음에 들지 않고 답답한 일이다. 해명하는 사람이 다른 사람의 반응에 주목하면서 설득 논리나 설명 과정을 바꾸려는 의도를 갖고 있는 이유도 한 가지 방식으로 해명하면 도무지 이해할 수 없다는 반응이 돌아오기 때문이다. 해명이 필요한 까닭도 내가 추진한 일에 대해 다른 의도나 의미로 바라보는 사람이 생길 때 그 오해를 바로잡아야 하기 때문이다.

해명할 만한 일을 아예 하지 않는 게 상책이지만 삶은 그렇게 단순하지 않다. 자기 일에는 마음을 두지 않고 쓸데없이 다른 짓을 하는 해찰을 부릴 때 내가 그 피해 대상이 될 수도 있다. 해찰 부리지 않고 맡은 바를 진지하게 하면 문제가 없다. 하지만 자신들이 추진하는 일이 의도대로 풀려나가지 않겠다는 판단을 하면 잇속을 챙기기 위해 이런저런 핑계를 대며 해찰로 일관하며 해코지를 일삼는 사람도 있다. 이런 사람들에게는 무조건 안 당하는 게 상책이다. 해명 대상에서 벗어나려면 의혹이 가는 일에는 아예 접근 자체를 하지 않는 게 좋다. 어떤 해설이나 해석도 통하지 않는 사람들에게 해명은 변명으로 오해되기도 한다.

●● 해석을 바꾸면 해법이 보이고 해답도 달라진다

"사실은 없다. 해석이 있을 뿐이다." 니체의 말이다. 객관적 사실은 존재하지 않는다. 객관적 사실을 누가 어떻게 해석하느냐에 따라 사실은 별다른 의미를 지니지 않는 중립적 현실이 될 수도 있고 진심이 담긴 진실이 될 수도 있다. 세계는 해석자의 관점 차이에 따라 사실을 넘어 사기가 담길 수도 있고 진실이 담긴 진리가 될 수도 있다. 니체는 모든 진리는 곡선으로 휘어져 있다고 했다. 진리는 직선으로 목표에 도달하는 객관적 지식의 과학적 표현이 아니라 주관적 신념의 산물이다. 동일한 사실이라고 할지라도 어떤 관점으로 해석하느냐에 따라 전혀 다른 의미로 다가올 수 있다.

하지만 해석에도 부작용이 없지는 않다. 예술 작품을 감상하고 해석하는 것을 예로 들어보자. 예술 평론가 수전 손택에 따르면 예술 작품을 창작한 사람은 그런 의도가 없었음에도 불구하고 해석자(감상하는 사람)가 자기 주관대로 작품성을 평가하고 판단하는 과정에서 자신이 희망하는 사항을 편파적으로 주장할 수 있다. 이때 해석은 작품에 대해 해석자가 지니고 있는 불만 사항을 전달하는 방편으로 작용한다. 해석을 거듭할수록 작품을 창작한 오리지널 예술가의 의도와 무관하게 해석자의 다양한 의지가 반영됨으로써 순수한 예술 작품은 본래의 색깔과 의도를 잃어버리고 해석자의 해석적 판단에 따라 좌지우지되는 정치적 입김에 수전 손택은 강력하게 반대하는 것이다.[26] 이러한 역기능에도 불구하고 해석은 여전히 순기능을 갖고 있다. 똑같은 사실도 그걸 누가 어떤 관점으로 해석해내는지에 따라서 전혀 다른 의미로 다가올 수 있기 때문이다.

해석이 고루해질수록 해답은 지루해진다. 해석을 바꿔야 해법을 찾는 접근 논리도 달라지고, 접근 논리가 달라져야 거기서 얻을 수 있는 해답도 바뀐다. 해석은 언제나 또 다른 해석과 싸운다. 평온했던 해석의 세계에 타자의 새로운 해석이 불법 침입할 때 낯선 해석의 씨앗이 자라난다. 기존 해석으로는 새로운 가능성의 관문을 열 수 없다는 판단이 들 때 전대미문의 질문이 시작된다. 해석이 고루해지는 이유는 기존의 사회가 정한 가치 판단 기준이나 고정관념에 종속된 상태에서 관성을 따라가기 때문이다. 하지만 중년 이후에 해석에 변화가 불가피한 이유는 이제까지 오르막길을 힘겹게 뛰어오르는 목표 달성과 성과를 놓고 투쟁하는 삶을 살았다면, 이제부터는 내리막길에서 추락하지 않고 인생 후반부를 맞이하는 삶을 살아야 하기 때문이다.

"새로운 해석도 그 사람의 새로운 능력을 이끌어내고 결과적으로 사람을 바꿀 수 있다."

- 다카하시 가즈미의 《그래도 사람은 달라질 수 있다》[27] 중에서

3장 매력과 말

감성으로 품격을 높이는
유쾌한 언어 처방전

말 한마디가 인생의 종말을 가져올 수도 있다

매력적인 사람, 호감이 가는 사람에게 끌리지 않을 사람은 없다. 일상의 언어가 한심과 한탄보다 감동과 감탄으로 무장된 매력적인 사람은 감성이 충만하게 충전된 사람이다. 이들은 물건을 훔치면 범인이지만 마음을 훔치면 연인이 된다는 잠언을 행동으로 보여주는 사람이다. 세상을 움직이며 리더십을 발휘하고 주변 사람들에게 긍정적인 영향력을 행사하는 사람은 머리를 공략해서 이해시키는 사람이 아니라 심장을 공략해서 상대방의 마음을 훔치는 감성지수가 높은 사람이다. 이런 사람은 호감과 신뢰감을 기반으로 지루한 설명보다 재미있는 설득으로 만나고 싶은 인간관계를 맺어간다. 당연히 이들은 다른 사람의 의혹을 사는 일은 거의 하지 않고 상대의 마음을 울리는 매혹적인 발언으로 호감도를 높이는 선순환적 삶을 이어간다.

감성지수가 높은 사람이 지키는 철칙이 있다. 남을 깎아내리고 비하 발언으로 무장된 비난의 화살보다 건설적인 피드백을 주면서 문제점을 찾아 개선 방안을 알려주는 비판의 빵을 나눠 먹는다. 비난은 감정적 상처만 줄 뿐 개선책이나 대안은 제시하지 않는다. 반면에 비판은 비위를 건드리지 않고 비유법을 써서 한계나 문제점을 깨달을 수 있는 피드백을 준다. 비판의 빵을 나누는 사람은 상대를 더 잘 이해하거나 알고 싶은 점을 질문한다. 질문은 상대방에 대한 애정과 관심의 다른 표현이다.

세상의 모든 사람은 저마다의 방식으로 특별하고 고유한 개성을 지녔다. 특별한 개성은 차별화 포인트지 차별적 대상은 아니다. 남과 구분되는 고유한 재능과 강점으로 자기만의 고유한 색깔을 드러내는 사람은 핑계나 합리화로 안 되는 방법을 찾아가며 변명하기보다 어제와 다른 모습으로 부단히 자기 변신을 시도한다. 한 우물에 오래 머물거나 자기 경험의 덫에 걸리지 않고 부단히 새로운 세계로 향하는 호기심의 끈을 놓치지 않는다. 중년 이후의 삶이 더욱 돋보이는 사람은 종래 사용했던 책상 지식이나 관념적 머리의 언어보다 직접 체험 현장에서 겪으며 체득한 몸의 언어를 사용한다. 이들은 자기주장을 일방적으로 지시하기보다 상대가 간접적으로 깨달을 수 있도록 넌지시 은유법을 사용, 사유의 깊이와 넓이를 심화·확산시켜준다. 이들은 남을 티칭으로 이끌어가기보다 코칭으로 상대의 무한한 가능성의 꽃을 피우게 도와준다.

21

설명은 절반으로
설득은 두 배로

🥣 설명하면 이해하지만 행동하지 않는다

많은 사람이 의미를 이해시키기 위해 논리적으로 설명하는 방법을 채택한다. 메시지의 논리적 구조와 의미의 차이점을 설명한다. 설명을 들은 청중은 이해는 하지만 가슴으로 느끼지 못한다. 심지어 정서적 공감대가 형성되지 않은 상태에서 상대방을 이해시키기 위해 논리적으로 설명하면 역효과가 날 때도 있다. 이런 일은 말하는 사람에게 신뢰가 가지 않거나 설명하는 내용에 충분한 공감대가 형성되지 않았을 때 발생한다. 설명이 길어지는 이유는 본인이 직접 겪어보고 느끼고 깨달은 체험적 스토리가 없기 때문이다. 주로 남의 이야기를 근간으로 자신의 주장을 펼치는 사람이 설득보다 설명이 많다. 설명은 논리적으로 옳은 이야기를 말하는 화법이지만 상대의 마음을 움직이지 못하는 경우가 많다.

애플의 스티브 잡스와 마이크로소프트의 빌 게이츠가 모두 대학 졸업식에 가서 축사 연설을 했다. 누구 연설이 더 재미있을 것 같은가? 스티브 잡스는 개인적 체험을 통해 사건 속에 담긴 사연과 사고(事故)로 바뀐 사고(思考)를 솔직담백하게 들려주며 청중의 심장을 파고든다. 그런데 빌 게이츠는 옳은 얘긴데 재미가 없다. 스티브 잡스가 선동하는 데 비해서 빌 게이츠는 논리적으로 설명하면서 선전한다. 스티브 잡스는 누구나 쉽게 아는 상식으로 청중의 마음을 어루만져준다. 생각대로 되지 않았던 일을 솔직히 고백하고 자신의 아픈 부위를 솔직하게 드러내고 그 속에서 본인이 몸으로 깨달은 이야기를 감성적으로 설득한다. 의미가 심장에 꽂히는 이유다. 이에 비해 빌 게이츠는 양식에 호소한다. 모험생 스타일인 스티브 잡스에 비해 모범생인 빌 게이츠는 만인이 아는 양식에 호소하면서 계몽하고 권장하며 추천한다. 양식에 호소하면 추천 도서로 서가에 꽂히고 상식을 잘 어루만져주면 베스트셀러로 매대 위에 누워 있다는 《세상물정의 사회학》[28]을 쓴 사회학자 노명우 교수의 주장에 고개가 끄덕여진다.

설명은 머리로 하지만 설득은 가슴으로 한다. 설명은 이성과 짝을 이루고 설득은 감성과 짝을 이룬다. 설명은 논리적이라는 말이 어울리고 설득은 감성적이라는 말이 어울린다. 논리적 설명과 감성적 설득은 조화를 이루지만, 논리적 설득과 감성적 설명은 부자연스럽다. 설명은 논리적으로 머리를 자극하지만 설득은 감성적으로 가슴을 두드린다. 그래서 설명하면 머리가 움직이지만 설득하면 마음이 움직

2분의 1

인다. 머리로 이해가 되면 결론이 도출되지만 마음이 움직이는 감동을 받으면 행동한다. 마음이 움직이지 않고 머리만 움직일 경우 머리가 아프기 시작한다. 심지어는 골 때린다는 표현을 쓴다. 마음으로 호소해서 동정심을 얻거나 공감대를 형성하지 않고 논리적인 설명으로 일관하면 이해는 시킬 수 있지만 마음을 얻을 수는 없는 이유다. 머리는 계산을 하면서 이해타산을 따지지만 가슴은 타인의 아픔을 사랑하면서 몸을 던진다. 가슴으로 감동받은 사람이 몸을 던져 행동하면서 세상을 움직이는 리더십을 발휘한다.

●● 의미가 심장에 꽂히면 의미심장해진다

의미가 심장에 박히면 의미심장해진다. 의미심장함은 논리적 설명 이전에 가슴에 와닿을 때 일어나는 깨달음이다. 설명하려는 화두나 이슈, 개념이나 원리를 체험해봐서 알고 있거나 몸소 깨달으면서 느낀 바가 많다고 생각하면 공감이 가고 의미심장하게 느낀다. 재미없는 의미는 의의가 없으며, 의미 없는 재미는 재롱에 지나지 않는다. 재미있는 의미와 의미 있는 재미라야 의미가 심장에 꽂히고 비로소 그 의미는 의미심장해진다.

논리적 설명은 결론을 낳지만 감성적 설득은 행동을 낳는다. 결론은 설명이 낳은 자식이지만, 행동은 설득이 낳은 자식이다. 설명하면 이해는 가지만 실천으로 옮겨지지 않는 이유는 마음이 움직이지 않았기 때문이다. 설명이 끝나면 모두가 머리를 끄덕이는 경우가 많지만 실천으로 옮겨지지 않는 이유는 아직 확신이 들지 않기 때문이다. 설명은 논리가 필요하지만, 설득은 신념이 필요하다. 신념 없는 논리는 공허한 관념으로 비칠 수 있다. 설명하는 사람은 메시지에 집중하지만, 설득하는 사람은 메시지에 대한 자신의 신념과 철학에 집중한다. 설명은 메시지를 팔지만, 설득은 메신저를 판다. 설득하는 사람은 메시지 자체를 파는 게 아니라 메시지에 대한 자신의 신념과 철학, 그리고 열정을 판다. 설득하는 사람은 상대에게 신뢰를 심어주고 결단을 촉구하며 결연한 행동을 유발한다.

다양한 분야에서 판매왕에 오른 사람은 상품을 팔지 않고 상품에 대한 자신의 신념과 철학을 판다. 프로 세일즈맨은 상품의 효능에 대해서 논리적으로 설명하지 않고 상품의 효능이나 기능에 대한 자신의 신념과 철학을 갖고 감성적으로 설득한다. 자신이 직접 사용해본 체험담으로 고객들의 마음을 훔친다. 우선 고객의 마음을 휘저은 다음 서서히 제품의 차별적 특징에 대해서 논리적 설명을 덧붙인다. 설득이 먼저고 설명이 나중이다. 이성적 또는 논리적 설명과 감성적 설득은 새의 양 날개처럼 언제나 조화와 균형을 맞추어야 한다. 문제는 논리 이전에 감성이, 설명 이전에 설득이 이루어져야 한다는 사실이다. 설득당한 사람에게 논리적 근거를 제시하면 빼도 박도 못하고 속수무책으로 빠져버린다. 일단 설득에 넘어가 빠진 사람은 빠져나오기 어렵다.

물건을 훔치는 도둑은 법적으로 처벌을 받는다. 하지만 상대의 마음을 훔치는 도둑은 법적으로 처벌을 받지 않는다. 상대의 마음을 훔치는 전략은 그래서 누구나 활용할 수 있는 '치외 법권적 유혹 비법'이다. 유혹의 달인은 차가운 논리적 이성으로 설명하기 이전에 뜨거운 감성적 마음으로 설득한다. 설득하려면 나에 대한 호감과 신뢰를 높여야 한다. 왠지 믿음이 들면서 호감이 가면 설득은 저절로 이루어진다. 설득으로 문을 열고 설명으로 열린 문을 닫아버린다. 닫힌 문은 쉽게 열리지 않는다. 이제 설득한 사람의 논리대로 따라가는 수밖에 없다. 설득 없는 설명은 지루하고 설명 없는 설득은 위험하다! 설명을 최소화하고 설득은 극대화하는 방법이야말로 사람의 마음을 훔쳐서 꼼짝달싹 못 하게 만드는 유혹의 지름길이다!

22

비난은 절반으로
비판은 두 배로

🥄 비난의 화살은 비아냥거리며 비수를 꽂는다

비난은 자기주장과 감정적으로 맞지 않는 의견이나 주장이 발견되면 일방적으로 발설하는 행위다. 따라서 비난은 상대방과 소통하거나 공감 없이 상대를 비하시키려는 의도가 숨어 있다. 자기 말만 옳은 것이고 상대방의 주장은 무조건 틀렸다고 일방적으로 우기는 행위다. 비난은 상대에게 돌이킬 수 없는 치명적인 상처를 준다. 격화되다 보면 비난은 화살이 돼 상대의 가슴에 꽂힌다. 논리적 모순과 문제를 떠나 이제 비난은 이성의 세계를 떠나 감정싸움으로 변질된다. 비난의 화살은 날리면 날릴수록 가슴에 못을 박는 심한 상처를 준다. 못은 벽에 박는 것이지 가슴에 박는 게 아니다.

믿었던 사람이 돌변하거나 기대했던 사람이 기대를 저버릴 때 또는 어떤 비리를 저질렀을 때 막무가내로 비난하면 문제는 개선되지 않고 악화일로에 접어든다. 무심코 내뱉은 비난 한마디가 지울 수 없는 상처가 되어 가슴에 비수로 꽂힌다. 시간이 흘러도 치유되지 않고 다만 희석될 뿐이다. 비난의 화살은 비극이나 비애의 눈물이 담긴 아픈 추억을 만드는 장본인이다. 감정적으로 비난하기보다 건설적으로 비판하고 장점을 찾을 수 있도록 비평의 빵을 나누어 먹었는지, 비(批)의 의미를 성찰해본다. 비난의 화살을 맞고 아직도 아파하고 있는 많은 사람들의 비탄에 섞인 절규는 그 어떤 메시지로도 위로하기 어렵다.

비판은 상대를 배려하고 존중해주는 차갑지만 따듯한 마음을 품고 있지만 비난은 상대방을 멸시하고 깎아내려서 더 이상 일어서지 못하게 공격하는 일종의 언어폭력이다. 건설적 비판으로 대안을 제시하고 가능성의 문을 열어주면 이전과 다른 관문을 열어간다. 비판적 의견이 오고 가는 대화는 생산성 있는 토론으로 이어진다. 하지만 아무런 대안도 없이 상대방을 비하시키는 감정적 비난은 어떤 돌파구도 찾지 못하고 소모적인 말싸움으로 끝나고 심지어 돌이킬 수 없는 상처의 깊이를 더해갈 뿐이다. 비난이 시작되면 이성은 작동을 멈추고 폭발하는 감정의 굴곡에 따라 본능적으로 반응한다. 비난의 화살이 날아오기 시작하면 자기 통제가 되지 않는 상태에서 막말을 쏟아내기 시작한다.

비판은 나와 생각이 다른 사람에게도 가능성의 문을 열어주지만 비난은 오로지 자기주장만 옳다고 우기는 고집불통의 산물이다. 비난은 자기주장의 정당한 근거나 논리적 증거도 없다. 비난은 오로지 상대에 의해 건드려진 격한 감정이 이성을 잃고 봇물 터지듯 일방적으로 떠들어대는 발설일 뿐이다. 비난이 가속화될수록 비난의 화살을 날리는 사람이나 비난으로 상처받는 사람은 모두 돌아갈 수 없는 다리를 건넌다. 비난의 화살을 날리기 전에 5초만 생각해보자. 5분 동안 퍼붓는 비난의 화살은 한 사람의 50년 인생에 치유될 수 없는 상처를 남길 수 있다.

●● 비판의 빵을 나눠 먹으면 비책도 만들 수 있다

나름의 사연과 배경을 지니고 있는 비밀을 간직하고 싶은 때가 있다. 무슨 생각을 하면서 힘든 시기를 살아가는지 속속들이 밝히고 싶지 않은 날, 비밀의 시간 속에서 그동안 축적된 비결이나 비법으로 개발된다. 절치부심하며 개발한 자기 특유의 비결이나 비법이라고 해도 대중에게 공개되는 순간 관점과 시각, 가치관과 선호도의 차이에 따라 누군가는 비난의 화살을 날리고 누군가는 비판의 빵을 나눈다. 비난은 비수를 꽂지만 비판은 더 나은 대안을 모색하며 비전을 찾는다. 인생 후반전을 사는 지혜는 비난의 화살에 일희일비하지 않고 자기중심을 잡고 취사선택, 자기 주관을 더욱 공고하게 다져나가면서 열린 마음으로 나와 다른 주장에도 귀를 기울이는 것이다.

비난의 비수를 맞았어도 비극 속에서 비명을 지르기보다 비평과 비판의 빵을 나눠 먹으며 비전을 품고 자기만의 비결을 찾아 나서는 용기가 비상을 꿈꾸게 만든다. 비난의 화살이 상대방의 허점을 감정적으로 공략해 '상대방 죽이기'에 궁극적인 목적을 두고 있는 데 반해서 비판의 빵은 상대방이 미처 깨닫지 못한 논리적 모순이나 오류, 주장의 문제점과 한계를 표출시켜 상대의 주장을 건설적으로 발전시키려는 긍정적 의도가 담겨 있다. 건설적인 대화 문화를 조성하고 상대방 주장의 타당성을 제고시켜 결국은 모두가 승리하는 윈윈(win-win) 전략의 구체적 대안이다. 비판의 빵은 상대의 주장이 갖고 있는 문제점과 한계를 분명히 인식할 때 나누는 빵 맛이 달라질 수 있다. 지금 우리에게 필요한 것은 비난의 기교와 전술이라기보다는 비판의 기예와 전략이다. 화살과 칼을 통해 상대방을 제압하는 기교와 전술보다는 함께 나누는 비판의 빵을 통해 주장과 접근의 문제점을 공유하고 다양한 대안을 함께 모색하는 지혜가 필요한 시기다.

비판의 진정한 의도와 방향을 오인, 오해, 오용하게 되면 비판의 빵은 비난의 화살로 바뀌기 시작한다. 어떻게 하면 상대방의 주장을 비난할 수 있을 것인지 고민하기보다는 상대방의 주장을 비판함으로써 논리적 모순과 오류를 지적하고, 문제점과 한계를 극복할 수 있는 새로운 가능성을 찾아보는 데 주력한다면 비판은 지금보다 한 단계 도약하기 위한 디딤돌이 될 수 있다. 비난의 화살은 대안 없는 상처의 깊이를 더하지만 비판의 빵은 나눌수록 서로가 서로에게 성장하고 발전할 수 있는 기반이 되는 이유다.

습관적으로 타성에 젖은 언어만 바꿔도 놀라운 변화가 일어난다. 비수를 꽂으며 비아냥거리지 말고 상대방만이 갖고 있는 비장의 무기, 비범함을 칭찬해줄 때 세상도 색다르게 보이기 시작한다. 서로 발전할 수 있도록 도와주는 대화를 주고받을 때 앞이 보이지 않았던 막막한 문제나 이슈도 이전과 다르게 생각할 수 있는 단서를 잡을 수 있다.

"정답은 찾아내는 능력보다 정확한 질문을 던지는 능력이 더 중요하다."

- 플라톤의 말 중에서

질투는 절반으로
질문은 두 배로

23

😊 과한 질투심은 혈투를 부른다

천부적 재능이나 내가 지니고 있지 않은 탁월한 능력을 갖고 태어난 사람을 시기하는 질투는 결과적으로 절망감이나 열등의식을 부른다. 이런 현상을 심리학적 용어로 살리에리 증후군이라고 한다. 영화 〈아마데우스〉에서 유래된 말이다. 주인공 안토니오 살리에리는 천부적인 재능을 갖고 태어난 모차르트와 달리 꾸준한 노력으로 정상급 대열에 오른 음악가다. 사실 모차르트보다 세상의 명성을 얻었던 살리에리지만 모차르트가 지니고 있는 천부적 재능을 늘 부러워하고 질투하면서 절망적 생활을 이어간다. 그는 늘 "신이시여! 어찌하여 제게는 귀만 주고 손은 주지 않으셨나이까?"라고 절규하며 울부짖는 삶을 산다. 그럴수록 불행의 나락으로 빠질 뿐, 모차르트를 능가하는 능력과 명성을 얻지는 못한다.

살리에리는 모차르트와 비교하는 질문을 던질 것이 아니라, 자신만이 갖고 있는 독특한 재능으로 탁월한 음악가가 되기 위해서는 어떤 노력을 거듭해야 되는지 자문해야 했다. 자신이 살아가는 이유나 존재 목적을 근본적으로 물어보는 질문이 없는 삶, 질의가 없는 삶은 마땅히 질책이나 질타를 받아야 한다. 삶의 목적과 자기의 존재 이유에 대한 질문 없이 질주하다 속도감에 못 이겨 질식할 수 있기 때문이다.

질풍노도의 청춘 시절을 지나 인생 후반전을 준비하는 사람은 남과 비교하는 질문으로 질투심을 불태울 게 아니라 내가 하면 행복한 일이 무엇인지를 찾아 탐구하는 질문을 던져야 한다. 성찰을 지향하는 질문보다 남과 비교하는 질문은 질투심을 유발하고 극심한 경쟁심을 자극하여 결국 심각한 자기 파멸로 빠질 뿐이다. 스스로에게 던지는 질문에 답하지 않고 질질 끌려다니는 삶은 병든 삶이나 마찬가지다. 성공한 사람의 결과만을 보고 하는 질투, 남을 밉게 보거나 흘겨보는 질시 모두 질타받아야 마땅하다. 남의 약점에는 눈감아주는 미덕을 갖고 가능하면 강점과 재능을 보고 인정해주고 칭찬해주자.

●● 질문이 관문을 바꾼다

지금부터는 정답을 찾아내는 모범생의 노력보다 그 누구도 던지지 않은 질문을 디자인하는 모험생이 필요하다. 당신은 지금 뛰는 가슴을 멈추게 만드는 질문 앞에 정답을 찾고 있는가? 아니면 잠자는 심장을 흔들어 깨우는 낯선 질문 앞에서 새로운 관문을 찾아 나서려고 고뇌하고 있는가? 당신은 출제된 문제의 정답을 찾기 위해 골몰하는 해결사인가? 아니면 한 번도 접해보지 못한 난생처음의 문제를 출제해 세상을 평지풍파로 몰아넣는 문제아인가?

"해답은 질문 속에 있다." 영화 〈파인딩 포레스터〉에 나오는 대사다. 앞문이 막히면 질문을 던져 옆문과 뒷문으로 나가면 된다. 늘 다녔던 앞문이 갑자기 막힌 상황에서 방법을 찾기 위해 옆문에게 물어보았다. 옆문이 말했다. 가끔은 옆길로 새면 생각지도 못한 샛길도 있고 돌아가는 길이 빠른 길이라고. 옆문은 한마디 더 했다. 진퇴양난의 위기는 없다고. 앞으로도 못 가고 뒤로도 못 가면 옆으로 가면 된다고. 사실 옆길로 새다가 우연히 만난 길에서 내가 걸어갈 길을 만나는 경우도 발생한다. 이번에는 뒷문에게 물어보았다. 뒷문이 인생의 또 다른 지혜를 알려주었다. 일보후퇴하는 길이 이보전진하는 길이라고. 앞으로 가는 것만이 능사가 아니라 가끔은 마음을 비우고 뒤로 물러나는 길이 내 앞의 난적을 물리치는 길이라고.

인생 중반전을 넘어서면 이제까지 당연하게 믿어왔던 신념이 혹시 낡은 통념은 아닌지를 심각하게 따져 물어봐야 한다. 기존 지식과 경험으로 대답을 제시하기보다 어제와 다른 질문으로 낯선 세계를 향하는 설렘의 질문이 인생 후반전을 행복하게 만드는 비결이다. 세상에서 가장 강력한 질문이 있다. 바로 톨스토이의 3가지 질문이다. 첫째, 이 세상에서 가장 중요한 때는 언제일까? 둘째, 이 세상에서 가장 중요한 사람은 누구일까? 셋째, 이 세상에서 가장 중요한 일은 무엇일까? 행복하게 살아가는 방법은 지금 당장, 가까이 있는 사람에게 전화해서, 맛있는 밥 한 끼 나눠 먹는 일을 하는 것이다. 질투하고 시기하기보다 낯선 질문을 던져놓고 그 질문의 대답을 찾아 나서는 길 위에 우리가 꿈꾸는 일상의 작은 행복이 널려 있다.

24

변명은 절반으로
변신은 두 배로

🥄 변명하는 순간 본래의 사명은 실종된다

변명은 변화할 수 있는 기회를 박탈할 뿐만 아니라 변신을 가로막는 최대의 적이다. 어떤 일이 잘못되었을 때 먼저 무엇 때문에 일이 이렇게 되었는지 살펴봐야 한다. 가장 먼저 내가 잘못한 점이 무엇인지 꼼꼼히 따져 물어봐야 한다. "내 탓이오"라고 말해보라. 너 때문이 아니라 나 때문이라고 말해보라. 핑계를 찾고 합리화하기 이전에 발생한 문제의 원인을 찾아보고 해결 방안을 강구하는 게 사태 수습의 지름길이다. 문제의 원인을 밖에서 찾기 이전에 내 안에서 겸손한 자세로 찾아보자. 문제가 터지면 문제를 일으킨 사람을 야단친다. 야단맞은 사람은 문제를 일으킨 사연과 배경을 조사해서 문제를 일으킨 근본적인 원인을 찾기보다는 심리적으로 몰려오는 패배감에 어쩔 줄을 모른다.

문제는 언제나 터진다. 문제없는 조직이 문제다. 모든 조직은 저마다의 문제를 안고 살아간다. 문제는 어제와 다른 나로 변신하는 촉발점이다. 발생한 문제를 해결하는 색다른 시선과 관점, 그리고 접근 논리를 독창적 아이디어로 받아주지 않을 때 문제는 해결 대상이 아니라 난상 토론과 집단적 질책의 장으로 전락한다. 문제를 일으킨 사람을 야단치면 그 사람은 본능적으로 변명을 둘러대기 시작한다. 문제를 일으킨 장본인으로 주목당하기 싫은 본능적 반응이 일어나기 때문이다. 문제가 터졌을 때 문제를 일으킨 사람을 야단치고 꼬투리를 잡는 심판자의 질문을 던지면 문제는 개선되지 않고 심리적 패배감을 줄 뿐이다. 문제의 본질을 파고들어가 문제를 해결하고 대안을 모색하는 학습자의 질문을 던져야 문제를 일으킨 사람도 변명을 그만두고 문제를 통해 자기 변신을 시도한다.

'때문에'라는 말보다 '덕분에'라는 말을 즐겨 쓰자. '때문에'를 즐겨 쓰는 사람은 문제의 원인을 항상 밖에서 찾는다. 자신은 언제나 잘못이 없다고 생각한다. '때문에'라는 말은 부정적인 감정에 휩싸여 문제의 본질을 보지 못하게 막는다. 변명의 언어다. 반면 '덕분에'라는 말을 즐겨 쓰는 사람은 언제나 긍정적으로 생각하고 문제의 원인이 나에게서 비롯될 수 있음을 인정한다. '덕분에'라는 말은 그래서 늘 변화를 추구하고 변신을 거듭하는 긍정의 언어다. 긍정의 언어를 구사하는 사람은 변명을 늘어놓고 자기 합리화의 방법을 찾는 데 시간을 낭비하기보다 벌어진 문제를 인정하고 대안을 모색하는 데 보다 많은 시간을 보낸다. 일단 인정하고 긍정하면서 지금 상황에서 대안을 찾는다. 환경과 조건을 탓하고 다른 사람들 때문에 벌어진 문제라고 불평불만을 늘어놔도 사태 수습에 별다른 도움이 되지 않기 때문이다.

변명보다 변신을 추구하는 사람은 문제를 일으킨 사람과 싸우지 않고 문제 자체와 싸운다. 문제를 일으킨 사람과 싸울 경우 자칫하면 감정싸움으로 번질 수 있다. 나아가 문제의 본질에서 멀어져 진짜 문제 해결에 도움이 되지 않는 소모전으로 전락할 가능성이 있기 때문이다. 변명을 하면 할수록 또 다른 변명을 찾아야 한다. 변명이 거듭될수록 문제 해결과 사태 수습으로 가는 길과는 멀어진다. 어제의 나와 다른 나를 만나는 방법, 변명이 아니라 변신이다.

●● 변신을 거듭하는 사람은 삶에 변별력이 생긴다

변신을 통해 어제와 다른 나로 태어나기 위해서는 발생한 문제를 일으킨 사람과 싸우기보다 문제의 본질과 싸운다. 사람과 싸우지 않고 문제와 싸울 때 문제를 해결할 단서나 화두는 부각되기 마련이다. 문제와 싸우며 변신을 거듭하는 사람은 정설에 시비를 걸고 역설을 찾아내려고 안간힘을 쓴다. 정설을 아무리 정확하게 설명해도 생각의 흐름을 뒤집지 못하기 때문이다. 그저 지금 세상을 이해시킬 뿐이다. 혁명적인 자기 변신은 정설을 뒤집는 역설을 역설(力說)할 때 이루어진다. 상식과 정상에 머물러 살지 말고 몰상식하고 비정상적으로 생각해야 뭔가 색다른 창조가 시작된다.

정상분포 곡선이란 게 있다. 정상적인 사람이 약 80% 되고 정상적인 사람들의 생각 범주에 들어가지 못하는 왼쪽 극단 10%와 오른쪽 극단 10%로 이뤄지는 곡선이다. 정설을 주장하는 사람과 정설을 따르는 사람은 역설을 인정하지 않으려고 한다. 상식에 의문을 던지는 몰상식, 정상을 문제 삼는 비정상, 주류에 시비를 거는 비주류, 중심에 동화되지 않고 독자적인 노선을 걷는 변방에서 시대의 흐름을 뒤흔드는 새로운 이론과 많은 사람들에게 감동을 주는 대박 히트 상품이 나온다. 변신을 거듭할수록 다른 사람과 차별화되는 변별력을 배가시켜준다.

평탄한 환경에서 지금까지 해오던 일상적인 변화가 더 이상 말을 듣지 않을 때, 잠시 멈춰 서서 이제 근본적인 자기 변신을 시도할 필요가 있다. 변화의 끝에서 변신은 시작된다! 탈을 바꿔 쓰는 근본적인 탈바꿈의 변신에는 당연히 성장통이 따르기 마련이다. 성장통을 이겨내는 사람만이 아름다운 숙성의 시간, 즉 원숙한 내공을 연마하는 성숙의 시간을 통해 지금과는 전혀 다른 모습으로 변신할 수 있는 사람이다. 어려운 난제에 봉착할수록 남의 의견과 밖의 환경에 좌지우지되지 말고 확실한 나의 신념과 의견을 갖는 게 중요하다. 모든 변화는 지금 여기서 시작되지만 지금의 변화는 단순한 변화를 넘어선다. 이제 틀에 박힌 변화, 일상적인 변화로는 지금까지 살아온 것과 다른 삶을 살아갈 수 없기 때문이다. 지금 여기서 변화를 넘어 변신을 시작하는 사람에게 보다 소중한 선택은 성장보다 성숙이다.

 고속 성장은 가능하지만 고속 성숙은 불가능하다. 앞만 보고 외형적 성장을 추구하며 남과 비교하는 삶은 이제 절반으로 줄이고 나를 위한 성숙의 여정을 두 배로 늘려야 어제와 다른 나로 변신한다. 성장하지 못하면 그 원인을 내부에서 찾기보다 주로 외부적 여건에서 찾으며 자기 합리화를 한다. 하지만 성숙하지 못하면 그 원인은 안에서 찾고 자기반성을 통해 어제와 다른 나로 변신을 거듭한다. 남의 탓은 가급적 줄이고 내 탓이라고 말하는 것은 두 배로 늘리자.

"내가 깨달은 바에 따르면 삶은 발견의 여정, 즉 자아를 발견해가는 여정이다. 하지만 너희가 안전하고 익숙한 길을 고수한다면 어떤 것도 발견할 수 없을 것이다."

- 찰스 핸디의 《삶이 던지는 질문은 언제나 같다》[29] 중에서

25

머리의 언어는 절반으로
몸의 언어는 두 배로

🥣 자기만의 이야기가 없는 머리의 언어

머리의 언어는 상대방이 무슨 말을 하는지에 관계없이 사전에 저장된 자기 생각을 쏟아내는 말이다. 쏟아낸 말은 당연히 소통되지 않고 막히거나 맴돈다. 예를 들면 나에게 전화한 친구에게 이렇게 말하는 것이다. "친구야, 나 어쩌지? 벌써 퇴근해서 집에 와버렸는데." 나는 이미 집에 왔으니까 (네가 무슨 문제로 전화를 했는지 잘 모르겠지만) 너에게 지금 갈 수 없다는 변명이나 핑계다. 머리의 언어는 상대가 어떤 상황에 놓여 있으며 무슨 문제를 안고 있는지를 고려하지 않고 자기 생각을 일방적으로 발설하는 언어다. 어떤 사람이 무슨 말을 왜 그렇게 하는지, 그 발언의 상황적 맥락을 무시하고 자기 생각을 주장하는 언어는 무맥락 언어다. 당연히 소통이 안 될 뿐만 아니라 실망이나 원망을 사는 언어다.

머리의 언어는 겪어본 경험을 번역한 언어가 아니라 책상 지식으로 축적한 논리적 설명의 언어다. 설명이 길어지는 이유는 자신이 겪어본 경험이 없기 때문에 남의 이야기에 기대어 자기주장을 펼치기 때문이다. 머리의 언어는 상대가 어떤 상황에 처해 있는지를 고려하지 않고 사전에 준비된 말을 일방적으로 쏟아내는 명사적 언어다. 머리의 언어가 명사적 언어인 이유는 상황적 맥락 또는 상대방의 감정 상태나 주장에 맞게 대응하면서 동태적으로 변화되는 언어가 아니라 머릿속에 저장된 생각을 패키지화된 언어로 전달하기 때문이다. 머리의 언어는 심장을 공략하기보다 머리를 공략하면서 이해를 촉구하는 언어다. 머리의 언어가 이해는 되지만 가슴에 와닿지 않는 이유는 내 몸을 관통하면서 체험으로 재해석된 언어가 아니기 때문이다.

학교에서 배운 대로 종이비행기를 접어 날리면 원하는 방향대로 멀리 날아가지 못하고 공중을 휘돌다가 고꾸라진다. 조금만 바람이 불거나 어딘가에 부딪히면 넘어지고 자빠진다. 이렇게 머리의 언어를 갖고 있는 비행기는 고생해본 적이 없어서 살아가면서 직면하는 힘든 일을 견뎌낼 내공이나 내성이 없다. 산전수전 겪어본 경험이 없으면 상대를 감동시킬 체험적 공감의 언어를 만들어낼 수 없다. 가난한 사람은 자기만의 언어가 부실한 사람이다. 자기만의 언어가 부실한 사람은 어제와 다른 경험의 깊이와 넓이가 미천할 뿐만 아니라 언어 사용 방식을 다르게 가져가려는 노력 또한 부족하다.

머리의 언어는 지행일치를 주장한다. 지행일치는 앎과 삶, 구체적으로 말하면 알고 있는 지식과 실천하는 행동은 일치되어야 한다는데 있다. 행동 이전에 앎이 먼저라고 생각하는 선지후행의 입장이다. 앎은 삶과 분리 독립된 상태에서 삶보다 선행한다. 먼저 알지 못하면 행동하기 어렵다는 입장이 바로 지행일치를 주장하는 주자학이다. 이런 면에서 지(知)는 수단이고 행(行)은 목적이다. 지행일치의 철학은 아는 대로 행동하지 않으면 비난한다.

●● 삶의 얼룩과 무늬가 몸의 언어로 번역된다

사람의 삶은 구겨진 종이와 같다. 구겨진 종이의 주름은 사람이 살아가면서 생기는 주름과 다를 바 없다. 힘들고 어려울 때는 삶이 많이 구겨진다. 나의 의지대로 되지 않을 때 바깥의 뜻하지 않는 힘에 굴복당할 때도 있고, 멀쩡하게 걸어가던 사람이 느닷없이 나타나 장애물에 의해 넘어질 수도 있다. 우여곡절의 삶을 살다가 겹겹이 쌓이는 구구절절한 사연이 구겨진 종이처럼 내 몸에 얼룩으로 남는다. 종이가 많이 구겨질수록 주름이 많이 생기듯, 사람도 고생을 많이 겪을수록 삶의 주름이 생긴다. 구겨진 종이비행기일수록 원하는 방향으로 멀리 날아간다. 똑바로 접은 비행기는 내 마음대로 날릴 수 없지만 구겨서 만든 종이비행기는 내 의지와 방향대로 멀리 날아간다. 시련과 역경을 경험하면서 나도 모르게 내 몸에 각인된 다양한 주름은 세상을 살아가는 밑거름이 된다.

2분의 1

논리적 글은 두뇌로 쓸 수 있지만 진심이 담긴 글은 삶으로만 쓸 수 있다고 한다. 사회학자 노명우 교수의 말이다.[30] 아픔이나 슬픔을 온몸으로 겪은 사람의 언어는 다가오는 톤이나 찌르는 충격이 다르다. 그냥 소름 끼치는 전율만이 감돌 뿐이다.

몸의 언어는 타자의 아픔에 공감하는 언어다. 주어진 맥락에서 청자가 겪고 있는 아픔이나 슬픔과 상호 작용하면서 당시의 감정에 조응하는 협력의 언어를 함께 만들어낸다. 몸의 언어는 상황적 맥락에 흐르는 감정의 흐름을 따라가면서 수시로 변화되는 동태적 동사의 언어다. 몸의 언어는 화자의 진심과 체중이 실린 언어라서 폐부를 찌르는 묵직한 감동으로 다가간다. 중년 이후부터는 남의 말과 이야기를 전하는 사람이 아니라 내가 살아오면서 보고 느끼고 깨달은 삶의 지혜를 나만의 언어로 번역하는 스토리텔러로 변신할 필요가 있다.

머리의 언어가 지행일치를 추구하는 데 반해 몸의 언어는 지행합일을 지향한다. 우리가 뭔가를 공부하는 목적은 앎이 곧 삶이고 삶이 곧 앎인 지행합일의 정도와 수준을 높이는 데 있다. 이런 지행합일의 철학은 왕양명의 《전습록 1》[31]과 《전습록 2》[32]에서 배운 것이다. 양명에게 앎과 삶은 별개의 독립적인 2가지 활동이 아니라는 뜻이다. 지행일치는 안 다음 행동하는 것이지만 지행합일은 앎이 곧 행동이고 행동이 곧 앎이다. 지행합일은 삶 속에서 앎이 형성되고 앎이 곧 삶이 되는 경우다. 몸의 언어는 일상적 삶 속에서 그때그때 상황에 필요한 앎을 추구하는 지행합일의 철학으로 녹여진다.

"지식인의 오류는 이해나 심지어 느낌 및 열정 없이도 알 수 있다고 믿는
데 있다."

- 안토니오 그람시의 《그람시의 옥중수고 2》[33] 중에서

26

티칭은 절반으로
코칭은 두 배로

💬 **방법이라는 약을 먹으면 스스로 방향을 찾아갈 수 없다**

나이 들면 나타나는 대표적인 현상이 자기 생각을 일방적으로 주장하며 다른 사람을 이해시키려는 '가르침'이 두드러진다는 점이다. 자신이 겪은 산전수전의 경험과 거기서 깨달은 교훈은 아무에게나 배울 수 없는 인생의 지침과 같은 역할을 한다는 가정을 갖고 자신보다 젊은 사람들에게 자기 생각을 주입하려는 발상이 티칭(teaching)이다. 티칭의 전제는 상대는 잘 모르기 때문에 내가 알려주는 가르침을 토대로 성장하고 발전해야 된다는 것이다. 연륜과 경험이 풍부하면 당연히 그렇지 못한 사람에게 뭔가를 가르쳐야 한다는 생각이 생긴다. 그러나 충고, 조언, 평가, 판단은 가급적 줄여야 한다. 후반전으로 들어갈수록 뭔가 하고 싶은 말이 있어도 자기 생각을 일방적으로 주장하기보다 상대방의 의견을 물어보고 대화의 물꼬를 트는 방법에 익숙해져야 한다.

'가르치다'라는 말과 혼동될 수 있는 말이 바로 '가리키다'이다. '가리키다'는 손가락으로 어떤 대상이나 사물이 있는 곳을 알려주는 말이다. 무언가를 지칭할 때나 방향을 제시할 때 쓰는 표현이다. 인생의 선배는 방법을 가르치는 사람이 아니라 방향을 가리키는 사람이다. 가르치는 과정에서 스승이 범할 수 있는 최대의 실수는 제자들이 나아가야 될 방향을 잘못 가리키는 것이다. 길은 누가 가르쳐주는 것이 아니라 자신이 찾는 것이다. 방법은 자신이 실제 행동하고 실천하면서 축적한 어제와 다른 깨달음의 산물이다. 방법을 가르치면 스스로 방법을 찾을 수 있는 능력 개발 기회를 박탈한다.

가르침은 방법을 가르치고 가리킴은 방향을 가리킨다. 방법을 가르치면 쉽게 따라서 할 수 있지만 스스로 방향을 찾아가는 자생 능력은 점차 상실된다. 구체적인 가르침은 배우는 사람으로 하여금 스스로 방향을 찾으려는 의지를 회석시키는 장본인이자 방향감각을 잃어버리게 만드는 걸림돌이다. 방법을 구체적으로 반복해서 가르치면 삶을 그르칠 수 있다. 가르침은 그르침을 낳는 장본인이다. 그러나 방향을 가리키면 시행착오를 겪으면서 우여곡절 끝에 마침내 방향에 맞는 방법을 스스로 찾을 수 있는 능력이 생긴다. 우리는 지금 삶을 그르칠 수 있는 방법을 너무 구체적으로 가르치고 있지 않은가?

오마에 겐이치는 《지식의 쇠퇴》[34]라는 저서에서 '가르치다'를 의미하는 영어 teach를 의미심장하게 해석한다. teach에는 답을 알고 있는 전문가나 교사가 답을 모르는 학생이나 후진에게 가르칠 수 있다는 가정이 있다. teach가 내포하고 있는 뜻의 뒤안길에는 '답이 없으면 가르칠 수 없다'는 의미가 있다. 문제 상황이 복잡하고 문제에 대한 다양한 해석이 존재하는 애매모호한 상황이라면 누구도 이것이 답이라고 말하기 어렵다. 이런 상황에서 우리가 할 수 있는 유일한 길은 의문을 품고 질문을 던지면서 다양한 가능성을 생각하고 모색하는 것밖에 없다.

●● 존경받는 코치의 10가지 덕목

코치는 상대방의 아픔, 처한 환경, 고민, 사연과 배경을 그 사람의 입장에서 가슴으로 이해하고 그에게 맞는 코드가 무엇인지를 찾아내서 가장 이상적으로 어울리는 재능이 무엇인지 스스로 알아갈 수 있도록 코디해주는 사람이다. 코디는 영어의 'coordination(조직, 조화)'을 줄여서 발음한 말로서 의상, 화장, 액세서리, 구두 따위를 전체적으로 조화롭게 갖추어 꾸미는 일이나 그 일을 하는 사람을 지칭한다. 그렇다면 왜 코치는 코디인가? 코디는 상대방의 눈치코치를 살피면서 어떤 사람인지를 파악, 그 사람에게 가장 잘 어울리는 컬러를 찾아 코멘트해주는 사람이다. 여기서 코멘트는 일방적으로 제시하는 답이 아니라 "이런 건 어떨까요? 저런 건 어떨까요?"라고 질문을 던지면서 스스로 발견하는 과정을 도와주는 도움닫기형 제언이다.

코치가 상대에게 이런저런 질문을 던지면서 대화를 하다 보면 상대에게 가장 잘 어울리는 심리 코드를 발견할 수 있게 된다. 와인의 맛은 코르크 마개를 열기 전까지는 맛볼 수 없듯이 한 사람의 심리 코드도 마중물을 넣어서 내면에 잠자고 있는 욕망의 물줄기를 만나지 않고서는 알 수 없는 신비의 세계다. 코치는 상대방이 하면 재미있는 재능 코드를 스스로 발견, 거기에 가장 적합한 독창적인 컬러로 완벽한 자기만의 코러스를 창조해갈 수 있도록 도와주는 조력자다. 궁극적으로 코치는 상대방이 재능의 꽃을 피우면서 일생일대의 코페르니쿠스적 전환을 이룰 수 있도록 조력해주는 꿈의 파수꾼이라고 볼 수 있다.

중년 이후에 일방적으로 가르치는 티처(teacher)에서 존경받는 코치(coach)로 거듭나기 위해서는 다음과 같은 10가지 코치의 덕목을 스스로 갖출 수 있도록 노력해야 한다. 아래 제시되는 내용은 수십 년간 대학 강단과 외부 강연 무대에서 많은 학생들과 청중을 만나면서 깨달은 체험적 노하우다. 참견은 가급적 최소화시키고 참여는 가급적 극대화시켜 강의를 듣는 사람도 수동적 학습자가 아니라 적극적이고 능동적인 학습 참여자임을 각인시킬 때 코칭은 더욱 효과적인 자기 발견의 중요한 전략이 된다.

① 상대의 마음을 터치하는 카운슬러

상대의 이야기를 귀 기울여 들어주면서 마치 나의 아픔인 것처럼 가습으로 생각해줄 때 마음과 마음은 아무런 꾸밈 없이 만나 공감하고 공명의 장이 만들어진다. 그 위에서 코치는 심금을 울릴 수 있는 코칭의 탑을 쌓아나갈 수 있다. 코칭을 원하는 사람들이 바라는 것은 지금 당장 자신이 고민하는 문제에 대한 답이 아니라 내 이야기를 들어주면서 나와 같이 공감해달라는 것이다. 공감은 마음과 마음이 만나 어루만져주는 터치에서 비롯된다.

② 상대의 속마음을 캐치하는 포수

코치는 무엇보다도 상대의 마음을 훔치는 사람이다. 긴 말을 논리적으로 하지 않으면서도 상대와 함께 있다는 공존의 미덕을 심어주는 사람이다. 그래서 코치는 말하지 않으면서 말하는 사람의 의중을 포착해서 고뇌하는 마음을 감싸 안아주는 사람이다. 코치는 사람들마다 말하지 않지만 속마음에서 꿈틀거리는 욕망을 포착해주는 사람이다.

③ 자신의 위치를 파악하도록 도와주는 내비게이터

코치는 상대가 현재의 위치를 정확하게 파악할 수 있도록 여러 가지 질문을 던져주고 스스로 답을 찾아 나서게 만든다. 서 있는 위치를 정확하게 파악해야 앞으로 가고자 하는 길에 대해서도 함께 이야기해볼 수 있기 때문이다. 그래서 끊임없이 코치는 지금 여기가 어딘지를 스스로 물어보고 대답할 수 있도록 유도해준다.

④ 상대의 가치를 같이 높여주는 삶의 파트너

코치는 사람마다 갖고 있는 고유한 가치를 드높이는 사람이다. 내가 가장 소중하게 생각하는 삶의 가치가 무엇인지는 쉽게 찾아지지 않는다. 여기서 가치는 의사 결정을 하거나 딜레마 상황에 빠졌을 때 참고하는 판단 기준이다. 코치는 과거를 돌이켜 생각해보게 하고 무슨 일을 할 때 열정적으로 몰입하는지를 물어본다. 그 사람이 인생에서 가장 소중하게 생각하는 것이 무엇일지 같이 고민해주고 함께 가치를 모색하는 삶의 파트너다.

⑤ 생각의 고치에서 벗어나도록 조언해주는 생각 망치

사람은 저마다의 생각의 고치 안에 머물러 자신의 생각이 잘못될 수도 있음을 잊고 사는 경우가 많다. 언제나 내 생각이 틀릴 수도 있다는 자각은 고치 밖으로 나와 자신의 생각을 실험해봐야 알 수 있다. 코치는 생각의 고치에 머무른 고정관념과 타성에 물음표를 던져 자각할 수 있도록 촉진하는 생각 망치와 같은 역할을 한다.

⑥ 하고 싶은 일이 무엇인지를 찾아주는 매치 메이커

사람은 저마다 어울리는 일이 존재한다. 사람이 가장 아름다워 보일 때는 자신에게 어울리는 일을 할 때이다. 그래서 아름다움은 어울림에서 비롯된다. 코치는 저마다의 욕망을 포착해서 완벽하지는 않지만 그것이 충족될 수 있는 가능성을 함께 모색하면서 새로운 대안과 매칭시켜주는 매치 메이커(match maker)이다.

2분의 1

⑦ 몇 마디로 상대의 의중을 파악하는 눈치 9단의 소유자

코치는 누구보다도 눈치를 잘 보는 사람이다. 여기는 눈치는 잔머리 굴리면서 요리조리 계산하는 이기적인 사람이 아니다. 오히려 눈치를 잘 보는 코치는 굳이 말하지 않아도 말하고 싶은 바를 먼저 포착하는 사람이며, 하고 싶은 얘기를 구구절절 하지 않아도 무슨 이야기를 하고 싶은지 그 의도를 파악, 원하는 바대로 화제를 이끌어가는 눈치 9단의 소유자다.

⑧ 스스로 영광의 아치를 쌓도록 도와주는 건축가

코치는 목적지를 일방적으로 제시하거나 거기에 도달하는 길을 가르쳐주는 사람이 아니다. 우리는 지금 당장은 모르지만 내면에 품고 있는 성공의 진정한 의미, 가장 소중하게 생각하는 가치관, 그리고 진정한 의미의 행복에 대한 개념을 어렴풋하게 갖고 있다. 코치는 이런 막연한 생각들을 스스로 정리해서 자신에게 어울리는 아치를 만들어나가도록 도와주는 건축가다.

⑨ 자신의 길을 찾아 마치(march, 행진)를 즐기도록 돕는 조력자

코치는 정답을 제시하는 사람이 아니라 주어진 상황에서 최적의 대안을 찾아 지금 여기서 가장 잘 어울리는 현답을 찾아보게 질문을 던지는 사람이다. 이렇게 하면 된다는 구체적인 방법을 제시하기보다 자신의 길로 갈 수 있도록 방향을 함께 모색해보는 사람이다.

⑩ 마음 편하게 해주는 운치 있는 분위기 메이커

코칭의 성패는 코칭이 이루어지는 분위기와 여건에 따라 달라질 수 있다. 속 깊은 얘기를 해도 되겠다는 판단은 코칭이 이루어지는 상황적 맥락에 따라 달라진다. 한마디로 편안하고 안정적인 분위기 속에서 코치가 보여주는 적극적인 경청 자세, 그리고 맞장구를 쳐주는 코치의 피드백은 모두 코칭 분위기를 운치 있게 만들어주는 분위기 메이커로서 코치가 발휘해야 할 중요한 역할이자 과제다. 어떤 이야기를 해도 다 수용될 것 같은 분위기 조성이야말로 코치가 해야 할 가장 중요한 과제다.

27

지시는 절반으로
넌지시는 두 배로

🥄 지식으로 지시하지 말고 지혜로 넌지시 지휘하라

어느 날 '지시'라는 시인이 나타나 자신의 주특기를 직설법이나 직유법으로 직격탄을 날리는 데 있다고 자기 자랑을 늘어놓았다. 그 순간 곁에서 지켜보던 '넌지시'가 나타나 지시를 슬며시 우회적으로 공격하면서 자기주장의 타당성을 입증하려고 애를 썼다. 넌지시에 따르면 세상은 자기주장을 정면으로 펼치며 직유법을 쓰는 사람보다 자기주장을 은유법으로 제시하면서 살포시 암시하는 사람이 이끌어간다고 한다. 지시하면 경시 대상이 되고 심지어는 무시를 넘어 멸시나 괄시를 받을 수 있다는 것이다. 넌지시 전하면서 과시하지 않고도 살며시 중시된다는 입장이 넌지시가 전하는 메시지의 핵심이다.

지시와 넌지시는 내년 연말연시에 다시 모여서 누군가를 일방적으로 훈시하는 시를 쓰지 말고 윤동주의 〈하늘과 바람과 별과 시〉처럼 아름다운 은유가 담긴 시를 쓰기로 의기투합했다. 추가로 그 시에는 지식으로 지시하는 내용은 삭제하고 지혜로 넌지시 지휘하는 내용만 담기로 합의했다.

넌지시는 나와 너 사이에 일어나는 감정의 교류를 살포시 살펴보려는 갸륵한 마음씨다. 하지만 지시는 상대를 존중하지 않고 나의 생각과 주장을 일방적으로 펼치는 언어적 폭력이다. 내가 해당 분야의 전문가이고 너는 나의 의견을 일방적으로 따라야 한다는 꼰대의 주장이다. 지시 이전에 너의 입장을 역지사지로 잠시 생각해보고 배려하려는 갸륵한 마음씨가 바로 넌지시에 담겨 있다.

학생들과 수업할 때 직유법이나 직설법을 사용하여 지시하고 명령하면 별다른 깊은 생각 없이 주어진 과제를 수행하지만, 은유법이나 에둘러 말하는 방법을 사용하여 넌지시 암시하는 질문이나 과제를 던지면 평상시와는 다른 방법으로 머리를 쓰기 시작한다. 예를 들어 "결혼한 부부들은 처음에 깊은 관심과 애정을 갖고 신혼 생활을 보내다 시간이 지나면서 점차 애정과 관심이 식어가는 이유는 무엇일까요?"라고 질문하면, 대부분 결혼 경험이 없기 때문에 별다른 답을 내놓지 못하고 나만 멀뚱멀뚱 쳐다본다. 그런데 "결혼은 양파"라고 누군가 은유적으로 말했다면 나는 "왜 결혼은 양파라고 표현했을까요?"라고 넌지시 질문을 던진다(그러면 결혼한 나이 많은 친구가 살포시 웃으면서 답을 아는 것 같은 표정을 짓는다). 양파의 속성상 까도 까도 새로운 것이 나온다는 의미도 있고, 까면 깔수록 눈물이 난다는 의미를 내포하고 있을 가능성도 있다.

결혼은 사랑에 빠진 두 사람이 일정한 의식을 거쳐 부부가 되는 제도적 관습이라고 정의하면 아무도 더 이상 생각을 하지 않는다. 하지만 "결혼은 양파"라고 비유법을 써서 넌지시 제시하면 그 의미에 대해 호기심을 갖고 탐구하기 시작한다. 직유법은 의미를 직설적으로 지시하는 비유지만 은유법은 의미를 간접적으로 에둘러 말함으로써 그속에 담긴 의미심장함을 파고들게 만든다.

●● 넌지시 살피지 않으면 보살필 수 없다

2019년 여름 뚜르 드 몽블랑(TMB: Tour du Mont Blanc)이라는 트레킹 코스를 다녀왔다. 뚜르 드 몽블랑은 알프스 최고봉인 몽블랑을 끼고 한 바퀴 도는 167km 정도의 트레킹 코스로 스위스, 이탈리아, 프랑스 3개국에 걸쳐 둘러싸여 있다. 해발 1,000m에서 2,700m까지 오르락 내리락하는 세계적인 트레킹 명작이다. 꿈에 부푼 나의 뚜르 드 몽블랑은 3일 차에 생각지도 못한 위기를 맞고 말았다. 발목을 보호해주는 중등산화가 발목을 감싸지 않고 복숭아뼈 위를 계속 자극해서 상처가 생기기 시작했다. 똑바로 걸을 수 없고 옆으로 간신히 발을 내디디면서 선두권을 따라가려고 안간힘을 썼다.

함께 동행한 강경태 소장(한국CEO연구소)이 이런 고통을 살펴보다가 나에게 제안했다. "교수님, 제 신발 오른쪽과 바꿔 신으면 어떨까요?" 강 소장이 신은 신발은 내 것과 다르게 부드러운 헝겊으로 만든 트레일런 전문 등산화 같았다. 강 소장의 제안대로 신발을 바꿔 신고 걸음을 떼어보았다. 신기하게 발목을 압박하던 아픈 자극이 눈에 띄게 줄어든 느낌이었다. 이제 살았구나 하는 안도감과 함께 비 내리는 저녁 트레킹을 힘겹게 마쳤다. 다행히 발목을 덮지 않는 다른 등산화 한 켤레를 더 준비해서 그다음 날부터는 발목을 잡아주는 등산화에 더 이상 발목 잡히지 않고 마지막 날까지 무사히 트레킹 코스를 완주하며 알프스가 품고 있는 대자연의 꿈을 내 몸에 심고 돌아왔다.

　살피지 않으면 보살필 수 없다고 한다. 신형철 평론가의 말이다.[35] 평상시 주변 사람이나 가까운 친구를 유심히 살피지 않으면 보살필 수 없다. 보살피기 위해서는 곁에 있는 사람의 일거수일투족을 유심히 살펴야 한다. 살핌은 보살핌의 전제 조건인 셈이다. 깊은 관심과 애정으로 상대를 살펴보면 내가 무엇을 보살펴야 할지를 몸으로 깨닫게 된다. 이때 상대가 나에게 베푸는 보살핌은 나를 위기에서 건져 올리는 명약이 될 수도 있고 아픔이나 슬픔을 완화시켜주는 진정제가 될 수도 있다. 살피지 않고 보살피면 오히려 상대에게 피해를 줄 수도 있다. 살피는 행위는 언제 어떤 상황에서 어떤 위기를 맞이할지 예측할 수 없기 때문에 상대가 나에게 건네주는 지속적인 관심과 애정의 표현이다.

유심히 살펴보지 않고서는 남을 지지하거나 돌볼 수 없다. 살피는 관찰이 전제되지 않으면 보살피는 피드백을 줄 수 없다. 상대가 무엇을 원하는지 모르는 상태에서 일어나는 보살핌은 상대의 입장을 오히려 묵살하는 행위다.

28

차별은 절반으로
재능 칭찬은 두 배로

🥣 차별은 절대 뜨지 말아야 할 별이다

'특별'과 '각별' 그리고 '유별'이라는 별은 각각 자기 별이 밤하늘을 장식하는 특이한 별(특별)이고, 각자 이름을 갖고 있는 별(각별)이며, 나름 존재 이유가 있는 별(유별)이다. 특별은 본인이 특이한 별이라서 세상 사람들이 모두 금방 알아보는 별이라고 주장했다. 각별이 이에 질세라 자신은 이제까지 너무 소중한 별이라서 남다른 주목과 대접을 받으면서 살아온 별 중의 별이라고 일장 훈시를 늘어놓았다. 유별은 나야말로 다른 별에 비해 금방 눈에 띄는 별이라서 내가 제일 인기 있는 별이라고 우기기 시작했다.

이들의 이야기를 가만히 듣고 있던 '차별'과 '구별'이라는 별이 "당신들은 각자의 개성과 고유한 특성에 별다른 차이를 보여주지 않아서 차별화되지 않고 서로 구분되지 않아서 구별되지 않는 별"이라고 일

2분의 1

침을 가했다. 차별은 자신이야말로 다른 별들과 차이가 나는 별이라서 차별적으로 대우해줘야 한다고 입에 침이 마르도록 주장했다. 차별의 이야기를 듣고 있던 구별은 스스로를 다른 어떤 별과도 쉽게 구분되는 고유한 개성을 지니고 있는 별이라고 자랑했다.

차별과 구별의 이야기를 가만히 듣고 있던 특별과 각별 그리고 유별은 별과 별 사이를 너무 구별하거나 차별하지 말고 자신들을 특별하고 각별하며 유별나게 대접해달라고 주장했다. 지금까지 모든 별의 이야기를 듣고 있던 '이별'과 '사별'이라는 별이 나타나 인생무상론을 펼치면서 우리 모두는 언젠가 헤어져야 하는 운명을 타고났기에 작은 일에 목숨 걸고 아웅다웅 살지 말자고 했다. 사별은 인생지사 새옹지마라고 한마디 거들면서 자신은 죽어서 더욱 빛나는 별이라고 했다.

마지막으로 '개별'이라는 별이 갑자기 하늘에서 내려와 그동안 자기 자랑에만 열중했던 모든 별들의 자만심과 오만방자함을 꾸짖기 시작했다. 모든 별은 고유의 개성을 갖고 있는 개별이라서 자신의 길을 묵묵히 지키고 밤하늘의 아름다움을 수놓고 있는 별의 길 즉, '별로(別路)'를 걸어가는 별이라고 말했다.

모든 별은 저마다의 개성과 재능을 지닌 슈퍼스타다. 별이 저마다 특별하듯이 사람도 저마다 고유한 개성과 재능, 강점이나 장점을 지니고 있는 특별한 존재다. 특별한 존재는 개별적인 상황에서 저마다의 장점과 재능을 차별화시켜 색다른 잠재성과 가능성을 지닌 유일한 사람이다.

사람마다 다른 가능성이 차별화 포인트의 주체가 아니라 차별 대우의 대상으로 뒤바뀌는 순간이 있다. 그 순간 특별한 존재, 개별적 특성으로 자기 존재감을 드러내는 각별한 사람은 안타깝게도 평범한 보통 인간으로 전락한다. 차별은 별 중에서 가급적 뜨지 말아야 할 별이다. 강점과 재능을 지지하기보다 단점이나 잘 못하는 기능을 꼬투리로 잡아 지적하는 일은 가급적 하지 말아야 할 경계 목록 중의 하나다. 지적하면 적대 관계로 돌변하고 지지하면 의지를 불태워 불가능이나 한계에 도전하는 놀라운 힘을 발휘하기 시작한다.

●● 특별한 재능은 칭찬을 넘어 예찬의 대상이다

한 분야의 위업을 달성한 사람들은 모두가 일과 놀이가 구분되지 않는 평범한 인생이지만 특별한 인생을 살아온 사람들이다. 그들은 모두 어떤 것에도 구속받지 않고 자신의 일을 즐기면서 자신이 하고 싶은 일을 찾아 적극적으로 자유를 추구한 사람들이다. 이들은 언제나 자신이 하면 재미있는 능력, 재능을 찾아 몸을 던져 실험하고 모색하며 이전과 다른 가능성을 찾아 새롭게 도전하며 그 체험을 어제와 다른 언어로 벼리고 벼려서 낯선 생각을 깨우는 사람이다. 전반전에 받았던 차별 대우도 자신이 지닌 특별한 재능을 발휘하지 못해서 발생한 문제라고 생각한다. 차별은 다른 사람이 나를 구별하는 일이라면 특별은 자신의 재능을 통해 이전과 다른 사람이 되기 위해 노력하는 과정에서 드러나는 자기다움의 한 모습이다.

특별한 재능을 지니고 있는 사람은 그것이 모두 자신의 독립적인 노력의 산물이라고 생각하지 않는다. 그래서 특별한 재능을 지니고 있는 사람은 언제나 겸손한 언어를 사용해서 자신을 오늘의 위치까지 있게 만들어준 많은 사람들 덕분이라고 생각한다. 이들은 자화자찬하기보다 다른 사람 역시 저마다의 고유한 능력과 가능성을 지니고 태어났기 때문에 나와 같은 재능을 갖고 있는 사람이라고 생각한다. 그래서 다른 사람을 칭찬하는 말을 많이 한다. 다른 사람의 특별한 재능이 발휘되는 장면을 보면 이들은 칭찬의 언어를 넘어 극찬하거나 격찬한다. 재능이 예능의 수준으로 발휘될 수 있음을 믿고 예찬하기도 한다.

재능의 특별함 그 자체도 소중한 자산이지만 자신의 특별한 재능을 어제와 다른 언어로 부단히 재서술하려는 노력이 가미될 때 이전과 다른 모습으로 변신을 거듭할 수 있다. 나는 내가 사용하는 언어로 세상에 알려진다. 언어는 나의 특별함을 독특하게 알려주는 광고판이기도 하다. 전반전에 나도 모르게 나를 구속했던 언어에서 벗어나 중년의 중후함을 품격 있게 표현하면서도 나만의 독특한 재능을 다르게 드러내기 위해서는, 생각의 옷이라고 볼 수 있는 언어를 바꿔야 한다.

특별한 재능을 부단히 개발하며 맞이하는 미래(未來)는 아직 오지 않은 내일이 아니라 아름다운 내일, 미래(美來)다. 미래는 아름다움을 완성하기 위해 부단히 노력하는 영원한 미완성 교향곡을 연주할 때 완성된다. 그 멋진 교향곡을 연주하는 주인공이 바로 인생 후반전을 향해 걸어가는 사람이다. 당신은 지금 이 순간부터 살아가는 동안 가슴 뛰는 꿈을 꾸는 미완성 교향곡의 작곡자이자 수많은 청중들로부터 박수갈채를 받는 특별한 연주자다. 후반전은 당신이 주연 배우로 등장하는 인생 무대다. 당신의 멋진 연주를 기대해본다.

29 의혹을 사는 일은 절반으로 매혹적 발언은 두 배로

💬 **미혹의 말에서 벗어나지 못하면 중년 이후가 냉혹해진다**

어느 날 사람이 가지고 다니는 혹에는 도대체 몇 가지 혹이 존재하는지 따져보기 위해 어쩌다 한 번씩 걸리는 '간혹'이나 말할 때 가끔 사용하는 '설혹'이 만나 이야기를 나누었다. 세상에서 가장 모질고 혹독한 혹은 '가혹'이라서 누구나 빨리 떼어내고 싶은 혹이다.

누구나 당하고 싶은 혹은 '유혹'인데 그 정도가 지나치면 뭔가에 홀려 정신을 차리지 못하는 '미혹'이나 아예 정신을 빼앗겨 할 일도 잊어버리는 '현혹'이 된다. 중년 이후에도 여전히 미혹을 끊지 못한다면 이전보다 훨씬 더 불행한 삶을 약속하는 것이나 마찬가지다. 잘못된 신념과 철학으로 무장한 사이비 종교에 미혹당하지 않아야 하며 쓸데없는 욕망을 자극하는 자본주의적 상술에 더 이상 흔들리지 말아야 한다. 미혹당하면 현혹되기 쉬워진다.

살다 보면 황당한 혹이 생길 수 있는데 다름 아니라 '당혹'이다. 무슨 일을 당하여 정신이 헷갈리거나 생각이 막혀 어찌할 바를 몰라 하는 감정이 당혹감이다. 황당한 일이 생기면 당혹을 금치 못한다. 당혹감을 감추지 못하고 있는데 엎친 데 덮친 격으로 곤란한 일을 당하여 어찌할 바를 모르고 있을 때 불현듯 생기는 혹이 '곤혹'이다. 살아가면서 예기치 못한 질문을 받거나 생각지도 못한 황당한 일을 겪으면서 곤혹을 느끼는 경우가 많다.

사람들에게 신뢰를 주지 못하고 의심스러운 행동을 할 때마다 따라다니는 혹은 '의혹'이다. 의혹을 품거나 남의 의혹을 사는 발언은 가급적 하지 않는 게 중년 이후 행복한 삶을 살아가는 한 가지 비결이다. 다른 사람에게 의혹의 시선을 받으면서 눈살을 찌푸리거나 눈총받는 처지가 되지 않도록 평소 말을 조심해야 한다. 의혹의 화살이 길어질수록 냉혹한 시간을 보낼 수 있다. 의혹의 말은 반으로 줄이고 남을 내 편으로 만드는 매혹의 설득력은 두 배로 늘려야 한다.

●● 매혹적인 강사가 되어라

앞에서 말한 모든 혹에도 굴하지 않고 꿋꿋하게 마음을 다잡으려는 혹이 마흔 살에 생기는데 그 혹이 바로 '불혹'이다. 하지만 마흔이 넘고 하늘의 명령을 안다는 지천명이 되어도 삶은 매혹적인 무늬로 바뀔 수도 있다.

로버트 그린의 《유혹의 기술》[36]이라는 책에는 유혹의 달인들이 보여주는 다양한 유혹 전략이 나온다. 이 책에 나오는 유혹 전략을 고스톱 전략에 대입, 청중을 유혹하는 전략으로 재구성해봤다. 삶은 여전히 미혹적이다. 한 사람에게 누군가는 한 세상이다. 한 사람이 한 세상이 되려면 그 한 세상을 받아주는 매혹적인 상대가 필요하다. 그런 상대를 발견하는 것이 살아가는 보람이자 살아내야 되는 이유다. 그럼 왜 나는 상대에게 매력적인 사람이 되어야 할까? 서로에게 좋은 감정으로 끌리는 유혹의 파트너가 되어야 하기 때문이다. 여기서 유혹은 부정적인 의미가 아니라 나의 생각과 주장을 상대로 하여금 받아들이게 만드는 감성적 설득 전략이다. 즉 청중의 마음을 뒤흔들어 감동은 물론 진한 여운을 남겨 자신의 삶에 강력한 영향력을 미치는 행위를 지칭한다. 섬광, 발광, 열광, 각광, 후광에 고스톱의 오광 이미지를 뒤섞어 청중의 마음을 사로잡기 위한 한 5가지 유혹 전략으로 재구성해봤다.

유혹의 첫 번째 단계는 섬광 단계다. 오광으로 따지면 삼광에 해당된다. 관심을 유발하고 욕망을 자극해서 상대로 하여금 두근거리게 만드는 단계다. 섬광은 순간적으로 다가오는 강렬한 찰나의 빛이다. 마음속을 파고들어 잠재되어 있는 호기심과 궁금증을 유발해서 지속적인 주의 집중을 유도함으로써 강연에 빠져들게 만드는 출발 전략이다. 강의를 통해 전달하려는 메시지가 바로 내가 평소에 궁금했던 내용이며 뭔지는 모르겠지만 평소에 내가 갈망하는 주제이면서 동시에 쉽게 해답의 정체를 찾을 수 없었던 내용이라는 점을 강한 섬광으로 암시하는 단계다.

두 번째 단계는 섬광의 빛이 가시기 전에 발광하게 만드는 단계다. 발광에 적합한 오광은 팔광이다. 한껏 부풀어 오른 관심이 일순간에 사라지기 전에 환상을 심어주고 기대감을 자극함으로써 도저히 다른 곳으로 빠져나가지 못하게 만드는 전략이다. 청중이 두근거림의 단계를 지나 빠져들게 하려면 콘텐츠의 의미가 심장에 꽂혀서 의미심장해야 됨은 물론 재미가 추가되어서 한번 빠지면 도저히 빠져나갈 수 없게 만들어야 한다. 문제는 발광이 갖고 있는 한 가지 단점에 있다. 발광은 청중의 열기가 식거나 내용에 대한 몰입도가 떨어지면 순식간에 뜨거운 열기가 냉기로 전환된다는 점이다.

세 번째 단계는 열광이다. 열광에 적합한 고스톱의 오광은 일광이다. 발광으로 빠져든 청중의 애간장을 태우고 긴박감을 조성해서 후끈 달아오르게 만드는 단계다. 다양한 은유법을 활용하여 쉽게 공감하면서 의미심장한 메시지를 에피소드나 유머를 활용하여 적재적소에 구사함으로써 발광의 열기가 식기 전에 다시 열광하게 만드는 전략이다. 발광해서 빠져들게 만들었다면 열광시켜서 더 이상 빼도 박도 못하게 강력한 메시지를 심는 단계다. 단순한 재미가 아니라 의미심장한 재미가 있으면서도 삶의 교훈으로 삼을 수 있는 메시지가 전달되어야 발광을 넘어 열광한다.

네 번째 단계는 각광이다. 각광은 오광 중에 똥광과 어울린다. 최후의 일격을 가하면서도 진한 여운을 남겨 안달 나게 만드는 단계다. 안달은 주로 속이 타면서 조급해질 때 일어난다. 열광으로 달아오른 청중의 마음에 잊을 수 없는 강한 이미지를 심어서 그 누구도 범접할 수 없는 경지에 오른 강사라는 이미지를 심어주는 단계다. 각광받는 강사는 하나의 메시지 속에서도 다양한 분야의 지식을 융복합시켜 삶을 관통하는 철학적이면서도 동시에 구체적인 삶의 메시지를 전달하는 사람이다. 각광은 발광과 열광과는 다르게 지속성이 있어야 한다.

다섯 번째 단계는 후광이다. 후광에 해당하는 오광은 비광이다. 후광은 각광받고 있는 강사가 떠난 자리에도 여전히 그 강연의 메아리가 들려주는 아우라가 남아 있어서 앙코르를 청하고 싶은 강한 아쉬움이 감돌 때 나타난다. 그러나 강사는 이미 떠나고 없다. 그래서 더욱 강연 내용과 강사가 그리움에 사무치는 단계다. 후광 단계에서 청중은 강연에 몰입되어 감동을 받은 나머지 감탄사를 끊임없이 연발한다. 메시지가 스쳐 지나가면 머릿속에 남는 게 없지만 살갗을 파고들거나 폐부를 찌르며 스며들면 그 메시지는 오랫동안 잔상이 남는다.

30

정답은 절반으로
해답은 두 배로

🥢 정답은 우리 모두가 지켜야 할 확답이자 정석이다

드라마 〈미생〉의 대사 중에 정답과 해답의 차이를 암시하는 말이 나온다. "정답은 모르지만 해답을 아는 사람이 있어요. 장그래 씨처럼요"이다. 정답과 해답은 모두 답을 의미하는 개념이지만 미묘한 뉘앙스의 차이가 있다. 정답은 주어진 문제에 대한 한 가지 정확한 답이고, 해답은 주어진 상황에 따라 다르게 해석되는 답이다. 이런 점에서 정답은 유일하게 결정된 단 한 가지 답만 존재하고, 해답은 주어진 상황적 맥락과 해석하는 방식에 따라 부각되는 다양한 대답이다. 문제에 대해 하나의 정답만 존재한다는 암묵적 가정을 기반으로 다양한 대안을 모색하는 가능성을 사전에 봉쇄해버린 경우가 많다.

사실 수학이나 물리처럼 엄격한 정답을 요구하는 상황이 아니라면 우리가 살아가는 일상적 삶의 무대에는 하나의 정답이 아니라 여러

가지 해답이 존재한다. 그럼에도 우리는 이제까지 "정답은 오직 하나만 존재해야 한다"는 기존의 가치 체계를 부정하지 않고 올바른 신념으로 믿어왔다. 획일화되고, 정형화된 일방적인 결론을 유도하는 정답이 산업화 시대를 살아오면서 몸에 밴 일종의 습관이자 관습이다. 정해진 답을 찾아내는 정답은 누군가 제기한 문제에 대한 응답이다. 정답에는 나의 주관과 가치 판단이 개입될 여지가 없다. 누군가 정해놓은 판단 기준에 비추어볼 때 정답이기 때문에 나는 무조건 수용하고 인정해야 하는 응답이다.

아무리 자문자답을 많이 해도 정답은 전인미답의 가능성을 사전에 봉쇄해버린다. 정답을 찾는 시대는 누군가 걸어간 길을 내가 걸어갈 길로 인정하는 시대다. 정답을 찾는 시대는 주어가 우리다. 대학은 S대학교에 입학하고 기업은 S기업에 취업하는 게 정답이다. 왜 그런지는 물음의 대상이 아니다. 어떻게 하면 S대학에 입학하고 S기업에 취업하는지 방법만 남아 있다. 누가 어떤 기준으로 정해놓은 정답인지는 문제나 의문의 대상이 아니다.

정답은 우리 모두가 따라야 할 정석이다. 정답에 이르는 길도 이미 정해져 있다. 다른 길로 빠지면 정답을 찾아내기 어려워진다. 정답에는 오차가 없어야 한다. 정답에 오차가 생기면 바로 오답 처리된다. 정답이 아닌 것은 오답이다. 하나밖에 없는 정답을 맞히기 위해서 수많은 오답이 양산된다. 연령별로 처방되는 건강 증진 방안은 일종의 정답이다. 정답은 개인차나 상황적 맥락의 차이를 수용하지 않고 일반화시켜 보다 더 넓은 상황으로 확산 적용하려는 꿈을 갖고 있다. 정답은 대상별로 특이성이나 고유함을 인정하지 않고 보다 객관적이면서도 과학적으로 입증된 사실이나 증거를 기반으로 자신의 위치를 유지한다. 코로나 위기를 극복하기 위해 우리가 취한 손 씻기나 마스크 쓰기는 정답에 가깝다. 하지만 언제 어디서 어떻게 손을 씻고 마스크를 써야 할지는 주어진 상황에 따라 달라지므로 일리 있는 해답을 찾아야 한다.

●● 해석을 바꾸면 문제도 해결된다

해답은 해석된 응답이다. 누가 어떤 관점에서 주어진 문제를 해석하는지에 따라서 해결의 실마리도 달라진다. 해석을 바꾸지 않으면 해결되지 않는다. 해석은 해답을 바라보는 자기 특유의 관점이자 시각이다. 코로나19 팬데믹이 왔을 때 정부는 마스크 착용, 청결한 손과 사회적 거리 유지를 해야 한다는 코로나 확산 및 예방에 관한 정답을 제시했다. 이런 방법이 다양한 과학적 실험을 통해 검증된 객관적인 방법이기 때문이다. 하지만 코로나19로 인해 겪는 힘든 상황은 사람이나 상황에 따라 다 다르다. 똑같은 코로나19 팬데믹 상황이지만 이로 인해 겪는 심리적 불안감이나 신체적 고통의 정도는 다르기에 하나의 정답으로 주어진 난국을 돌파할 대안을 제시하기에는 무리가 따른다. 이런 난국을 극복하는 방법도 사람마다 다르고 상황마다 다른 대안, 즉 주어진 문제 상황을 해석하는 주관적인 관점과 그 문제를 해결하는 접근 방식에서 의견의 차이가 존재할 수 있다.

정답은 맞고 틀렸는지의 문제지만 해답은 주어진 상황에 얼마나 적절한지 그렇지 못한지의 문제다. 정답은 틀렸다고 말할 수 있지만 해답은 틀렸다고 말할 수 없고, 오로지 얼마나 주어진 상황에 적합한 해결책인지의 여부만 말할 수 있다. 정답에는 나의 신념과 철학을 반영할 수 없지만 해답에는 나의 생각과 신념을 나의 언어로 재해석하는 가능성을 얼마든지 포함시킬 수 있다. 중년 이후에 정답보다 해답을 찾아 나서야 하는 이유는, 해답은 그 사람 특유의 철학과 신념이 포함되어 있는 자기다움의 또 다른 증표이기 때문이다.

해답은 해석의 문제다. 해석을 바꾸기 전에 해답은 묵묵부답일 뿐이다. 해답은 부단한 질의응답의 산물이다. 가끔 동문서답이나 우문현답으로 화답하는 가운데 뜻밖의 놀라운 대답을 찾아낼 수도 있다. 중년 이후부터 정답보다 나만의 주관적 해석과 나의 문제의식이 담긴 언어로 풀어내는 해답을 추구해야 한다. 어렸을 때, 또는 젊은 시절에는 풀지 못했던 다양한 삶의 문제들을 현명하게 해결하는 가능성을 높여나가기 위해서다.

"만일 내게 인생을 좌우할 중대한 문제를 풀 시간이 1시간 주어진다면 나는 55분을 중대한 문제가 무엇일지 고민하는 데 쓸 것이다. 최적의 질문을 찾기만 한다면 해답은 5분 안에 찾을 수 있다."

- 알베르트 아인슈타인의 말 중에서

2분의 1

4장 협력과 관계

.**.**

정성으로 가꾸는
흔쾌한 인간관계 처방전

정성을 다하는 인간관계가 인성도 변화시킨다

인간관계가 인간을 만든다. 관계를 바꾸면 관계 속의 인간도 바뀐다. 인맥을 구축해서 폭넓은 인간관계를 유지하다 오십이 넘어서면 폭넓은 인간관계는 속 깊은 인간관계로 바뀌는 성향이 강하다. 친한 사람과 살아가는 이야기를 나누면서 나에게 힘이 되는 인연은 두 배로 늘리고 뭔가 통하지 않으면서 에너지를 빼앗아 가는 악연은 가급적 맺지 않는 게 행복한 중년을 살아가는 비결이다. 좋은 인간관계는 서로에게 재미를 주는 관계라기보다 존재 자체만으로도 기쁨이 되는 관계다. 재미를 주는 관계는 재미가 없어지면 그 관계도 무너지지만 기쁨을 주는 인간관계는 어제와 다른 뭔가를 굳이 하지 않아도 상대에게 힘이 되는 관계다. 나이가 들어갈수록 우리는 재미보다 기쁨을 주는 관계를 중심으로 인간관계를 유지해나갈 필요가 있다.

중년으로 접어들수록 새로운 일에 도전하면서 뭔가를 배우는 노력보다 지금까지 해오던 일을 습관적으로 반복하는 사람이 많다. 이처럼 관성에 따라가는 삶은 사람을 꼰대로 만들기 쉽다. 배움의 끈으로 연결되는 사람을 만나자극을 받고 어제와 다른 깨우침을 얻어야 한다. 인생 후반전에 접어들수록 새로운 도전과 배움으로 입력을 생활화하는 리더로 변신할 필요가 있다. 사람을 만날 때도 경쟁 상대로 생각하기보다 나에게 배움의 물꼬를 터주는 스승으로 생각하고 귀를 기울여 듣는 경청의 달인으로 거듭나야 한다.

꼰대는 남의 단점을 지적하거나 꼬투리 잡는 일에 몰두하지만 리더로서 살아가는 중년은 장점이나 재능을 칭찬하는 시간을 늘린다. 단점을 지적해서 개선하거나 보완하는 시간보다 장점을 더 잘해서 해당 분야의 탁월한 경지에 오르려고 노력하는 사람이 멋지게 익어가는 중년이다. 문제가 발생하거나 일이 잘 풀리지 않을 때도 우선 내 잘못이라고 생각하고 반성하고 성찰하면서 보완할 점을 찾으려고 노력할 때 품격 높은 중년으로 대접받을 수 있다. 남을 질책하는 시간보다 문제의 원인을 내부에서 찾는 자책이 한 사람의 자격을 드높여준다. 자신을 낮추고 상대를 높여주는 널뛰기 같은 관계가 가장 이상적인 인간관계다.

31 거리는 절반으로 사이는 두 배로

거리가 가까워도 먼 사이가 있다

나는 사회적 거리 또는 공적 거리의 만남 정도로 생각했는데 상대는 나와 친밀한 거리나 개인적 거리로 생각할 때 당황스러운 기분이 든다. 당황을 넘어 황당해지는 순간은 나와 너무 가까운 친구라는 듯, 친밀감을 표시할 때다. 문제는 나는 전혀 기억이 나지 않는데 말이다. 그 거리는 사람과 사람이 만나고 관계를 유지하는 동안 생기는 심리적 안정감이다. 사람과 사람 사이의 안전거리가 유지되어야 골칫거리나 걱정거리도 웃으면서 나눌 수 있는 심리적 거리가 확보된다. 좋은 사이라고 착각하고 거리를 허가 없이 좁혀 들어올 때 심리적으로 불안하거나 불쾌한 감정을 느낀다. 적당한 거리가 유지될 때 사람과 사람 사이는 좋은 사이가 된다.

거리는 물리적인 문제지만 사이는 심리적인 문제다. 거리가 가까운

지 먼지는 물리적으로 측정이 가능하지만 사이가 좋은지 나쁜지는 내 몸이 느끼는 감정으로 안다. 문화인류학자 에드워드 홀이 《숨겨진 차원》[37]에서 말하는 '친밀한 거리'와 '개인적 거리'가 어느새 '사회적 거리'와 '공적 거리'로 멀어지고 있지는 않은지 생각해본다.

에드워드 홀이 분류한 사람 사이의 4가지 거리

친밀한 거리	15~46cm 이내	볼 거 안 볼 거 다 본 사이의 거리
개인적 거리	46cm~1.2m 사이	서로 악수하는 사이의 거리
사회적 거리	1.2~3.6m 사이	오디션 보는 거리
공적 거리	3.6m 이상 떨어진 거리	청중과 강사 사이의 거리

친한 인간관계는 서로가 서로를 그리워하는 강도가 다른 관계에 비해 높다. 그만큼 구체적인 사유를 밝히거나 상황에 대한 설명을 하지 않아도 마음으로 받아들이는 거리가 가까운 관계다. 친한 사이는 특별한 이유나 조건 없이도 어느 날 만나자고 하면 별일이 없을 때 그냥 만나서 편하게 살아가는 이야기를 할 수 있는 거리다. 친한 사이는 사람과 사람 사이에 언제나 따뜻한 정이 흐르고 적당한 거리를 두고 있지만 언제라도 가까운 관계로 이어지는 희망의 연대다. 나에게 친한 사이는 나의 든든한 후원자이자 무조건적으로 대답해주는 가까운 지지자들이다.

하지만 뭔가 이해타산을 따지고 조건을 보고 만날지 여부를 정하는 사람은 우선 상대를 경쟁 상대로 규정하고 자기주장만 펼치려 한다. 이런 사람과는 거리는 가까워도 사이는 점차 벌어지고 마침내 관계에 금이 가기 시작한다. 나무가 잘 자라기 위해서는 나무와 나무 사이에 적당한 간격이 유지되어야 한다. 마찬가지로 사람과 사람 사이에도 바람직한 인간관계가 유지되기 위해서는 적당한 거리가 유지되어야 한다. 가까운 사이도 아닌데 갑자기 거리가 유지되지 않으면 욕지거리가 나오고 너무 거리가 멀어지면 귀머거리가 된다.

●● 좋은 사이를 만드는 가장 쉬운 방법

SNS로 연결되어 있는 사람이나 생일 축하 이모티콘을 보내주는 사람은 많아도 케이크 하나 사 들고 직접 찾아와 만나주는 끈끈한 친구는 없는가? 가장 가까운 곳에서 매일 얼굴 보는 가족과 친지와의 인간적 거리도 평소 깊은 관심과 애정으로 돌보지 않으면 사이에는 경계가 생길 수도 있다. 불특정 다수와 만나는 기회는 최소한으로 줄이고 가까운 사람과는 더욱 끈끈한 인간적 접촉을 통해 살아가는 묘미와 행복을 만끽할 필요가 있다. 신체적 교감이 더욱 친밀한 교감을 만든다. 만나서 맛나는 음식 먹고, 서로가 깨우친 지식을 나누고, 즐거운 담소를 나누며 갖는 휴식이야말로 인간다움을 가꾸는 '3식'이 아닐 수 없다.

세상은 자세를 낮추고 가만히 들여다보면 모두가 친구이고 낯선 깨달음으로 잠자는 나를 흔들어 깨워주는 스승이 있는 배움의 터전이다. 만남과 만남 사이에 존재하는 차이를 느끼지 못할수록 그런 차이가 좋은 사이를 점차 벌어지게 만드는 장본인이며, 사이가 벌어진다고 느꼈을 때 이미 사이에 존재하는 차이는 서로가 만나면서도 다른 이상을 추구하는 차가운 사이가 되었다는 반증이라는 사실을 깨닫게 된다. 사이가 좋다는 이야기는 사이에 존재하는 차이가 있음에도 차이를 차별하거나 구박하지 않고 차이를 차곡차곡 쌓아두고 안아주는 사이라는 뜻이다. 사이좋은 차이가 사이좋은 벗을 만든다는 뜻이다. 만나는 사람의 숫자보다 만나는 사람의 인간적인 면모와 인품을 통해 함께 살아가는 좋은 사이를 만드는 것이 만남을 통해 가슴 뛰는 삶을 만들어가는 과정이다.

사이가 좋아야 만나도 스트레스 받지 않고 만나고 싶은 생각이 더 많이 든다. 좋은 사이를 만드는 가장 쉬운 방법은 내가 먼저 좋은 사람이 되는 것이다. 내가 먼저 좋은 사람이 된다는 의미는 자신에게는 엄정하고 타인에게는 관대해지라는 말이다. 《채근담》에는 '대인춘풍 지기추상(待人春風 持己秋霜)'이란 말이 나온다. "남을 대할 때는 봄바람과 같이 부드럽게 대하고, 자신을 대할 때는 가을 서리처럼 엄격하게 대해야 한다"는 뜻이다. 줄여서 춘풍추상이라고 한다. 하지만 우리는 자신에게 관대하고 타인의 잘못에 대해서는 엄격하게 따져 묻는 경우가 많다. 그렇게 되면 사이는 나빠지고 거리는 멀어진다. 나이가 들수록 내가 먼저 누군가에게 선물 같은 사람이 되려고 노력하면 나를 만나는 사람은 뜻밖의 선물을 받는 것처럼 행복한 관계를 맺을 수 있다. 나는 타인에게 선물 같은 사람인지 스스로에게 끊임없이 물어봐야 되는 이유다.

"좋은 사람을 만나고 들어오면 다음 날까지 않는다. 낫느라고."

- 이영광의 《왜냐하면 시가 우리를 죽여주니까》[38] 중에서

32

악연은 만들지 말고
인연은 두 배로

☕ **중년까지 키워온 개 두 마리: 편견과 선입견**

사회는 다양한 갈등으로 대결과 투쟁, 반목과 질시를 거듭한다. 갈등이라는 말도 왼쪽에서 오른쪽으로 감아 올라가는 칡나무(葛)와 오른쪽에서 왼쪽으로 감아 올라가는 등나무(藤)에서 비롯된 말이다. 그런 갈등을 겪고 있는 등나무는 자신의 몸으로 사람들에게 한여름의 더위를 피할 수 있는 그늘을 만들어준다. 내 한 몸 던져 다른 사람을 이롭게 하는 살신성인의 미덕이 아닐 수 없다. 등지면 악연이고 등 대면 인연이다. 살아갈 날이 무한정 남아 있지 않다. 남은 날이라도 등지고 살지 말고 등 대고 살자. 등나무처럼 자신의 몸을 던져 다른 사람에게 쉴 수 있는 그늘을 만들어주는 인연으로 거듭나자. 등나무가 자신의 몸으로 뜨거운 햇살을 막아주듯, 등 댄 인연으로 서로가 서로에게 존재 자체만으로도 기쁨이 되는 인간관계를 만들어보자.

2분의 1

중요한 것은 보이지 않는다. 등뼈도 앞에 나와 있지 않고 뒤에서 받치고 있다. 뒤를 살펴야 앞을 잘 볼 수 있다. 내 몸에 있으면서 내 손이 다가갈 수 없는 곳이 등이다. 나와 같이 살아가면서 내가 볼 수 없는 곳이 등이다. 나와 한 몸이면서도 내가 알 수 없는 곳이 등이다. 내 몸이지만 내 맘대로 할 수 없는 곳도 등이다. 그 등이 나에게 말을 건다. 등지고 살지 말고 등 대고 살아라! 등지면 악연, 등 대면 인연! 그 등에 내 인생이 숨어 있다. 보이지 않는 등에 내가 걸어갈 길을 밝혀주는 등(燈)이 있다! 보이지 않는 게 보이는 걸 움직인다. 선입견과 편견으로 다른 사람을 재단, 악연으로 만들지 말라는 것이다. 나의 주관과 의견으로 판단한 상대는 사실 나의 편견과 선입견 때문에 진짜 본질적인 모습이 아닐 가능성이 많다. 우리가 중년까지 키워온 개 두 마리 이름이 편견과 선입견이다.

나에게도 한때는 등을 댈 수 있는 소중한 인연이었지만 지금은 등지고 살아가는 악연으로 전락한 사람들이 있다. 필요할 때 나타나서 간절한 부탁으로 내 마음을 움직인 사람도 있고, 내가 먼저 손 내밀어 도움을 주고 성장시킨 사람도 있다. 어떻게 인연이 시작되었던 시간이 흐르면서 인연은 악연으로 변질될 수 있다. 그렇더라도 그 사람 입장이 되어서 다시 한번 생각할 필요가 있다. 나의 편견과 선입견으로 인간관계의 보이지 않는 등을 오해하거나 잘못 해석할 가능성도 있기 때문이다. 물론 나에게 반면교사로 부각된 사람도 있지만, 그는 관계의 본질을 관통하는 새로운 통찰과 지혜를 선물로 주고 떠난 것이다.

관계 속에서 배운 실망이 절망으로 이어지기 전에 마음을 다잡는 것이 중요하다.

●● 노년의 가장 소중한 자산: 기댈 수 있는 사람

인간은 결연한 의지로 살아가기도 하지만 누군가에게 의지하며 살아갈 수밖에 없는 나약한 존재다. 의지할 수 있는 사람이 있어야 나의 의지도 생긴다. 결연한 의지는 혼자서 만든 개인적 산물이라기보다 다른 사람과의 관계에서 더욱 강화되는 사회적 산물이다. 정현종 시인이 〈비스듬히〉라는 시에서 노래했듯이 우리는 어디에 기대지 않고서는 살아갈 수 없다. 그러한 인간의 나약함이 오히려 인간관계를 통해 새로운 기대를 하며 살아가게 만든다. "새는 둥지에, 거미는 거미줄에, 사람은 우정 안에." 윌리엄 블레이크의 말이다. 새에게는 둥지가, 거미에게는 거미줄이 안식처가 되듯 사람에게는 우정이 중년 이후의 삶을 보듬어줄 안식의 그물망이다. "인생에서 오직 중요한 한 가지는 사람들과의 따뜻하고 의지할 수 있는 관계다." 85년간 2,000여 명의 삶을 추적 연구한 미국 하버드대 의대 로버트 월딩어 교수의 말이다. (그는 나이 들어서 가장 소중한 자산은 따뜻한 인간관계라는 점을 밝혀냈다.)

문제는 어느 정도 노력하고 상대를 안다고 착각하는 순간 그동안 공들여 쌓았던 인간관계에 금이 가고 무너지기 시작한다는 점이다. 관계가 공허해지는 이유는 서로를 안다고 착각하기 때문이라고 한다.[39]

숙고 끝에 상대를 이해하거나 판단하지 않고 우리는 단편적인 현상이나 모습만 보고 결론을 내린다. 그것도 자신에게 유리하거나 도움이 되는 방향으로 결론을 이끌어내고 의심의 여지 없이 그렇게 생각해버린다. 타인이 왜 그 상황에서 그런 행동을 할 수밖에 없었는지를 고려하지 않고 드러난 행동만으로 판단하는 순간 상대에 대한 오해의 싹이 트고 상처받기 시작한다. 나도 이런 부류에 속할 수 있는 위기의 순간은 언제나 잠재하기 때문에 경각심을 가져야 한다.

모르는 상태에서 안아주면 뺨을 맞는다. 상대방을 잘 알지 못하면 안아줄 수 없다. 상대방을 안다는 말은 머리로 이해한다는 말이기보다는 가슴으로 다른 사람의 아픔에 공감한다는 말이다. 가슴으로 공감하기 위해서는 그 사람이 어떤 삶을 살아왔는지, 어떤 사건과 사고를 경험하며 살아왔는지에 대해 그 사람의 입장이 되어 가슴으로 생각해봐야 한다. 사람을 이해한다는 말은 그 사람의 사연을 가슴 깊이 공감한다는 말이다. 진정한 이해는 오래 생각하는 깊은 관계 속에서 일어난다.

33 재미있는 관계는 절반으로 기쁨을 주는 관계는 두 배로

더 재미를 주지 못하면 끝나는 관계

재미를 주는 인간관계와 기쁨을 주는 인간관계는 어떤 차이가 있는 가. 이 차이를 이해하기 위해서는 기쁨과 재미의 차이를 구분할 필요가 있다. 사람은 기쁘거나 재미있을 때 모두 웃지만 그 웃음의 성격은 다르다. 이솝우화에 나오는 개미와 베짱이는 살아가는 이유가 다르다. 개미는 몸은 힘들지만 기쁘게 살고 베짱이는 재미난 일을 찾아서 살아간다. 기쁨은 어떤 일의 의미를 느낄 때 내부에서 오고 재미는 외부에서 뭔가가 주어질 때 비로소 생기는 감정이다.

재미있는 웃음거리를 주고받는 관계는 이제 그만 웃음을 주어도 괜찮다고 말하지 않는다. 오히려 시간이 지날수록 지금까지 본 재미보다 더 재미있게 해달라고 요구한다. 개그맨이나 코미디언이 시청자를 재미있게 해주면 시청자가 그만 재미있게 해달라고 부탁하겠는

가. 더 큰 재미를 요구한다. 재미있는 인간관계가 지속되려면 이전보다 더 재미있는 것을 보여주어야 한다는 부담감이 가중된다. 상대방의 요구에 부응하지 못하면 기존의 재미없는 인간관계는 끊어지고 더 재미있는 걸 보여주는 사람과의 인간관계가 새로 시작된다. 누군가를 재미있게 해준다는 이유로 사람을 만나면 그 만남은 계속 유지되기 어려운 이유다.

사회학자 엄기호는 저서 《고통은 나눌 수 있는가》[40]에서 '인플레 인간'이라는 개념을 통해 재밌는 인간관계의 끝을 예언했다. 우리가 존재감을 갖고 관심을 끌기 위해서는 재밌는 인간이 되어야 하고, 그러기 위해서는 무엇이든 할 수 있게 되어버렸다는 것이다. 나도 그동안 여러 동호회 모임에 참석해봤다. 한때는 와인 동호회에 참석하기도 했고, 독서 모임에 참석하는 기회도 있었다. 하프 마라톤 클럽에 가입도 해보고, 자전거 동호회에도 참석해보았지만 한결같이 오래 지속되지 못하고 중도에 참석을 포기하거나 의도적으로 참석하고 싶지 않았다. 그 이유를 생각해보면 우선 내가 이런 모임에 참석해서 얻는 혜택이나 이득보다 시간 낭비가 더 크다는 생각이 들었다. 두 번째, 내가 모임 참석자들에게 이전과 다른 재미를 줄 수 없을 뿐만 아니라 나 역시 이런 모임에 참석해서 의미를 찾을 수 없었다. 당연히 모임 참석은 기쁨이 되지 못하고 의미도 없는 의무 참석이라는 부담감이 가중되기 시작했다. 당연히 관계가 끊기게 되었다.

그런데 설상가상으로 재미를 추구하는 인간관계가 갈수록 우리 사회와 공동체의 인간적 밑바탕을 송두리째 흔들고 있다. 재미가 재미있는 이야기에서 나오지 않고, 타인의 고통이나 아픔에서 나온다는 데 문제의 심각성이 놓여 있다. 익명성이 보장되는 네트워크 공간에서 재미는 타인의 아픔과 고통을 원료 삼아 반복 재생산되고 무한 공유된다. 서로 모른다는 이유로 타인의 아픔이 나의 재미를 촉발하는 요소로 작용한다. 아픔을 빌미로 재미를 소비하는 네트워크는 타자의 아픔이 심해질수록 더욱 흥미를 돋우는 이상한 관계의 온상으로 둔갑하고 있다.

●● 존재 자체의 의미를 되새겨보는 관계

기쁨은 상대의 존재 자체로 나에게 전해질 수 있다. 그가 별다른 노력을 하지 않아도 나에겐 그의 존재 자체가 기쁨의 원천이 될 수 있다. 이런 기쁨을 전해주는 인간관계는 그 자체가 행복의 원천이다. 재미는 다른 사람이 만들어주는 감정이고 기쁨은 내가 주도적으로 뭔가를 행함으로써 생기는 감정이다. 따라서 재미는 수동적으로 생기고 기쁨은 능동적으로 생긴다. 재미를 주는 인간관계는 순간적인 욕구나 즐거움을 해소하거나 촉발시키지만 재미로 인하여 인간의 근본적인 욕망은 충족되지 않는다. 재미는 내가 주도하는 즐거움이 아니라 타자의 안간힘에 의해 내가 느끼는 감정적 반응이다. 따라서 재미는 외부적 자극이 제시되지 않으면 생기지 않는 일시적 즐거움이다.

재미는 순간적이지만 기쁨은 비교적 지속적으로 유지된다. 재미있는 인간관계는 재미를 주는 동안만 유지되는 한시적 인간관계지만 기쁨을 주는 인간관계는 상대의 존재가 지속되는 한 유지되는 영속적 인간관계다. 기쁜 인간관계는, 상대가 나를 기쁘게 해주는 뭔가를 제공해주어서 기쁜 게 아니기 때문에 이전과 다른 기쁜 것을 요구하지 않는다. 오히려 기쁨을 주고받는 인간관계에서는 상대가 뭔가를 더 하려고 할 때는 걱정하고 염려한다.

기쁜 인간관계에서는 상대가 자신을 위해서 뭔가를 하려고 하면 발 벗고 나서서 말린다. 지금 이 순간만으로도 충분히 기쁘다고 말한다. 상대가 자신을 위해서 뭔가를 하는 것은 심한 부담감으로 작용한다. 그래서 기쁘게 해주려는 상대방의 작은 움직임에도 걱정하면서 제발 그냥 가만히 있으라고 한다. 이제 그만해도 나는 충분히 기쁨을 누리고 있기 때문에 더 이상의 다른 노력은 필요하지 않다고 오히려 상대방에게 신신당부를 한다. 이처럼 기쁜 인간관계는 주고받는 거래의 가치로 맺어진 관계가 아니라 존재 자체의 소중함으로 맺어진 관계다.

나는 밥 먹듯이 운동하고, 책을 읽으며, 책을 쓴다. 운동과 읽기와 쓰기가 재미있기도 하지만 내 존재 의미를 드러내는 활동이라서 가장 기쁜 활동이기도 하다. 운동과 책 읽기와 쓰기는 매일 반복되는 일이지만 나에게 기쁨을 주는 일상적 루틴으로 자리 잡은 습관이다. 반복되는 '루틴(routine, 습관)'이 기쁨의 깊이를 더해주는 '루트(root, 뿌리)'를 만든다. 내가 기쁜 마음으로 반복하는 일은 다른 사람에게 기쁨을 주는 원동력이 될 수 있다. 내가 먼저 기쁜 일에 몰입하는 즐거움을 맛봐야 내가 하는 일로 인해 나와 맺어지는 인간관계에도 기쁨을 주는 좋은 사이가 될 수 있다. 나는 오늘 내가 맺고 있는 인간관계에 어떤 기쁨을 만끽하게 해줄 수 있을까를 고민하지 않을 수 없다.

"일부 사람들은 신, 자연, 대의를 위한 투쟁, 직장에서의 출세 등에서 삶의 의미를 발견할지 모르지만, 우리가 충족감을 얻을 가능성이 가장 높은 영역은 바로 다른 사람과의 관계를 통해서다."

- 로먼 크르즈나릭의 《원더박스》[41] 중에서

34
꼰대 짓은 하지 말고
리더 역할은 두 배로

🥣 꼰대는 가방을, 리더는 보자기를 갖고 다닌다

꼰대와 리더의 차이는 생각의 차이다. 생각의 차이가 말하는 스타일과 방식의 차이를 가져온다. 인간의 말은 언어로 이루어져 있다. 결국 꼰대와 리더의 차이는 언어의 차이다. 그렇다면 생각의 차이는 어디서 오는가? 놀랍게도 꼰대와 리더의 생각의 차이는 몸에서 온다. 몸의 움직임이 만들어가는 체험의 깊이와 넓이가 결국 생각의 깊이와 넓이를 좌우한다. 오늘의 내 생각은 지금까지 내 몸이 움직여 체험하면서 깨달은 삶의 족적이자 축적이다. 꼰대는 어제와 비슷한 방식으로 살아가면서 어제의 생각을 몸에 간직하면서 살아간다. 삶이 한결같으니까 생각도 한결같은 것이다. 반면에 리더는 어제와 다른 행동반경을 갖고 어제와 다른 방식으로 행동한다. 당연히 행동이 다르니 생각도 색다르다.

꼰대는 가방에 다른 생각을 억지로 집어넣고 리더는 보자기로 다름을 감싸준다. 꼰대는 자기중심적 사유에 젖어 사는 사람이다. 때문에 자신과 다른 생각을 갖고 있는 상대가 가방 속으로 들어가려면 무조건 자신의 가방 크기에 맞춰야 한다. 밖의 생각이 아무리 다양해도 꼰대의 가방 속으로 들어가려면 꼰대가 원하는 스타일에 맞춰 생각을 바꿔야 한다. 반면에 리더는 언제나 보자기를 갖고 다닌다. 나와 생각이 다르거나 입장이 다른 사람도 따뜻한 마음으로 감싸 안아줄 때 필요한 게 바로 보자기다. 가방은 집어넣으면 끝나지만 보자기는 둘러메다, 덮어씌우다, 싸다 등과 같이 타자의 입장과 위치를 중심으로 기꺼이 자신을 변형시킨다. 꼰대는 자신과 다른 생각을 뜨거운 용광로로 녹여버리지만 리더는 저마다의 다른 생각이 개성을 자랑하며 하모니를 이루는 모자이크를 좋아한다. 꼰대에게 다름은 고름이나 마찬가지다. 빨리 짜내서 없애버려야 마음이 편하기 때문이다. 하지만 리더에게 다름은 무한한 창조의 원동력이다. 다름 없이 다른 곳에 다다르지 못하기 때문이다. 꼰대는 남다름에서 먹구름을 보고 씨름하지만 리더는 색다름에서 나름의 아름다움을 보고 무한한 가능성을 찾아낸다.

꼰대는 과거로 지향해서 안주하지만 리더는 미래를 지향하며 도전한다. 꼰대에게 과거는 자신의 전성기지만 미래는 두려움의 대상이다. 반면에 리더는 과거의 전성기도 반성과 성찰의 기간이다. 꼰대는 남과 비교하며 비난하지만 리더는 어제의 나와 비교하며 비전을 품는다. 꼰대가 과거로 지향하면서 남과 비교하는 이유는 그것이 그가 살아가는 가장 안전한 방법이며 팀원을 다그치는 가장 효과적인 방법이라고 생각하기 때문이다. 다른 사람과 비교하는 대상은 주로 성과나 목표다. 다른 사람은 이렇게 잘하는데 왜 너는 이 모양 이 꼴이냐고 비난을 일삼는다. 반면에 리더에게 과거나 타인은 나의 경쟁 상대가 아니다. 나는 어제의 나와 비교할 때 미래를 향한 색다른 비전을 품을 수 있다고 생각한다. 남과 비교하면 비참해지지만 어제의 나와 비교하면 비약적으로 발전한다. 꼰대의 비교 대상은 남이자 과거를 중심으로 비하되는 현재와 미래다. 꼰대의 비교 중심에는 언제나 한때 잘 나가던 과거가 자리 잡고 있다. 하지만 리더의 비교 기준은 오로지 어제의 나에 비해 비상하는 오늘의 나이자 비전을 품고 내일로 향하는 미래의 나다.

●● 꼰대는 꼬투리를 잡지만 리더는 자투리까지 칭찬한다

꼰대는 실패하면 실격시키고 리더는 실패를 통해 실력을 쌓게 만든다. 꼰대는 실패를 걸림돌로 해석하고 덮어두지만 리더는 디딤돌로 해석해서 도약의 발판으로 삼는다. 꼰대는 실패한 사람을 이유 여하를 막론하고 야단치며 때로는 인격까지 모독하지만 리더는 실패한 사람보다 실패할 수밖에 없었던 당시의 상황을 주도면밀하게 분석해본다. 리더는 실패한 사람의 개인적 잘못을 따지기보다 왜 그 사람이 그 상황에서 실패할 수밖에 없었는지를 따져보면서 동일한 실패가 반복되지 않게 하려면 어떤 조치와 조건이 마련되어야 할지 다 같이 논의하면서 배움의 기회로 삼는다. 꼰대는 실패한 사람을 질책하며 실격시키지만 리더는 실패를 통해 색다른 실력을 쌓을 수 있도록 질문을 던지며 배움의 기회로 삼도록 유도한다.

꼰대는 반대하고 냉대하지만 리더는 존대하고 환대한다. 꼰대는 자기주장과 의견에 맞지 않으면 이유 불문하고 반대하며 냉담한 반응을 보인다. 꼰대는 세상에서 참고해야 될 기준과 따라야 할 전형은 오로지 자신의 생각에 비추어 판단할 때 의미가 있다고 주장한다. 리더는 반대로 자신의 생각도 언제든지 틀릴 수 있고 주어진 상황에서 더 이상 통용되지 않는 구식의 사고방식일 수 있음을 인정한다. 리더는 그래서 열린 마음으로 나와 다른 생각과 주장을 갖고 있는 사람의 저마다 일리 있음을 존대하고 환대해준다. 꼰대는 마음에 들지 않으면 지나치게 안 좋은 표정을 보이며 지나치지만, 리더는 마음에 들지 않아도 쉽게 지나치지 않고 끝까지 들어보고 거기서 얻을 수 있는 일리의 가치를 간과하지 않으려고 애쓴다. 존대와 환대는 상대방에 대한 진정한 배려와 겸손이 없으면 나오지 않는다.

꼰대는 독선이 최선이라고 생각하고 리더는 독창도 협창(협동의 창의성)에서 나온다고 말한다. 꼰대는 팀원을 믿지 않는다. 자신의 경험과 지식에서 최고의 리더십이 나온다고 착각한다. 아무리 바빠도 처음부터 끝까지 자신이 주도적으로 하지 않으면 최선이 아니라고 생각한다. 다른 팀원을 믿지 않기 때문에 언제나 할 일은 많고 시간은 절대적으로 부족하다. 팀원이 아무리 창의적이라고 해도 자신을 능가할 수 없다고 생각하는 꼰대는 창의성도 독창성에서 비롯된다고 생각한다. 반면에 리더는 세상의 모든 일은 저마다의 전문성을 띠고 있기 때문에 자신이 모든 분야에 주도적인 리더십을 발휘할 수 없다고 생각한다. 오히려 자신보다 어떤 분야는 더 뛰어난 전문성을 가진 다른 사람과의 협업을 통해 주어진 목표를 달성하는 것이 최선의 방책이라고 생각한다. 따라서 리더는 독창적인 생각도 다른 사람과의 협업을 통해서 나오는 협창성을 능가하지 못한다고 생각한다. 당신은 꼰대인가, 리더인가?

35

경쟁 상대는 절반으로
경청 대상은 두 배로

🍵 사회에서 만나는 사람은 경쟁 상대가 아니다

앞만 보고 달려왔던 지금까지의 삶은 어제의 나보다 잘하려는 노력보다는 항상 남보다 잘하려고 안간힘을 써왔던 시기였다. 나의 경쟁 상대는 어제의 내가 아니라 나와 더불어 살아가는 다른 사람이었다. 다른 사람은 나에게 직간접적인 가르침을 주는 스승이라기보다 나와 보이지 않는 가운데에서도 끊임없이 경쟁해서 살아남아야 하는 적대적 경쟁 상대였다. 이제 인생 후반전을 살아가는 나이가 되어보니 나이외의 모든 사람은 자세를 낮추고 배워야 되는 경청 대상이라는 점을 깨달았다. 우리는 말하는 방법은 많이 배웠지만 남의 이야기를 잘 듣는 방법에 대해서 배워본 적이 거의 없다. 나이 육십이 되면 이순(耳順)이 되어 남의 이야기가 비로소 들린다는 공자의 주장이 일리가 있는 이유다.

이심전심을 넘어 본성적으로 코드가 통해서 만나기만 하면 에너지를 받아서 힘이 나는 관계가 있다. 오랫동안 만나면서 서로의 장단점은 물론 좋아하거나 좋아하지 않는 성향이나 스타일을 너무 잘 알아서 상대방이 말하기 전에 먼저 배려하고 아낌없이 뭔가를 주려고 한다. 언제나 자기가 불편하더라도 상대방이 편안하게 느낄 수 있도록 사전에 조치를 취한다. 이런 사람을 만나면 설명이 필요 없이 서로의 의중을 알아채고 말하려는 의도가 무엇인지를 몸으로 받아들여 의미를 포착한다. 오해의 소지가 거의 없으며 어제와 다른 인식의 지평과 이해의 깊이가 더해간다.

무조건적 인간관계는 상대를 경쟁 상대로 규정하지 않고 경청 대상자로 생각한다. 이들에게는 언제 어떤 이야기를 해도 우선 들어주고 사연과 배경을 이해하려고 노력한다. 내가 뭔가를 잘못했어도 나의 진심을 의심하지 않고 진의를 믿고 변함없이 지원하고 지지해주는 사람들이다.

이렇듯 우리가 사람을 만나서 얻는 즐거움은 더불어 행복한 삶을 함께 만들어가는 데 있다. 잠시 나의 울타리를 걷어내고 다른 사람의 세계로 넘어가야 나 아닌 다른 사람의 세계와 접목될 수 있다. 때로는 나의 입장에서 벗어나 다른 사람 되기가 실천될 때 비로소 두 사람의 차이는 좋은 사이로 전환되기 시작한다. 서로를 이겨야 하는 상대나 적대적 관계로 상정하기보다 함께 살아가는 협력의 파트너로 생각할 때 관계는 새롭게 출발할 수 있다. 내가 만나는 다른 사람을 경쟁 상대로 주시하기보다 경청의 대상으로 관찰할 때 그 사람이 지니고 있는 인간적 숨결도 다르게 보이기 시작한다.

●● 상대의 이야기에 귀를 기울이지 않으면 인생도 기울어진다

문화인류학자인 옥스퍼드대 로빈 던바 교수가 주장했던 '던바의 수'에 비춰보면 가장 친한 친구는 15명 내외이고, 150명 정도가 사회에서 만들 수 있는 인간관계의 최대 수치라고 한다. 150명이 넘으면 인맥 관리 자체가 불가능할 뿐만 아니라 된다고 해도 피상적인 만남이 이어질 뿐이라고 한다. 150명 안에 들어가는 인간관계는 이름만 생각하면 그래도 어디서 어떤 사연과 배경으로 만났었는지 기억할 수 있는 사이다. 전화번호부에 만 명이 넘는 사람이 등록되어 있어도 1년 내내 아무런 연락을 주고받지 않는 사람이 대부분이다. 150명 범위에 들어가는 사람은 어떤 인연으로 만났든지 오랜 시간이 지나도 사람과 사람 사이에 따뜻한 정이 흐르는 사이다. 과잉 연결 시대에 인간관계의 폭도 중요하지만 서로가 서로에 귀를 기울여 들어주는 깊은 인간관계를 통해 이심전심 통하는 행복한 만남을 이어가는 게 좋겠다.

경청하고 싶은 상대는 괄목상대할 정도로 성공한 사람만 해당되지 않는다. 나와 다른 세계에 살아가면서 다른 생각을 하는 사람, 비슷한 관심을 갖고 있지만 색다른 관점으로 통찰력을 제공해주는 사람, 동일한 걸 보고도 다르게 해석하는 사람, 하나의 정답이 아니라 여러 가지 해답이 있다는 가능성을 열어가는 사람, 전대미문의 질문으로 전인미답의 관문을 여는 사람, 현실에 안주하지 않고 언제나 한계나 불가능에 도전하면서 성취감을 맛보는 사람은 모두 경청 대상자다.

나이는 어리지만 낮에는 중노동을 하고 밤에는 대리운전을 하면서 고달픈 삶을 글로 녹여내는 한 작가의 인생 경험담을 듣고 싶다. 힘든 조건에서 일하면서도 늘 손님들에게 자신이 할 수 있는 극진한 정성을 베푸는 택시 운전사에게 그동안 깨달은 인생 교훈을 듣고 싶다. 나에게 배우는 제자이지만 삶에서 건져 올린 문제의식으로 치열하게 공부하며 글을 쓰려고 애쓰는 마음을 귀담아 들어보고 싶다. 귀하게 대접받는 사람은 다른 사람의 이야기를 잘 들어주는 사람이다. 잘 들어주면 그 사람의 마음속으로 들어갈 수 있다. 상대의 이야기에 귀를 기울이지 않으면 인생도 기울어진다.

한마디로 경청 대상자는 나에게 어제와 다른 배움을 맛볼 수 있는 기회나 무대를 제공하는 사람이다. 귀 기울여 들어보면 세상을 살아가는 남다른 지혜를 몸소 체득하면서 어제와 다른 나로 부단히 변신을 거듭하는 사람이다. 무조건 성공하기 위해 수단과 방법을 가리지 않고 달리는 사람보다 목표 달성 과정에서 전과 다른 배움의 기회를 만들어가는 사람들, 고속 성장만 꿈꾸지 않고 내면적 성숙을 기하면서 평범한 일상에서도 비상한 상상력의 텃밭을 꾸준히 가꾸는 사람,

백척간두의 높이에서도 과감하게 진일보하면서 용기를 발휘하는 사람, 그래서 어제보다 조금이라도 진보하는 행보를 이어가는 사람이 바로 경청 대상자다.

"귀로 듣지 말고 마음으로 들어라."

- 장자의 말 중에서

2분의 1

36

눈총은 절반으로
눈길은 두 배로

🥣 눈치 주면서 눈총 쏘면 은총받을 수 없다

세상에는 네 부류의 사람이 있다. 눈치 주는 사람, 눈총 쏘는 사람, 눈빛이 빛나는 사람, 눈물 흘리는 사람. 눈치 주고 눈총 쏘는 사람보다 눈빛이 빛나고 진심으로 눈물 흘리는 사람이 세상을 이끌어간다. 누군가 눈치를 줄 때 상대는 눈치를 본다. 상황에 흐르는 맥을 잘 짚어내는 능력이 바로 눈치다. 하지만 자신이 하고 있는 일에 대해 다른 사람의 눈을 쳐다보며 망설이는 눈치는 다른 사람의 시선에서 자유롭지 못하다는 이야기다. 자신이 하는 일에 대해 남의 눈치를 본다는 이야기는 그 일의 성패 여부가 다른 사람의 평가에 달려 있기 때문이다. 눈치를 보면 자신감을 갖고 몰입하지 못하는 이유다. 그러니 인생 후반전을 살아가는 사람들은 가급적 눈치 주는 사람보다 따뜻한 눈길을 주는 사람으로 거듭나야 한다.

여러분은 지금 눈치 보게 만들고 차가운 눈총을 쏘는 사람인가. 아니면 뜨거운 눈빛으로 자기 일에 열정적으로 몰입하면서 감동적인 눈물을 준비하고 있는 사람인가. 남의 눈치 보는 사람은 진정한 나의 가치를 발견할 수 없다. 눈치 보는 사람은 다른 사람의 눈에 어떻게 보이면 좋을지 상대의 입장에서 상상력으로 생각하는 노동을 하느라 늘 골치가 아프다. 눈치 보는 사람은 자기 특유의 기치를 발휘할 수 없을 뿐만 아니라 사물이나 현상의 이면에 흐르는 이치를 파악하지 못한다. 당연히 눈치 보는 사람은 자기만의 특이한 아우라에서 은은히 퍼지는 운치가 없다. 눈치 보는 사람은 자기 삶을 다른 사람에 맡겨놓고 신탁통치를 받는 사람이나 다름없다. 당연히 자기 가능성을 최고도로 끌어올리면서 성취감을 맛보는 피치를 올릴 수도 없다. 다른 사람에게 눈치 주고 눈총 쏘는 사람은 다른 사람에게 은총받을 수 없다.

사람의 심리는 눈빛에 나타난다. 심기가 불편하면 가장 먼저 눈빛으로 표현된다. 기분이 좋아지고 가슴이 뛰면 눈빛에 윤기가 흐르고 감동의 빛이 역력해진다. 세상에서 가장 강력한 빛은 햇빛도 아니고 달빛도 아니다. 눈빛이다. 나는 대학원 제자들을 가르치지 않고 가르친다. 너를 믿는다는 따뜻한 눈빛과 스스로 깨우칠 때까지 기다려준다는 무언의 신호를 보낸다. 제자를 믿는다는 눈빛에는 제자를 사랑한다는 믿음이 함께 담겨 있다. 세상에서 가장 소중한 지혜는 혼자 터득하는 것이다. 깨우침이 없는 가르침은 피뢰침보다 더 치명적이다. 스스로 깨우치는 과정을 지켜보고 무언의 신호를 보낸다. 너는 지금

아주 잘하고 있다고.

이는 회사 조직에도 적용된다. 탁월한 리더는 팀원의 마음을 눈빛으로 읽고 눈빛으로 말해준다. '난 너를 믿는다'는 눈빛으로 말하고 무언의 신뢰를 보낸다. 믿음은 불가능을 가능하게 만들고, 한계 상황에서도 돌파할 수 있는 용기를 주며, 절망적인 상황에서도 희망의 빛을 준다. 팀원을 몰입하게 만들기 위해서는 눈총 주지 말고 널 믿는다는 신뢰의 눈빛으로 말해야 한다. 눈총은 소리 없이 팀원을 죽이지만, 눈빛은 소리 없이 팀원의 가슴을 뛰게 만든다. 눈총은 불신의 신호지만 눈빛은 신뢰의 상징이다. 팀장이 눈총을 주면서 강제로 총대를 메라고 하지만 정작 눈총받은 팀원은 총기를 잃고 마지못해서 일에 임한다. 일의 성과도 없을뿐더러 신이 나지 않는다. 눈총은 총 중에서 가장 힘이 없는 총이지만, 상대의 기를 꺾어버리는 가장 강력한 총이기도 하다.

●● 세상에서 가장 아름다운 빛은 눈빛이다

눈이 오면 세상이 하얗게 변하듯 기존 타성과 통념, 고정관념과 관습의 눈에서 벗어나 새로운 눈으로 세상을 바라봐야 한다. 눈을 아름다운 설경으로 바라보기 위해서는 세상을 바라보는 눈을 바꿔야 한다. 세상을 바라보는 눈을 바꾸지 않고, 설경을 아무리 바라보아도 설경은 황홀경의 마음으로 다가오지 않는다. 안목과 혜안 모두 남다른 눈으로 만든 식견과 통찰이다. 새로운 대안을 고안하려면 문제해결의 실마리를 잡는 착안을 기반으로 심미안을 개발해야 한다. 머리에 붙어 있는 육안이나 과학적으로 분석하는 뇌안만으로는 세상을 이전과 다르게 보는 묘안이 생기지 않는다. 마음의 눈으로 타자의 아픔을 감지하는 심안을 갖고 있어야 상대의 아픔을 따듯한 눈길로 보듬어줄 수 있다.

따듯한 눈빛은 주지 못할망정 눈총이나 눈살을 찌푸리게 만드는 사람도 있다. 세상에서 가장 무서운 총은 눈총이고 살아가면서 찌지 말아야 될 살은 눈살이다. 세상에서 가장 미끄러운 길이지만 동시에 가장 낭만적인 길은 눈길이고 세상에서 가장 아름다운 매는 눈매다. 낭만적인 눈길에서 아름다운 눈매를 자랑하는 아름다운 사람은 눈사람이다. 세상에서 가장 독한 독은 눈독이고 세상에서 가장 슬프기도 하지만 기쁜 물은 눈물이다. 세상에서 가장 보기 싫은 꼴은 험한 눈꼴이고 세상에서 가장 치사한 짓은 눈치 주는 행위다. 눈치 주면서 눈살 찌푸리는 관계는 가급적 줄이고 눈빛에 담긴 심장의 열기로 눈길을 주는 사람과 만나자.

얼굴은 그 사람의 '얼'이 '굴'로 파여서 생긴 흔적의 산물이다. 아직 얼이 성숙되지 못해서 어린아이에 머물러 있고, 얼이 성숙되면 어른이 된다. 오십을 살아왔으니 살아오면서 나도 모르는 사이에 내가 소중하게 생각하는 얼이 희로애락을 겪으면서 삶의 결이 골로 파였을 것이다. 그게 바로 오십이 품고 있는 얼굴의 진면목이다. 얼이 제대로 들어차지 못한 얼빠진 어린애 같은 어른도 있다. 얼에는 한 사람이 품고 있는 영혼이나 넋, 상대를 생각하는 존중과 환대, 다른 사람을 맞이하는 자세와 태도가 그대로 반영된다. 그것이 겉모습으로 드러날 때 표정, 눈매, 눈길에 고스란히 드러난다. 인생의 여유로움과 너그러움이 묻어나는 얼굴도 노력으로 얼마든지 만들 수 있다.

눈꽃이 피는 엄동설한의 겨울이 되어도 서로에게 힘이 되는 이심전심의 눈빛만 있으면 감동의 눈물을 흘리며 따뜻한 겨울을 지낼 수 있다. 눈총을 주면 눈치를 보고 눈치를 보기 시작하면 눈매가 달라진다. 어렵고 힘든 시기일수록 눈총 주면서 눈살 찌푸리게 하지 말고 따뜻한 눈매에서 나오는 눈빛으로 주위 사람들에게 무언의 힘과 용기를 북돋아주자.

37

폼 잡기는 절반으로
품는 일은 두 배로

폼 잡아봐야 아무도 품어주지 않는다

남의 글을 퍼 나르는 행위를 '펌'이라고 한다. 남의 글을 퍼서 공유하는 행위는 적극 권장할 만한 나눔이다. 자기 시간을 투자해서 기꺼이 다른 사람에게 좋은 자극을 주기 위해 남의 글을 퍼 나르는 사람이 SNS에 특히 많다. 문제는 남의 글을 퍼 나를 때는 적어도 고마움을 표시해야 한다. 블로그나 인스타그램에 올린 글의 출처를 밝히지 않고 무단으로 퍼 나르는 사람, 더 문제가 되는 사람은 마치 자기가 쓴 글처럼 위장해서 SNS에 무단 복제하는 사람이다. 남의 글을 퍼 나르면서도 마치 자기 글인 양 폼 잡는 사람들이 있다. 출처 없이 퍼 나르는 사람들끼리 공유하면서 원저자와는 관계없는 특정한 사람이 글의 소유자로 둔갑하는 일도 발생한다. 펌으로 폼 잡으려는 사람들의 자기 과시욕이다.

펌에 주력하는 사람은 스스로 체험적 스토리나 깨달음을 얻은 교훈이 부족하고 다른 사람의 주장이나 의견에 종속되어 살아간다. 누군가 고뇌하는 가운데 감동적인 메시지를 작성했을 텐데 그런 이야기의 맥락과 사연을 지운 채 겉으로 드러난 텍스트 메시지만 퍼다 나르며 폼 잡아도 아무도 그 사람에게 깊은 감동을 느끼지 못한다. 그의 인생 스토리가 스며들어 있지 않기 때문이다. 비단 글에만 적용되지 않는다. 펌은 다른 사람의 생각이나 행동 방식, 소비 방식을 비롯해 살아가는 가운데 보여지는 다른 사람의 좋아 보이는 모습을 그대로 복사하려는 사람들에게 발견된다. 폼 나는 어른으로 살아가기 위해서는 자기 주관이나 주체적 신념 없이 남의 것을 그대로 퍼다 나르는 행동은 지양하면 좋겠다.

폼에는 개폼과 똥폼이 있다. 개폼과 똥폼은 본인은 멋있다고 생각하지만 자기 정체성에서 나오지 않는 과시욕이다. 폼 잡는 사람의 욕망은 누군가 나를 알아주기를 바라는 마음이다. 폼 잡는 사람은 어떤 주장을 할 때 직접 깨달은 바를 일정한 논리 체계에 맞게 근거를 갖고 이야기하지 않는다. 진정한 폼은 그런 게 아니다. 폼은 나도 모르는 사이에 상대에게 비치는 모습이다. 예를 들어 골프 기본기를 닦기 위해서 무수히 연습을 거듭한 사람은 그 사람 특유의 폼이 잡혀서 보기에도 좋아 보인다. 폼은 내가 뭔가를 추진하는 과정에서 내 정신과 몸이 혼연일체가 되었을 때 자연스럽게 드러나는 나의 진면목이다. 나도 모르게 내가 좋아하는 일에 몰입할 때 흘러나온 모습이다.

'보여지는 폼'은 기본기를 단련하며 무수히 반복하는 연습과 노고의 산물이지만 '보여주는 폼'은 요령과 기교로 무장한 테크닉의 산물이다. 진정한 폼은 자신이 보여준다고 생기는 게 아니라 다른 사람이 인정하고 존중할 때 생긴다. 누가 봐도 아름다운 폼, 그 사람에게 어울리는 폼이라는 게 느껴질 때 비로소 자기다움은 폼으로 완성된다. 인생 전반전에는 누군가에게 나의 장점을 자랑하기 위해 없는 것도 있는 것처럼 과시하는 시간이 많을 수도 있었다. 이제는 달라져야 한다. 남의 눈치 보지 않고 자신이 하면 즐겁고 행복한 일을 담담하게 해나가자.

●● 폼이 품으로 바뀌는 순간 자기다움의 꽃이 핀다

품어주는 일은 둘로 나눠서 생각해볼 필요가 있다. 우선 우리가 흔히 생각하는 다른 사람을 품어주는 따뜻한 마음이다. 폼만 잡는 사람에서 상대방을 품어주는 사람으로 바뀔 때 자기 변신이 시작된다. 폼과 품의 차이가 말해주듯, 자기중심의 폼에서 타자 중심의 품은 격이 다르다. 모음 하나 바뀌었을 뿐인데, 느낌이 완전히 다르다. 상대의 아픔을 마치 나의 아픔인 것처럼 감싸 안고 어루만져주며 '품'을 지향하는 사람은 품격이 남달라 보이고 품위가 우아하다. 우아한 품위는 자기 자랑을 일삼고 남들에게 허장성세를 떠는 사람에게는 절대로 발견할 수 없다.

폼 잡지 않고 품기 시작할 때 어떤 변화가 생길까? 상품을 개발해 판매하는 사업자를 예로 들어보자. 사업자가 자기 돈을 투자해서 상품을 팔려고 노력하는 것과는 달리, 자기다움을 피운 사업가는 자신이 개발한 작품을 팔려고 노력하지 않는다. 자신의 작품에 열정과 날카로운 문제의식, 고객을 향한 관심과 애정을 고스란히 담았기 때문에, 고객은 그의 철학과 영혼이 담긴 작품을 명품으로 수용하면서 사랑과 존경을 동시에 표현한다.

자기 이야기 없이 남의 주장에 종속되어 살아가는 핌 단계와 폼 단계의 사업자는 고객의 아픔을 어루만지고 자신의 품격을 높이는 품 단계의 비범한 사업가로 변신해야 한다. 자기다움으로 저절로 색달라지는 작품의 꽃이 피고 열매가 맺는 '핌'의 단계가 되면, 그 순간부터 일부러 상품을 팔기 위한 마케팅을 하지 않아도 절로 사업가의 철학과 영혼이 담긴 작품이 팔리기 시작하는 '팜' 단계로 진입한다. 특정 상품을 사랑하는 수준을 넘어 대체 불가능한 작품을 사랑하는 감정이 동시에 생길 때 비로소 사업가의 철학은 삶을 지배하는 소중한 가치로 인정받는다.

두 번째 품어주는 일은 분투노력해서 경지에 오르려는 나의 간절한 자세와 노력이다. 힘들고 어려운 일이지만 나다움을 만들어나가려고 애태우는 마음을 내가 알아줄 때, 가장 나다운 폼이 드러난다. 자신도 모르게 주어진 목표를 달성하기 위해 손과 발이 저절로 움직이는 달인의 경지에 오르기 위한 유일한 비결은 연습도 실전처럼 제대로 수행하는 수밖에 없다. 제대로 해야 저절로 된다. 실천하는 손이 생각하는 머리보다 위대하다.

폼 잡지 않고 품는 사람은 자신이 자기 분야의 최고라는 자부심을 갖고 있지만 자만심에 물들지 않기 위해 항상 초보자의 마음, 겸손한 마음으로 전력투구하려는 자세를 잃지 않는다. 남들이 보기에는 어느 날 갑자기 저절로 탄생한 것처럼 보이지만 당사자는 한 번의 위대한 성취감을 맛보기 위해 매일같이 하루도 쉬지 않고 엄청난 연습을 제대로 수행한 결과다.

38 단점 지적은 절반으로 장점 칭찬은 두 배로

🥣 **단점으로 구박하면 인간관계는 단절된다**

수박이 어느 날 호박에게 말을 걸었다.

수박: 난 여름에 최고로 대접받지.

호박: 난 산모에게 최고로 대접받지.

수박: 넌 나처럼 당도도 높고 바로 먹을 수 없잖아.

호박: 넌 나처럼 영양분도 풍부하고 익혀서 먹을 수 없잖아.

수박은 호박에 줄 친다고 수박 되냐고 호박을 구박한다.

호박은 수박의 줄 없앤다고 호박 되냐고 자신을 버리면 쪽박 찬다고 응수한다.

비난과 질책보다 격려와 칭찬이 서로의 마음을 따뜻하게 만들어준다. 그래야 서로에게 상처를 주는 우박을 맞지 않고 함께 즐거워할 수 있는 대박을 맞이할 수 있다. 구박하지 말고 인정해주고 칭찬해줘야 대박이 된다는 이야기다.

나도 모르는 사이에 상대방의 단점이 먼저 눈에 띄는 경우가 많다. 내 장점에 비해 남의 단점은 순간적으로 너무 하찮아 보이기 때문이다. 사실 내가 지닌 장점도 상대방의 관점으로 바라보면 그렇게 자랑할 만한 재능이 아닐 가능성도 배제할 수 없다. 이런 때일수록 스스로 박학다식하다고 자랑만 일삼기보다 상대방의 단점도 나름의 사연과 배경이 있고, 살아가는 데 그렇게 치명적인 약점이 아닐 수 있음을 이해하려고 노력해야 한다. 그러면 가슴으로 공감하는 소통의 즐거움을 맛볼 수 있다. 진한 감동을 주는 공감이 이루어질 때 소통의 당사자는 어느새 박장대소하게 된다. 남의 단점을 주로 보기보다 장점을 살려주고 개성을 존중해줄 때 이심전심으로 돈독한 인간관계가 형성된다.

생명체가 만들어가는 생태계도 마찬가지다. 자연에 있는 모든 생명체는 저마다의 개성을 자랑하면서 살아간다. 다리 짧은 오리는 다리가 긴 학을 시샘하지 않으며, 움직이는 속도가 느린 거북이는 빨리 달리는 토끼를 질투하지 않는다. 봄에 피는 개나리는 가을에 피는 국화를 나무라지 않는다. 활엽수로 햇빛을 더 많이 받는 신갈나무는 침엽수로 빛을 덜 받는 소나무를 탓하지 않는다. 모두가 자기만의 방법으로 더불어 살아가는 멋진 생태계 모습이다.

단점을 보완해서 그 분야의 장점 보유자를 따라잡거나 능가하기는 어렵다. 시간 낭비이자 자기답게 살아가는 길을 원천적으로 차단하는 자멸 행위나 마찬가지다. 단점은 보완 대상이 아니라 치명적인 약점이 되지 않도록 관리할 능력이다. 단점을 보완하는 시간과 노력은 관리하는 시간으로 대체하고 강점을 강화시키는 전략으로 선회할 필요가 있다.

●● 장점을 지지하면 관계는 절친으로 발전한다

인간관계는 단점을 지적하기보다 장점을 지지해주고, 잘 못하는 점을 들춰내기보다 잘하는 점을 드러내놓고 칭찬해줄 때 더욱 돈독해진다. 물론 필요와 시기와 상황에 따라 단점과 문제를 정확히 집어내야 할 때도 있다. 다만 감정이 개입되면 본질이 왜곡된다. 쌓였던 감정을 풀어내기 위해 말도 되지 않는 다양한 꼬투리를 찾아내는 사람도 있다. 누가 봐도 인정하기 어려운 트집을 잡아 자신이 주장하는 의견에 정당성을 부여하려고 안간힘을 쓰는 사람을 보면 측은지심이 든다. 하지만 꼬투리만 계속 잡으면 문제의 본질과 진리에 접근하기 어렵다. 흠집을 찾으려고 혈안이 될수록 그 사람이 갖고 있는 의외의 장점을 간과하거나 무시할 수 있다. 한 사람은 장점과 단점의 복합체이다. 단점은 그 분야의 장점 보유자와 만나 협력해서 상쇄시키고 장점이나 강점을 더 잘할 수 있도록 노력하는 강점 강화 전략에 집중해야 나의 독특한 가치가 배가된다. 단점을 보완해서 그 분야의 장점을 따라잡으려는 노력은 시간 낭비다. 그 시간에 내가 잘할 수 있는 일을 더 잘할 수 있도록 노력하면 범접할 수 없는 경지에 오를 수 있다.

꼬투리를 물고 단점만 지적하는 사람과 자투리에서도 장점을 배우는 사람은 천지차이다. 꼬투리만 지적하는 사람은 자기가 최고라고 생각하기 때문에 자기 이외의 모든 사람은 단점투성이로 본다. 장점이 있어도 굳이 단점을 찾아내서 그것으로 그 사람의 정체성을 해명하려고 한다. 꼬투리를 물고 늘어지면서 팀원의 사기를 한없이 꺾어버리는 사람보다 팀원이 하다가 남긴 자투리에서도 디테일을 발견, 거기서 장점을 찾아 사기를 진작하는 리더도 있다. 지적 대상으로서의 단점보다 지지 대상으로서의 장점을 부각시키면 관계는 절친 사이로 급변한다.

어느 날 고등학교 친구 3명이 고스톱을 치기로 했다. 그들은 고스톱 고수, 이제 겨우 고스톱을 배워서 걸음마 단계를 벗어나지 못하고 있는 하수, 그럭저럭 남들 하는 만큼 치는 친구로 구성되어 있다. 띠라고 불리는 5끗짜리 4장, 열끗짜리 4장, 소위 피(껍데기)라고 불리는 것을 9장, 총 17장을 따다놓았지만 한 끗발 차이로 3점이 안 되는 경우를 449통이라고 한다. 449통에 걸린 친구는 띠 5장을 따야 1점이 되는데 4장밖에 못 땄으며, 열끗짜리 5장을 따야 1점이 되는데 역시

4장, 피 10장을 따야 1점이 되는데 9장밖에 못 땄으니 결국 17장을 따 다냈음에도 불구하고 1점이 안 되는 것이다. 그사이 옆 친구는 똥광, 팔광, 삼광 같은 광 3장 따서 3점으로 스톱을 걸었다. 결국 게임에서 이기는 사람은 17장을 딴 사람이 아니라 광 3장으로 3점을 낸 사람이 다. 17장을 따기 위해서 많은 노력을 기울였음에도 불구하고 결국 게 임에서 이기는 사람은 자신이 잘하는 분야에 힘과 에너지를 집중해서 승부수를 던진 사람이다.

자신이 잘할 수 있는 분야에 집중하여 판세를 읽고 이번 판에는 어 떤 전략으로 밀어붙여야 승산이 있는지를 치밀하게 계산한 사람이 결 국 게임에서 승리한다. 17장을 따기 위해 힘과 에너지를 분산하기보 다는 자신이 들고 있는 화투 패에 비추어 판의 정세를 읽고 승산이 있 는 전략에 승부수를 던져야 한다. 자신이 잘할 수 있는 강점 역량에 집중적으로 투자해야 게임에서 이길 수 있다. 이것을 인생 후반전을 살아가는 중년에게 인생 경영으로 재해석해보면 자신이 잘할 수 있는 두세 가지 분야에 집중적으로 투자해서 행복한 성취감을 맛보는 전 략이다. 즉 내가 잘할 수 있는 핵심 역량을 발굴, 그 분야에 집중적으 로 투자, 성취감을 맛보는 강점 강화 전략을 사용하면 남은 인생도 행 복하게 성장하고 발전할 수 있는 전략이다. 그렇지 않고 449통처럼 17가지 분야를 다 잘하기 위해 힘과 에너지를 분산시킬 경우 나의 장 점이 드러나지 않고 다 망하는 지름길로 접어든다. 이렇게 해서 개발 된 이론이 GS-2이론이다. Go Stop(GS)에서 2등이 돈 따는 경우가 없다는 이상한 논리지만 인생 후반전에 승부수를 던질 때 명심해야 될 실천적 이론이다.

"남의 좋은 점을 발견할 줄 알아야 한다. 그리고 님을 칭찬할 줄도 알아야 한다. 그것은 남을 자기와 동등한 인격으로 생각한다는 의미를 갖는다."

- 요한 볼프강 폰 괴테의 말 중에서

39

질책은 절반으로 자책은 두 배로

🍵 질책하는 사람은 질문하지 않는다

삶이 꼬이기 시작하면 문제의 원인을 안에서 찾기보다 밖에서 찾는 경우가 많아진다. 자신은 열심히 한다고 생각하는데 다른 사람이 도와주지 않아서 매사가 안 풀린다고 생각한다. 예를 들면 자신이 기획했던 일이 기대보다 성과가 안 날 경우에 경기가 안 좋아서 사업이 망했고 친구들이 도와주지 않아서 목표를 달성하지 못했다고 생각하는 것이다. 문제의 원인이 나에게서 비롯되었다고 생각하기보다 다른 외생적 변수가 잘못되었기 때문이라고 생각한다. 그렇기 때문에 남을 질책하는 데 시간을 더 많이 투자한다.

질책하는 사람은 자신이 상대보다 뭔가 우월한 입장이라는 걸 암묵적으로 전제한다. 지위도 그렇고 전문성은 물론 인생 경험상 상대가 잘못한 점에 대해서 공개적으로 지적하는 입장에 서본 경험이 많기 때문이다. 잘못한 점을 따끔하게 지적할 필요도 있지만 이런 일은 조용히 불러서 왜 그럴 수밖에 없었는지 사연과 배경을 물어보는 게 더 필요하다. 잘못도 질끈 눈감아주고 어깨를 두드려주는 것만으로도 상대방은 잘못한 점을 알아차릴 것이다.

질책하는 사람은 창문과 거울을 사용하는 방식이 자책하는 사람과 다르다. 질책하는 사람은 뭔가 잘못되었거나 기대했던 대로 일이 풀리지 않을 경우에 창문을 바라보며 바깥의 환경이나 다른 사람들 때문이 일이 잘 안 풀린다고 말한다. 질책을 일삼는 사람은 '덕분에'라는 말보다 '때문에'라는 말을 즐겨 사용한다. 뭔가 일이 잘되면 거울을 바라보면서 자신이 노력한 덕분이라고 자화자찬을 일삼는다. 안되면 남의 탓이고 잘되면 자기 덕분이라고 말하는 사람에게 세상은 언제나 비난과 질책의 대상이다. 배움의 텃밭은 메말라가고 자기 이외에 모든 사람은 자신이 하는 일에 수동적으로 얽혀 있는 부속품일 뿐이다.

'때문에'라고 이유를 대기 시작하면 답이 없다. 사회가 이렇기 때문에, 취업이 바늘구멍만 하기 때문에, 대학이 기업이 스펙을 보기 때문에. '때문에'로 변명하는 사람은 세월이 흐른 후에 보면 80%가 그런 '때문에'의 틀 안에서 살고 있다. 하지만 '덕분에'로 바꾼 사람은 정상분포 곡선에서 빠져나간 위아래 10%, 합 20%에 분포되어 있다. 어떤 의미에서든 정상에 올라가는 사람은 이 20%에 속한 사람들이다. 안되는 방법을 찾아 변명과 자기 합리화를 늘어놓기보다 사물이나 현상을 긍정적으로 바라보고 될 수 있는 방법을 찾아가는 사람이 책임지는 사람이다. 책임은 질책보다 자책에서 나온다.

질책하는 사람은 주로 심판자의 질문을 던진다. 심판자의 질문은 '넌 왜 그 모양이니'처럼 비난의 의도가 담긴 질문이다. 문제가 발생하면 우선 야단을 친다. 아직도 정신 못 차리니까 이런 문제가 계속 발생한다고 견책하거나 힐책한다. 문제는 개선되지 않고 심리적 불안감이나 패배감만 들 뿐이다. 문제가 발생한 상황이나 전후좌우 배경을 조사하고 분석하지 않고 문제를 일으킨 사람만 나무란다. 그러면 실책은 또다시 반복될 뿐이다.

●● 자책하는 사람은 사람이 아닌 문제와 싸운다

삶을 망치고 싶은 사람은 문제가 발생할 때마다 자신은 잘못한 게 없다고 믿으면 된다. 모든 문제는 다 나 아닌 다른 사람이나 환경에서 발생했다고 생각하면 삶을 망치는 지름길을 선택한 것이다. 하지만 뭔가 다른 사람은 문제가 발생할 때마다 내 탓이라고 생각한다. 내가 잘했어도 일단 문제가 발생하면 내가 잘못한 것이 없는지 자문자답하며 남을 질책하기 전에 질문을 던져 난국을 돌파할 묘책이나 비책 또는 상책이 무엇인지를 탐구한다. 문책하는 사람에게 문제를 해결하는 대책은 고육지책, 궁여지책, 호구지책에 가깝다. 문책당하는 사람이 내놓는 대책은 주로 문제 상황을 근본적으로 개선하는 자구책이나 차선책도 아니고 임기응변적 미봉책에 불과하다.

 문책이 '심판자의 질문'과 연결된다면 자책은 '학습자의 질문'과 만난다. 자책하는 사람은 심판자의 질문을 던져놓고 사람을 야단치기보다 학습자형 질문을 던져놓고 사람보다 문제와 싸운다. 학습자의 질문은 '내가 배울 점은 무엇일까', '해결하기 위한 좋은 방법이 있을까'와 같은 질문이다. 사람과 싸울수록 문제는 꼬이지만 문제와 싸울수록 속수무책의 상황에서도 주어진 문제 상황을 탈출하는 대책은 부각되기 마련이다. 문제를 의미하는 'problem[프로블럼]'이 우리말로 번역하면 '풀어보럼'이 되는 이유다. 문제가 발생하면 엎질러진 물이기 때문에 다시 원상태로 복귀는 불가능하다. 이런 상황에서 문제를 일으킨 사람을 질책해봐야 더더욱 문제는 난제로 돌변하고 감정만 나빠질 뿐이다. 학습자의 질문은 문제가 터진 상황을 인정하고, 질문의 초점을 사람에서 문제 상황으로 튼다. 이 상황에서 우리가 취할 수 있는 최선의 대안이 무엇인지를 머리를 맞대고 찾아서 실험해본다.

 2년 전 친구와 같이 자전거를 타기 위해 섬진강을 간 적이 있다. 동서울 버스 터미널에서 버스를 타고 3시간째 가고 있는데 친구가 갑자기 우리가 버스를 잘못 탔다는 게 아닌가. 우리는 자책하기 시작했다. 어차피 버스 잘못 탄 것은 기정사실이다. 심판자의 질문을 던져봤자 이득이 되지 않는다. 친구에게 학습자의 질문을 던졌더니 묘책이 떠올랐다는 것이다. 고속버스 기사님을 설득해서 중간에 버스를 세우자는 비책이다. 실제로 기사님은 우리의 설득 전략을 순순히 따라주셨다. 덕분에 자전거를 버스에서 꺼내 가까운 톨게이트로 빠져나갔다. 섬진강 자전거 종주는 잊을 수 없는 사건과 사고의 연속이었다. 생각지도 못한 사고(事故)는 사고(思考)를 바꾸는 배움의 계기가 된다.

40

날뛰는 일은 절반으로 널뛰는 일은 두 배로

🍵 **날뛰는 사람: 몰상식-몰염치-몰지각-몰이해-몰인정**

'날뛰다'는 여러 뜻을 가진 말이다. 날듯이 기뻐서 껑충껑충 뛰는 모습 또는 함부로 덤비거나 거칠게 행동하는 모습도 있지만, 어떤 한 가지 일에 파묻혀서 몹시 바쁘게 돌아다닌다는 의미가 강하다. 날뛰는 모습은 한마디로 주변 신경 안 쓰고 자기 기분대로 살아가는 일면을 보여준다. 날뛰는 행동은 인간적 성숙의 문제다. 자신도 모르게 지금까지의 경험이나 전문성을 믿고 주어진 상황의 맥락을 파악하지 않은 채 일방적으로 자기주장만 내세울 때 드러난다. 내가 이 나이 먹도록 누구에게 함부로 당하지 않았는데 갑자기 누군가에게 업신여김을 당하거나 대접받지 못하고 있다는 생각이 들면 이성의 통제를 받기 전에 감정이 먼저 날뛰기 시작한다.

하루는 집에서 학교로 운전하는 길에, 좌회전 신호로 바뀌어서 회전하는데 왼쪽 차선에서 직진하는 차가 오고 있음을 감지했다. 지금 좌회전 신호라는 신호를 줘도 막무가내로 직진하는 차량에게 창문을 열고 지금 당신은 빨간불이니 정지하라고 말해도 자기 신호가 떨어진 것처럼 행동하는 걸 본 적이 있다. 내 말은 듣지도 않고 오히려 욕설을 쏟아내는 것을 보며 적반하장의 무례함을 느꼈다. 분명히 자기 잘못임에도 불구하고 신호를 지키는 사람에게 저렇게 말하고 행동하는 짓은 어디서 배운 것일까.

날뛰는 사람은 몰씨 집안이 낳은 오형제다. 첫째, 날뛰는 사람은 몰상식한 사람이다. 상식이라고 생각해서 당연히 그렇다고 생각하는 걸 그렇지 않게 받아들이고 행동하는 사람에게 할 말이 없다. 둘째, 날뛰는 사람은 몰염치하다. 부끄러워할 줄 아는 사람이 염치를 아는 사람인데, 자기 생각과 행동이 왜 부끄러운지를 모를 때, 다시 할 말을 잃는다. 셋째, 날뛰는 사람은 몰지각한 사람이다. 분별력과 상식이 없어서 깨달아 아는 게 없는 사람이 몰지각한 사람이다. 넷째, 날뛰는 사람은 몰이해하는 사람이다. 이해력이 전혀 없는 사람을 만나면 그저 이 해가 가기를 기다릴 뿐이다. 다섯째, 날뛰는 사람은 몰인정한 사람이다. 다른 사람의 입장에서 생각하고 배려하려는 마음이 눈곱만큼도 없는 사람이다.

날뛰는 정도가 심하면 다른 사람에게 몰매를 맞을 수도 있다. 뭔가를 성취해서 느끼는 기분은 껑충껑충 날뛰어도 충분하지 않다. 다만 다른 사람에게 심리적 상처를 주거나 물리적으로 피해가 될 정도로 날뛰기 시작하면 상대방이 자기 일에 몰두하거나 몰입할 수 없는 불편함을 유발할 수 있다. 나이가 들수록 몰씨 집안이 낳은 오형제와는 거리를 떨어뜨리는 게 상책이다.

●● 널뛰는 사람: 상대를 성장시켜주는 팔방미인

날뛰는 사람은 상대방 신경 쓰지 않고 자기 기분대로 발설하거나 행동하면 된다. 하지만 널뛰는 사람은 널뛰기처럼 상대방과의 긴밀한 관계에서 내가 어떤 동작을 취할 것인지를 결정해야 되는 사람이다. 널뛰기의 원리를 살펴보면 날뛰는 사람보다 널뛰는 사람을 만나야 하는 이유를 깨닫는다. 널 띄워주지 않으면 나는 날뛸 수 없다. 상대를 최대한 높이 안전하게 띄워주는 나의 노력이 결국 나도 상대와 같이 높이 뛸 수 있는 비결이다. 널뛰기를 하는 동안 시선과 관심은 시종일관 상대를 향하며 배려하고 존중하는 마음으로 임해야 한다. 널뛰기는 결국 더불어 살아가는 공존의 미덕이자 상생의 가치를 담고 있는 우리 모두가 추구해야 할 인간관계의 전형이다.

널뛰기를 잘하려면 주어진 상황적 맥락에서 어떤 반응을 해야 될지 주의 깊게 관찰하는 것은 기본이다. 나아가 내가 어떤 반응을 보여주는 것이 맥락에 맞는 대응인지를 순간순간의 흐름을 타며 판단해야 한다. 이때 맥을 잘 짚어내는 사람을 진맥을 잘한다고 하고 엉뚱하게 맥을 잘못 짚어내는 사람은 숙맥이라고 한다. 날뛰는 사람의 특징은 맥락과 무관하거나 맥락에 맞지 않는 안하무인의 행동을 한다는 것이다. 반면에 널뛰는 사람은 상대방이 무슨 말을 하고 있으며, 그 말이 나에게 던져주는 시사점이 무엇인지, 나에게 요구하는 반응은 무엇인지를 감각적으로 파악해서 대응하는 맥락적 사유의 소유자다. 날뛰는 사람은 자기 이야기만 일방적으로 퍼붓지만 널뛰는 사람은 상대방의 언어에 감정적으로 조응하면서 당시의 상황에 어울리는 협력적 언어를 공감각적으로 사용한다.

널뛰는 사람은 자세를 낮춤이 높임이라고 생각한다. 나를 낮추고 상대를 높여주면 덩달아 나도 높아진다는 원리를 체득한 사람이다. 날뛰는 사람은 자만을 넘어 오만과 교만의 극치를 보여주지만 널뛰는 사람은 왼손과 오른손보다 겸손을 더 소중하게 생각하면서 역지사지 입장에서 배려하고 존중하는 습관이 몸에 밴 사람이다. 날뛰는 사람은 오늘보다 나를 얼마나 더 내세울까를 생각하지만 널뛰는 사람은 어떻게 상대를 오늘보다 더 뛰는 기분으로 만들어줄까를 고뇌하고 행동으로 보여준다. 널뛰는 사람은 상대에게 늘 감동적인 사건을 만들어주려고 노력한다.

오늘 널뛴 기분은 절대로 반복될 수 없고 대체할 수 없는 일생일대의 사건이다. 진정한 널뛰기란 서로의 존재 자체를 존중해주면서 어제와 다르고 오늘보다 더 소중한 경험을 선사하려는 즐거운 애쓰기다. 오늘 상대와 함께했던 행복한 널뛰기를 돌이켜 생각하면서도 내일은 오늘보다 더 멋진 널뛰기를 상상하는 경험, 진정한 널뛰기 경험은 아직 도래하지 않은 꿈이라고 미뤄두는 기다림과 그리움에 널뛰기는 늘 어제와 다르게 태어나는 사건이다.

탄성이 절로 나는
통쾌한 행복 처방전

행복은 추상 명사가 아니라 동사다

행복한 중년을 보내는 사람은 한탄보다 감탄사를 연발하는 탄성이 일상이다. 타성에 젖은 사람은 한탄하지만 탄성으로 무장한 사람은 매사에 감탄한다. 이들은 행동하면 행복해지고 행운도 따라온다고 믿는다. 행복을 추상 명사로 생각하지 않고 동사로 생각하는 것이다. 망설이고 고민하고 걱정하는 시간보다 심장 뛰는 설렘으로 매 순간을 영원히 돌아오지 않는 의미심장한 시간으로 보낸다. 또한 남과 비교하기보다 어제의 나와 비교하면서 오늘은 무엇이 더 나아지고 있는지를 부단히 자문한다. 이들은 비교의 언어는 가급적 쓰지 않고, 비유하는 언어로 사유의 깊이와 넓이를 심화하고 확산해간다.

한편 이들은 삶의 속도를 줄이고, 매 순간 느끼는 충만감을 의미하는 밀도는 두 배로 늘리는 삶을 살아간다. 속도가 빨라지면 세상을 다르게 볼 수 있는 각도도 좁아지고 삶의 밀도는 한없이 낮아지면서 행복감은 반감된다. 밀도 높은 삶을 위해 이들은 물건을 구매하는 경험보다 낯선 세계로 떠나는 여행이나 도전 경험을 구매하는 삶을 산다. 물건을 구매하는 순간 욕망은 충족되지만 순식간에 허망해진다. 하지만 경험을 구매하는 순간 추억의 한 페이지로 장식되며 그 감동과 기쁨은 오랫동안 지속된다.

인생 후반전이 행복해지려면 머리로 계산하는 이해타산은 절반으로 줄이고, 가슴으로 타인의 아픔을 사랑하는 측은지심은 두 배로 늘려야 한다. 그리고 지금 당장 하지 않아도 별다른 문제는 일어나지 않지만 장기적인 측면에서 행복한 삶으로 이끌어가는 소중한 일을 중심으로 하루 일과를 엮어가야 한다. 중년 이후의 삶은 고속 성장을 목표로 하고 나만 아는 나로 살기보다 저속이지만 내면적 성숙을 통해 어제와 다른 포용하는 나로 변신하는 삶이 주축이 되어야 한다. 남과 경쟁하면서 외형적 성장만 추구했던 전반전의 삶을 반성하고 더 낮은 자세로 깊이 배우자. 나의 인생 후반전은 보다 행복한 삶으로 다가올 것이다.

41
타성은 절반으로
탄성은 두 배로

🍵 타성에 젖어 끌려가면 한심한 인생을 살게 된다

타성은 웬만한 타격으로는 깨지지 않을 정도로 굳어져서 습관적으로 반복하는 좋지 못한 습성이다. 사람의 뇌는 새로운 자극이 입력되지 않으면 습관적으로 생각하는 타성에 젖어버리고 기존에 하던 방식을 고수하려는 버릇이 생긴다. 나이가 들수록 신체적 움직임의 반경이 좁아지면서 자신도 모르게 타성에 빠지기 쉽다. 거의 20년을 피우던 담배를 끊어버리기로 결단한 건 풀코스 마라톤을 뛸 때마다 유독 가쁘게 쉬는 숨과 내가 생각해도 흡연으로 찌든 냄새에서 벗어나고 싶다는 충동 때문이었다. 타성에 젖은 습관은 남들도 하니까 나도 무의식적으로 따라 하다가 생긴 나쁜 습성이자 관성이다. 타성에 젖어 살아가는 삶은 타락한 삶이며, 세상과 타협해서 살아가려는 안이한 태도의 역사적 산물이다.

타성은 누가 봐도 타당성이 없는 삶의 습성이다. 타성은 하던 대로 반복하거나 살아왔던 방식대로 따라갈 때 생기는 답답한 습관이다. 행복은 시작하기 전에 설레는 일이나 생각만 해도 기분이 좋아지는 일을 할 때 다가오는 삶의 충만감이다. 타성에 젖어 살아가면 매 순간을 어쩔 수 없이 시간을 때운다고 생각하거나 늘 해왔던 일이니까 다가오는 시간을 어제와 다른 느낌으로 맞이하기 어렵다. 살던 대로 살아가는 사람은 내가 주도적으로 뭔가를 추진하면서 주인 의식을 갖기보다 누군가 정해놓은 가치 판단 기준을 기계적으로 따라가거나 그에 끌려가는 사람이다. 끌려가는 삶은 남을 위한 답답한 삶이지만 끌리는 삶은 자신을 위한 가슴 뛰는 삶이다. 끌리는 삶을 살아야 남에게 끌려가지 않고 남을 끌고 갈 수 있다. 끌려가는 인생을 살지 말고 끌리는 삶을 살자.

검도에는 중단 겨눔이란 게 있다. 잠시 멈춰 서 있는 것처럼 보이지만 사실 다음 공격을 위한 치열한 준비 동작이다. 멈춰 있어도 그냥 멈춰 서 있는 게 아니다. 중단 겨눔 속에는 폭풍 전야의 긴장감이 감돈다. 멈춰 있으면서도 공격을 준비하는 것이고 공격하면서도 순간순간 멈추지 않으면 공격은 실패로 끝난다. 중단의 겨눔이 있어야 자신의 위치를 파악할 수 있고, 어디를 공격할지 포착할 수 있다. 중단의 겨눔은 급소를 포착하는 치열한 준비의 시간이다. 끌려가는 인생을 지금 당장 멈추지 않으면 몸이 망가지고 불행이 시작된다. 모든 것은 멈춤에서 시작된다. 지금 멈추지 않으면 내일 달릴 수 없다.

중년 이후는 철저하게 끌림이 있는 삶을 살아가자. 끌림이 있고 감탄사가 연발되어야 내가 좋아하는 뭔가에 마음이 홀려서 대책 없이 빠질 수 있다. 흠뻑 뭔가에 빠져야 완전히 그 분야를 알 수 있다. 빠지지 않으면 자빠진다. 스스로 깊이 빠져 몰입하고 열정을 불태워야 경지에도 오를 수 있다. 떨림이 있는 삶, 끌림이 있어서 어찌할 수 없는 삶이라야 지금 이 순간도, 앞으로 다가오는 삶도 흥미진진하지 않을까. 타성에 빠져 끌려가는 인생을 살수록 열심보다 한심한 시간이 반복되면서 불행한 삶으로 달려가는 급행열차를 타게 된다.

●● 감탄이 나올 만큼 행복해지는 가장 쉬운 방법

행복(happiness)은 생각지도 못한 해프닝(happening)이 일어날 때 느끼는 경우가 많다. 중년 이후에는 지금까지 내 삶의 무대였던 곳을 떠나 이제껏 가보지 못했던 낯선 곳으로 자주 떠나보자. 자기도 모르게 감탄사를 연발하는 탄성이 살아 움직이기 시작할 것이다. 2014년 크로아티아를 여행하면서 몸으로 느낀 행복감이 아직도 생생하다. 지금 내가 여기서 보고 듣고 만지며 느끼는 지중해의 쪽빛 컬러와 파도와 함께 다가오는 바람, 그리고 하늘과 바다가 만나는 저 수평선의 끝에서 벌어지는 격렬한 포옹을 내 몸으로 느끼는 순간이 행복이었다. 눈썹을 휘날리게 하고 머리를 흔들어 깨우며 몸과 맘을 환기시키는 아드리아해의 바닷바람은 지금 내 신체가 여기 있기에 감각적으로 느낄 수 있는 선물이었다. 여행은 멀리서 내다보거나 내려다보는 관망이 아니라 내 몸이 감각적으로 느끼는 관능임을 깨달았다. 추상적인 행복보다 지금 여기서 느끼는 구체적인 일상, 그 일상의 사소한 즐거움이 나에게는 더없이 소중한 행복이다.

내가 하루 여행을 통해 무엇을 먹고 어디를 거닐었으며, 거기서 나의 신체가 어떤 반응을 보이고 감각적으로 느꼈는지, 그리고 어디서 잠을 잤으며 아침에 일어나 무엇을 느꼈는지 이런 사소한 하루 일과의 연속에서 내 오감이 반응하는 과정을 느끼다 보면 중요한 것과 중요하지 않은 것의 구체적인 차이를 실감한다. 남의 기준으로 살아가다 보면 내 삶과 나의 이야기는 실종된다. 남의 이야기를 하면서 하루 종일 시간을 낭비한다. 나에게 중요한 것은, 아니 중요한 것보다 정말 소중한 것은 신체가 존재하는 동안 신체와 더불어 일어나는 내 삶의 일상이다. 일상적 삶에서 신체와 더불어 부딪히는 모든 체험적 일상이 내 행복의 원천이다.

그런데 대부분의 사람들은 신체가 건강하고 사지가 멀쩡할 때 미래의 언젠가 향유할 행복을 담보로 가정법 인생을 산다. 그렇게 고생 끝에 달콤한 미래가 온다는 고진감래를 믿고 달려왔지만 마지막으로 내 몸에 남는 것은 신경통과 관절염, 연골 파괴와 디스크 등의 병뿐이다. 여행은 그런 면에서 너무나 경이로운 신천지의 체험을 내 신체로 온전히 겪어보는 감동의 연속이다! 지금 당장 행복하다고 느끼지 않으면 언제 이 느낌을 다시 향유할 수 있다는 말인가. 그래서 행복은 언제나 지금 여기서 현재 진행형이다. 과거에 행복했다는 말은 지금도 행복하다는 말이 아니며 앞으로 행복할 것이라는 말 역시 지금 행복을 만들어낼 수 있는 게 아니다. 그 행복은 두 발로 가보고 싶은 곳을 가보며 두 손으로 만져보고 두 눈으로 확인하고 귀로 들으며 온몸으로 느끼는 이 순간이 가장 행복한 순간이다. 지금 행복하다고 느끼지 않으면 미래에도 여전히 행복하지 않을 수 있다.

두브로브니크의 절벽 카페에서 일몰을 감상하며 마신 맥주 맛, 그 맛에 젖어 저녁노을을 벗 삼아 한 편의 글을 써 내려간 과정은 아직도 내 몸에 강렬한 추억의 한 페이지로 남아 있다. 여행은 익숙한 세계를 떠나 낯선 세계와의 신체적 접촉을 통해 오감을 자극하는 과정이다. 여행은 또한 익숙한 세계에서 늘 봤던 익숙한 것을 이전과 다르게 보고 다르게 느끼며 감탄사를 연발하는 과정이기도 하다. 감탄사를 연발하는 빈도와 강도가 내가 지금 얼마나 행복한지를 결정하는 지표다. 나의 행복을 위해 짧든 길든 새로운 곳으로 여행을 떠나야 하는 이유다.

"얼마나 멋진 일인가요. 운명을 사랑한다는 것은 세계를 향해 뛰어든다는 것입니다. 뛰어드는 순간 우리는 이 세계가 온갖 우연이라는 만남에서 '나'를 발견해내어 새로운 '시작'이 태어나는 곳이라는 사실을 알 수 있습니다."
- 미야노 마키코와 이소노 마호의 《우연의 질병, 필연의 죽음》[42] 중에서

42

망설임은 절반으로
설렘은 두 배로

🥣 망설이다 다 망한다

공사다망하면 다 망한다. 공사다망하면 공적인 일이든 사적인 일이든 다 망한다는 뜻이다. 그러니 공사다망해도 공사를 구분하고 마음을 다잡고 망중한을 즐겨야 공사에 관계없이 제대로 된 성과를 낼 수 있다. 공사다망하다는 이야기는 아직 뭔가에 집중할 한두 가지를 결정하지 않고 이것저것 다 잘하려는 욕망에 사로잡혔다는 뜻이다. 결국 공사다망은 잘하고 싶은 욕망이 한두 가지가 아니라 여러 가지라 정작 중요한 한두 가지에 승부수를 던질 수 없다는 뜻이다. 공사다망은 미련과 아쉬움이 많아서 끊어내지 못하고 모든 걸 끌어안고 가다가 결국 자신이 좋아하는 일도 모른 채 그 많은 일에 끌려가는 신세가 된 것이다.

하지만 더 망하는 지름길은 따로 있다. 바로 망설임을 반복하는 것

270 2분의 1

이다. 망설임을 계속 유지하면 되는 것 하나도 없고, 다 망하는 탁월한 지름길로 직진한다. 망설임은 설익음을 재촉한다. 충분하지 않고 완성 단계에 이르지 못했지만 설렘은 그 자체로 설익음을 능가하는 아름다움의 씨앗이다. 하지만 시작하지 않으면 설렘은 몸 사림으로 끝날 뿐이다. 망설이는 동안 뇌가 하는 일은 하나뿐이다. 어떻게 하면 시작하지 않을지 그 이유나 핑곗거리를 찾기 위해 동분서주한다. 망설이는 동안 뇌는 하나둘씩 시작하지 않아도 되는 이유를 찾아내면서 자기 합리화의 길을 모색한다.

나는 후지산 등반을 1년 전에 결정하고 망설이지 않고 결연한 마음으로 결단하고 실행했다. 하지만 계획을 세워도 실제 행동으로 연결시키지 못하는 경우가 부지기수다. 결단을 보류하고 검토를 거듭하는 이유는 그저 그런 수많은 일들이 우유부단을 먹고 살면서 맴돌고 있기 때문이다. "우물쭈물하다 내 이렇게 될 줄 알았다." 조지 버나드 쇼의 묘비명에 쓰인 말이 많은 사람들에게 현실이 될 때 삶은 후회의 연속이 된다.

미루는 사람에게 미래는 지루함의 연속일 뿐이다. 할까 말까 망설이다가 미루던 일이 여전히 미정 상태로 남아돌면 미래는 우유부단해지고 다 망하는 지름길이 펼쳐진다. 앞으로 남은 나이가 많지 않았다고 생각할 때 우리는 망설이는 시간보다 심장 뛰는 삶을 위해 지금 당장 내가 무슨 일을 할 것인지를 더 심각하게 고려해봐야 한다. 마지막

최종 결단의 우승자는 검토를 거듭하다 의사 결정을 미루는 망설임을 끊고 과감하게 결행한 《끈기보다 끊기》[43]의 주인공이다.

●● 설레면 모레도 심장이 뛴다

후지산 등반을 계획하면서 심장 뛰는 설렘을 만끽했다. 우리가 언제 만끽해본 적이 있는가? 행복한 삶은 만끽의 정도에 정비례한다. 계획이나 검토 또는 분석은 짧게 하고 행동은 즉시 그리고 시행착오를 겪더라도 이리저리 하다 보면 요리조리 잔머리 굴리는 생각보다 훨씬 영향력을 행사할 수 있는 체험적 깨달음을 축적할 수 있다. 오랫동안 검토하고 분석하며 계획 수립에 많은 시간과 에너지를 낭비할수록 삶은 비참해지는 지름길로 접어든다. 계획과 분석 그리고 검토는 짧게 마치고 곧바로 실행에 옮기는 삶을 살아가면 많은 깨달음의 축제를 즐길 수 있다. 시행착오도 겪고 색다른 체험적 각성도 할 수 있는 배움의 여정에 자신을 던져놓고 어제와 다른 나로 거듭나는 길을 걸어갈 때 행복감은 배가된다.

후지산 등정에서 깨달은 첫 번째 느낌은 정상에는 정상이 없다는 깨달음이다. 정상이라고 생각해서 올라가봤지만 정상은 또 다른 곳에서 정상을 정복하려는 사람을 기다리고 있었다. 후지산 정상이라고 생각했던 3,720m 지점에는 정상이 없고 약 50m를 더 왼쪽으로 걸어 올라가야 후지산의 진정한 정상인 겐가미네봉이 위치하고 있었다.

정상은 또 정상 위에 존재하고 있었다.

후지산 등정에서 깨달은 두 번째 느낌은 지금의 한 걸음이 미래의 밑거름으로 작용한다는 평범하지만 비범한 배움의 메시지다. 정상에 오르려는 사람은 계단의 지혜를 배워야 한다. 계단의 의미는 뒤집는 순간 직감적으로 깨달음이 다가온다. 계단을 뒤집으면 단계가 된다. 계단은 늘 우리에게 자신을 뒤집으면 단계가 된다고 알려준다. 후지산 정상에 이르는 길은, 한 걸음의 축적만이 인생을 사는 소중한 밑거름이 될 수 있음을 나에게 알려주었다. 평범한 보행이지만 축적되면 기적이 시작되는 비범한 행보가 첫걸음을 뗀다. 작은 발걸음의 진지한 축적이 미래 밑거름을 만드는 지름길 처방전이다.

후지산 등정에서 깨달은 세 번째 교훈은 "끝없이 이어진다"는 말은 잘못된 말이라는 사실이다. 끝없이 이어지지만 끝은 반드시 끝에만 존재한다. 올라갈 때도 다음 목적지는 어느 정도 파악하고 걸음을 재촉하면서 쉽게 도착할 것이라고 생각했다. 하지만 가도 가도 끝이 보이지 않는다. 그래도 끝은 언제나 끝에만 존재한다. 끝을 만날 수 있는 사람은 '그럼에도 불구하고 끝까지 가는 사람'이다. 끝은 내려갈 때도 쉽게 보여주지 않는다. 한참을 내려왔다고 생각하지만 쉼터가 나오는 끝은 여전히 멀리 떨어져 있다. 끝은 언제나 끝까지 희망을 갖고 가봐야 만날 수 있는 절망의 종착역이다.

악전고투 끝에 후지산 정상 등반에 성공한 원동력은 설렘이다. 심장이 뛰기 시작하면서 다가오는 설렘은 세상을 바라보는 프레임도 이전과 다른 방식으로 바꿔버린다. 또 설렘이 시작되면 절실했던 꿈의 목적지로 가는 움직임이 이전과는 판이하게 다르게 작동되기 시작한다. 설렘은 이전과 다르게 움직임의 강도를 높이는 심리적 자극제다.

한편 설렘 속에는 수많은 가능성의 꿈들이 저마다의 목소리로 속삭이기 시작한다. 설렘이 시작되면 속삭임의 강도는 더욱 우렁차게 울려 퍼지기 시작한다. 설렘의 강도가 높아지고 강렬해질수록 통제가 불가능해지며 지속적인 열정은 물론 단속적인 정열이 시도 때도 없이 출몰하면서 그 어떤 악조건도 다 수용할 수 있을 정도로 대책 없는 믿음이 생긴다. 설렘은 모든 걸 맡겨버려도 아무런 걱정이 없을 것이라는 자기 확신을 주면서 심장박동을 가속화시킨다. 설레면 오늘도 내일도 모레도 심장이 뛴다.

"어제처럼 오늘도 같은 느낌이라면, 그것은 느낀 것이 아니라 어제 느꼈던 것을 오늘 기억해낸 것이며, 어제는 살아 있었지만 오늘은 그렇지 않은 것의 살아 있는 시체가 되었음을 의미한다. 지금 밝아오는 이 아침은 이 세상 최초의 아침이다."

- 페르난두 페소아의 《불안의 서》[44] 중에서

43

속도는 절반으로
밀도는 두 배로

🥣 속도는 삶을 불행하게 만드는 속상한 원흉이다

지나치게 빠르게 지나가면 그림 같은 풍경도 그냥 스쳐 지나간다. 속도가 높아질수록 제아무리 아름다운 가을의 풍광도 보이지 않고 흐릿한 과거의 추억으로 사라진다. 속도가 붙을수록 삶을 새롭게 볼 수 있는 각도도 줄어든다. 각도를 다르게 가져가려면 삶의 속도를 절대적으로 줄여야 한다. 가을에 코스모스 핀 길을 전속력으로 달리면 코스모스는 점으로밖에 보이지 않는다. 아름다운 순간도 하나의 점으로밖에 보이지 않는 불행의 씨앗이 자라기 시작한다.

"낮엔 업무, 밤에 투석: 바쁜 직장인들을 위한 슬기로운 야간 투석"이라는 광고 문구가 사람을 기절하게 만든다. 얼마나 바쁘게 살았으면 신장 투석을 할 정도로 자기 몸을 보살피지 않았으며, 얼마나 더 목표를 달성하려고 낮에는 직장에서 바쁘게 일하고 밤에는 야간 투석을 할 정도가 되었을까. 무엇을 위해 누구를 위해 우리는 이렇게 바쁘게 앞만 보고 달리는 속도 경쟁에 내몰린 것일까. 나는 지금 어디로, 왜 가고 있는가? 목적의식과 방향을 상실한 채 앞만 보고 전속력으로 달리고 있지는 않은가? 짧은 시간이라도 잠시 멈춰 서서 하루를 반성해보곤 하는가? 달리기 전에 멈추고, 달리는 도중에 멈춰 서서 잠시 지나온 길을 돌이켜보고, 지금 왜 여기에 있는지를 반성해보며, 앞으로 갈 길을 생각해보자.

강남에 50평짜리 아파트를 마련한 어떤 부부가 있다고 하자. 그들은 꿈을 실현하기 위해 휴일도 반납하고 야근도 불사했다. 드디어 꿈에 그리던 아파트를 마련하는 순간, 부부는 진한 행복감이나 가슴 벅찬 성취감을 맛볼 겨를도 없이 또 다른 목표를 향해서 달려간다. 베란다도 테라스 카페처럼 꾸미고 비싼 독일제 커피머신과 극장의 음향 시설처럼 첨단 오디오 시스템도 설치했다. 하지만 부부는 자신들이 이룬 물질적 시설을 향유할 시간이 없다.

부부는 아파트 평수가 부족해서 더 늘려야 하기 때문에 이전보다 더 빠른 속도로 목표를 향해 질주한다. 아침 먹을 시간도 없어서 운전하면서 짜 먹는 죽으로 식사를 대신하면서까지 질주를 계속한다. 어느 날 아침 부부는 죽을 먹으면서 운전하다 신호등을 잘못 보고 안타깝게 불의의 사고로 죽었다. 행복은 속도가 아니라 밀도에서 나온다. 밀도는 우리가 삶의 매 순간 느끼는 삶의 충만감이다. 전속력으로 달려서 목표를 달성하면 행복해야 하지만 다른 목표가 이전과 더 빠른 속도로 달려가기를 요구한다. 목표는 궁극적으로 도달해야 할 마지막 골인 지점이 아니다. 또 다른 목표를 향해 지나가야 할 간이역에 불과하다. 목적지를 향한 질주가 행복이 널려 있는 수많은 간이역을 지나치게 만드는 원흉이다.

●● 행복은 밀도감에서 느끼는 감탄사다

행복이 보통 명사를 넘어 동사인 이유는, 행복은 매 순간 내가 하는 행동에 따라 결정될 수 있기 때문이다. 보잘것없는 것일지라도 남과 나누는 행동 속에서 무한한 행복을 느낄 수도 있다. 누군가를 위해 내가 할 수 있는 작은 선의를 베푸는 과정에서도 얼마든지 행복을 만끽할 수 있다. 행복은 거창한 무엇인가를 성취해야 비로소 느낄 수 있는 원대한 목표가 아니라 소소한 일상에서도 얼마든지 느낄 수 있는 살아가는 삶 자체다.

해 질 녘 저녁노을과 해 뜨는 광경을 보고 자연의 경이로움에 감탄하는 순간도 행복한 순간이며, 혹한의 추위를 나목으로 견디다 마침내 새봄을 맞이하여 새싹을 틔우는 나무를 보면서 숙연해지는 순간에도 행복은 밀려올 수 있다. 아침에 일어날 수 있는 힘이 있고 내가 보고 느낀 점을 생각하면서 글을 쓸 수 있다는 사실만으로도 얼마든지 행복감에 젖을 수 있다. 이런 점에서 살아가면서 매 순간 내가 느끼는 의미의 밀도가 행복의 척도다.

저녁에 잠자리에 들기 전에 하루를 곰곰이 생각해보면서 하찮은 일, 보잘것없는 일, 그리고 늘 보고 지나간 일에도 감동을 했다면 나의 하루는 행복한 것이다. 행복은 보통 사람은 꿈도 꿀 수 없는 지난한 과제이거나 거창한 계획을 통해서 어렵게 이룰 수 있는 추상적 담론이 아니다. 오히려 행복은 지금 갖고 있는 것, 지금 내가 할 수 있는 것만으로도 얼마든지 느낄 수 있는 그래서 지금 이 순간에도 얼마든지 체험할 수 있는 보통 명사이자 작은 실천에서도 얻을 수 있는 감탄사다.

사람이 불행한 이유는 여러 가지 이유가 있겠지만 목표 중심, 결과 중심으로 살아가기 때문이다. 목숨 걸고 목표를 달성하고 나면 자의 반 타의 반 또 다른 목표가 나타난다. 그 목표를 달성하고 또 다른 목표를 이루어 끊임없이 무슨 결과를 만들어내지만 영원히 만족하지 않고 달리기만 한다. 순간이 영원을 지배한다! 우리가 보내는 매 순간을 영원히 잊을 수 없는 추억거리로 만들어야 삶의 모든 순간이 밀도감 있게 다가온다.

"모든 행복은 느긋한 아침 식사에 달려 있다."
- 미국의 저널리스트 존 건서의 말 중에서

44

물건 구매는 절반으로
경험 구매는 두 배로

상품 구매에 빠져 살수록 시장의 부속품으로 전락할 뿐이다

사면 또 사고 싶게 자본은 디자인을 바꾼다. 없었던 욕망은 다시 꿈틀거린다. 사람은 생필품 또는 필수품이 아니어도 다양한 신제품이나 신상품을 끊임없이 사들인다. 상품은 끊임없이 사고 싶은 욕망을 자극하는 소모품이자 일용품이다. 구매 욕망을 자극하기 위해 상품은 비매품으로 둔갑하기도 하고, 수입품으로 변신하기도 하며 사은품으로 유혹하기도 한다. "나는 산다. 고로 존재한다"는 말이 성립할 정도로 우리는 많은 물건을 사들이며 소비 욕망을 충족시키며 살아간다.

하지만 나이가 들수록 물건 구매를 줄여야 하는 가장 중요한 이유는 은퇴 자금을 마련하기 위한 준비를 가급적 일찍 시작해야 되기 때문이다. 은퇴 준비는 경제적 자산만 준비한다고 되지 않는다. 가장 소중한 준비는 나 자신을 명품으로 개발하는 노력이다. 즉 전반전을 살아온 체험적 노하우를 집대성해서 자기만의 고유한 콘텐츠로 창조하는 작업이다. 특정 분야의 멘토나 코치, 또는 강사가 되는 준비에 절대적으로 필요한 노력 중 하나가 바로 자기 삶을 한 권으로 엮는 책 쓰기다. 늦기 전에, 더 늙기 전에 내가 살아온 삶의 족적을 한 권의 책으로 엮는 작업은 일생일대 가장 멋진 버킷 리스트가 될 것이라고 믿어 의심치 않는다. 책을 쓰는 일은 지금까지의 삶을 반추해보고 앞으로는 이전과 다른 삶을 살겠다는 결단과 발로의 산물이다. 책 쓰기야말로 어떤 물질적 자산 관리보다 더 소중한 지적 자산을 정리하고 축적하는 필생의 숙제이자 축제가 아닐 수 없다.

우리들의 삶은 이미 책 한 권이다. 내 삶을 나의 문제의식으로 녹여내는 책 쓰기야말로 내 삶을 작품으로 만들고 그 누구의 작품과도 비교할 수 없는 고유한 명품으로 만드는 작업이다. 작품은 창작자의 열정과 철학, 혼과 마음이 고스란히 들어가 있다. 이에 반해 상품은 고객의 욕망을 자극해서 많이 팔기 위해서 만든다. 상품은 그래서 신상품으로 끊임없이 대체된다. 그러나 상품에 쉽게 모방할 수 없는 컬러와 철학이 담기면 명품이 된다.

진정한 명품은 밖에 있지 않고 안에 있다. 안에서 빛나는 명품일수록 오래가고 그 사람만의 그윽한 향기가 은은하게 퍼질 수 있다. 명품을 발품 팔아 밖에서 찾으면 반품할 수 없는 거품과 소품 인생이 될 수 있지만, 명품을 자신의 성품과 인품에서 찾으면 누구도 갖고 있지 않은 자신만의 작품을 만들어 기품을 발휘할 수 있다. 자기만의 명품은 하루아침에 탄생하지 않는다. 매일 하루도 쉬지 않고 자신만의 컬러를 가꾸어나가다 보면 어느 순간 자신의 명품이 빛을 발하기 시작한다. 일단 빛을 발하기 시작한 명품은 하찮은 세류와 세파에도 아랑곳하지 않고 세상의 어둠을 밝힐 수 있는 등불이 될 수 있다. 내 명품은 그 어떤 상품이나 작품하고도 비교되지 않는 내면의 향기다. 눈을 안으로 돌려 나만의 향기를 낼 수 있는 컬러와 스타일, 나의 명품을 개발하고 있는지 들여다보자. 답은 밖에 있지 않고 안에 있다.

나는 명품을 밖에서 찾고 있는가? 아니면 내 안에서 찾고 있는가? 명품을 구매와 소유의 대상으로 생각하는가? 아니면 혼신의 힘을 다해 작품성을 반영하는 개발의 대상으로 생각하는가? 나만의 작품을 명품으로 만들기 위해서 지금 나는 어떤 노력을 전개하고 있는가? 나의 작품에 담고 싶은 철학은 무엇인가? 다른 작품과 구분되는 내 작품의 독창적 컬러와 향기는 무엇이라고 생각하는가? 무턱대로 자본의 숨은 의도가 담긴 상품 구매에 현혹되지 말고 나만의 작품을 개발하기 위해 경험을 구매하는 것은 어떨지 생각해본다.

●● 사는 것이 달라지면 사는 것도 달라진다

나는 딸과 아들을 두고 있다. 둘 다 자신들이 원하는 유학을 준비해서 해보고 싶은 분야에 도전해, 내가 보기에 행복하고 성공적인 학창 시절을 보냈다. 자식들의 행복한 유학 생활 반대편에는 아빠의 뼈를 깎는 지식 노동이 숨어 있다. 그동안 책을 100여 권 쓰거나 번역했고 월평균 외부 강연은 최소 10회 이상을 해서 번 거의 모든 수입은 아이들 학자금에 투자되었다. 나의 교육관은, 본인이 좋아하는 것을 마음껏 즐기면서 자신이 하면 재미있는 일을 찾아가게 만드는 방목형 학습이다. 50대 후반까지 교육비를 충당하기 위해 고군분투한 삶에 후회는 없다. 나는 덕분에 빠른 속도로 책을 쓸 수 있는 내공이 생겼고, 대중을 상대로 감동적인 설득력으로 강의할 수 있는 노하우를 배우게 되었다. 이것이 나의 가장 소중한 노후 자산이다. 내가 산 것은 물건이 아니라 경험이었고, 경험을 통해서 깨달은 통찰력으로 책을 쓰고 그 책으로 강연을 하면서 가장 경쟁력 있는 자산 중에 지적 자산을 축적하게 된 것이다.

내가 좋아하는 책을 읽고 쓰며, 쓴 책으로 강연할 수 있는 독창적인 콘텐츠는 돈으로 환산할 수 없는 자산이다. 물건보다 경험을 사오면서 온몸으로 깨달은 체험적 통찰을 나만의 언어로 정리하는 과정에서 갖게 된 소중한 지적 자산이다. 책을 쓰는 노하우가 생기다 보니 책 쓰기 코칭을 통해 운명을 바꾸는 책 쓰기 작가를 양성할 수 있는 기반이 마련되었고, 나만의 체험적 깨달음으로 책을 쓰니 대중이나 기업으로부터 강연 요청을 받는 선순환이 가속화되고 있어서 65세 은퇴를 해도 크게 걱정되지 않는다. 책도 물건이지만, 내가 사서 읽고 감동받은 책을 다른 사람에게 선물로 주면 가장 감동적인 뇌물이 될 수 있다. 뇌를 말랑말랑하게 해주는 최고의 선물이 책이기 때문이다. 인생 후반전에 접어들수록 책을 통해 다른 사람의 삶에 접속하는 것을 권한다. 나와 다르게 살아가는 사람들의 생각도 배우고 내 삶을 변화시키는 지적 각성제로도 활용하면 시련과 역경을 극복할 수 있는 정신 근육도 생긴다.

행복한 사람들이 다르게 사는(live) 이유는 사는(buy) 것이 다르기 때문이라고 한다.[45] 당신이 소비하는 것을 보면 어떤 삶을 살아가는 사람인지를 알 수 있는 법이다. 이제 물건보다 경험을 사는 삶을 살아가야 할 시점이다. 물건보다 경험을 사게 되면 최고의 강점은 경험하면서 깨달은 체험적 교훈을 누구도 대체할 수 없는 자기만의 스토리텔링 재료로 활용할 수 있다는 점이다. 지금 갖고 있는 물건이나 상품만 해도 앞으로 살아가는 데 별다른 문제가 없을 정도로 우리는 이미 많은 물건을 사들였다. 상품이나 명품을 사는 데 빠지면 쇼핑 중독자로 전락할 수 있지만, 경험을 사서 도전하고 성취하는 작은 이야기가 축적되면 자기만의 이야기를 하는 스토리텔러가 될 수 있다.

나는 제주도에서 100km 마라톤을 뛴 경험이 있다. 첫날 한라산 중턱을 돌아오는 30km 코스부터 둘째 날 해변도로 30km를 달리는 코스는 물론 마지막 날 오름 언덕 20km를 왕복할 때까지 전속력으로 달린 일본 선수는 1등을 차지했다. 하지만 그 친구는 제주도의 아름다운 풍경은 전혀 보지 못했을 것이다. 오로지 목표를 달성하기 위해 앞만 보고 달렸기 때문이다.

선두권에게는 풍경이 보이지 않는다. 후미에서 뛰는 나 같은 사람의 목표는 1등이 아니라 제주도의 아름다운 풍광을 감상하며 즐겁고 행복한 마라톤을 하는 경험을 통해 추억의 한 페이지를 남기는 것이다. 똑같은 경험을 샀어도 누군가는 1등을 목표로 달려서 금메달을 추억으로 남기지만, 제주도의 풍경을 감상하면서 달리는 도중에 막걸리를 마셨던 음주 마라톤의 추억을 남기는 나 같은 사람도 있다.

나는 경험을 살 때 가급적 목표를 세우지 않는다. 왜냐하면 목표 달성하다 목숨이 끊길 수 있기 때문이다. 대신에 내가 소중하게 생각하는 핵심 가치(열정, 혁신, 신뢰, 도전, 행복)대로 매일 생각하고 행동하며 작은 스토리를 만드는 데 전력투구한다. 5가지 핵심 가치대로 생각하고 행동하면서 만드는 스토리를 근간으로 책을 쓰고 강연을 하면서 행복한 인생을 사는 데 주력한다. 사람은 목표가 주는 숫자보다 숫자에 담긴 의미에 목숨을 걸 때 행복해진다. 5가지 핵심 가치는 내가 사람을 판단하거나 어떤 일을 계속할지 말지를 결정하는 기준이자 규범이다.

물건을 사는 욕망에 끌려다니기보다 핵심 가치 관련 경험을 사서 어제와 다른 감각적 각성 체험의 얼룩과 무늬를 만들어가는 삶을 사

2분의 1

는 게 행복한 인생이다. 핵심 가치 중심으로 경험을 구입하고, 작은 스토리를 만들어 나만의 인생을 살아가자.

"몸으로 체득했기에 그것이 밑바닥 진실이며 마지막 진실이다. 어떤 경우에나 세상의 변화를 꾀하게 하는 힘은 마지막 진실에서 온다."

- 황현산의 《밤이 선생이다》[46] 중에서

45 비교는 절반으로
비유는 두 배로

🥣 비교하면 비참해진다

"사람은 다 때가 있는 법이다." 어느 목욕탕 간판에 붙어 있는 말이다. 이 말은 3가지 의미를 내포하고 있다. 첫째, 때는 몸에 낀 이물질을 의미한다. 목욕탕 주인 입장에서 사람은 다 때가 있기 때문에 그 때를 벗겨내기 위해 목욕탕에 와야 된다고 말하는 것이다.

두 번째 때는 타이밍을 의미한다. 첫 번째 때가 벗겨내야 될 이물질이지만 두 번째 때는 맞이해야 될 기회다. 꽃이 피는 시기가 다 다르듯이 사람도 꽃을 피울 때가 다 있는 법이다. 가을에 꽃이 피는 식물에게 이른 봄에 왜 꽃을 피우지 않느냐고 야단을 친다고 해서 꽃을 피울 수는 없다. 마찬가지로 사람도 자신의 재능으로 꽃을 피우는 시기가 오면 때에 맞춰서 꽃이 만개한다.

때를 기다리는 지혜가 필요하다. 기다림은 수동태가 아니다. 그냥 앉아서 넋 놓고 마냥 기다리는 게 아니다. 기다림은 절치부심하고 호시탐탐 기회를 엿보는 적극적 능동태다. 때가 오면 때를 놓치지 않고 잡기 위해서는, 때가 아닌 때에도 언제나 만반의 준비 태세를 갖추고 실력을 쌓기 위해 부단한 연습을 해야 한다. 연습도 실전처럼 해야 한다. 언제나 오늘이 마지막인 것처럼, 영원히 살 것처럼 오늘 이 순간에 최선을 다하다 보면 마침내 어느 순간에 갑자기 때가 찾아온다. 그 '때'를 잡는 사람이 바로 한 단계 도약하는 인생을 사는 법이다.

때가 되면 자연의 모든 생명체는 꽃을 피운다. 꽃이 피는 시기가 다르기에 자연이다. 자연은 자연스러울 때 가장 아름답다. 사람도 마찬가지다. 때가 되면 재능과 적성의 꽃은 핀다. 사람도 그 꽃을 피우는 시기가 저마다 다르다. 그걸 부지런히 갈고닦지 않으면 생각의 때가 끼면서 고정관념이나 통념이 생기지만 강제로 꽃을 피우는 시기를 앞당길 수 없다. 내가 하면 재미있는 능력, 재능의 꽃을 피우는 시기는 아무도 모른다. 다만 때가 되면 꽃이 핀다는 사실은 만고불변의 진리다. 재능은 남과 비교해서는 찾을 수 없다. 재능은 밖에 있지 않고 안에 잠자고 있기 때문이다. 재능은 비교해서 향상되지 않는다. 잠자고 있는 재능은 흔들어 깨워야 비로소 살아나는 대상이다. 나만의 고유한 재능은 오직 나에게만 있다.

자연에 있는 모든 생명체는 저마다 개성과 재능을 발휘하면서 살아간다. 오직 인간만이 남과 비교하면서 불행한 삶을 살아간다. '학교가 창의력을 죽이고 있다'는 TED 강연을 하고, 《켄 로빈슨 엘리먼트》[47]라는 책을 쓴 영국의 교육 철학자이자 창의력 계발 전문가인 켄 로빈 슨에 따르면 지능지수나 학문적 능력은 창의성과는 별개라고 한다. 그에 따르면 오늘날의 '학교(school)'는 '물고기 떼(school)'와 같다. 지능이나 특정한 교과목으로 아이들을 하나의 잣대로 획일화시켜 개성과 재능을 무시하고 한 무리의 물고기 떼를 양성한다. 특정 교과목 성적이나 다른 학생들의 지능지수를 자신의 그것과 비교하는 불행한 삶을 아이들에게 강요한다.

태어나서 죽을 때까지 남과 비교하는 유일한 동물이 사람이라고 한다. 그만큼 사람은 본능적으로 남보다 잘하기 위해 경쟁하는 삶을 살아간다. 남과 비교하며 살다 보니 내가 누구인지, 무엇이 진정 나를 행복하게 만들어주는지도 모르고 살아간다. 인생 후반전에 접어들수록 남을 의식하며 나와 비교하기보다, 가장 나답게 사는 방법이나 내가 하면 행복한 일을 찾아 의미 있는 시간을 의도적으로 만들어나갈 필요가 있다.

●● 사람은 재능의 꽃이 피는 때가 있다

많은 이들이 자신의 내면에 잠들어 있는 재능을 발견하기보다 남과 비교해서 타인을 따라잡으려고 노력하는 불행한 삶을 살아간다. '남보다' 잘하려고 노력하기보다 '전보다' 잘하려고 노력해야 행복해진다. 어제의 나와 비교할 때 오늘의 나는 얼마나 다르게 생각하고 행동하고 있는지를 정확히 성찰해볼 수 있다. 그러나 남과 비교하기 시작하면 나다움을 찾아가는 자기 발견과 자기 변신의 과정이 되지 못하고 열등감에 휩싸이는 삶을 살아갈 수밖에 없다. 반면에 비교의 대상을 내 안에 둘 경우 자신의 재능을 찾아 비전으로 가는 삶을 살아가게 된다.

남과 비교하는 순간 불행이 시작된다. 행복한 삶은 내가 하면 신나는 일을 찾아 그것을 재미있게 하면서 살아가는 것이다. 전문가가 되는 유일한 길도 재능을 찾아 재미있게 갈고닦다 보면 어느 순간 최고의 대열에 올라가는 것이다. '1만 시간의 법칙'을 주창한 말콤 글래드웰은 분야를 막론하고 한 분야의 위업을 달성한 사람은 모두 자신이 하면 재미있는 일을 찾아 하루 3시간씩 10년 정도를 투자한 사람이라고 한다. 최고는 최악의 순간을 경험하면서도 최고가 되는 길을 포기하지 않은 사람이다. 반전에 반전을 거듭하기도 하고 '역경'을 뒤집어 자신만의 '경력'으로 바꿔나가는 사람들이다. 그런 최고만이 최고를 넘어서 유일함으로 발전한다. 진정한 최고는 'Best One'이 아니라 'Only One'이다. Best One은 남과 비교해서 이루어지는 최고지만, Only One은 오로지 자신의 재능을 찾아 유일함(unique)을 추구하는 최고다.

비교는 비극으로 가는 길이고, 비유는 비전으로 가는 길이라고 한다.[48] 이미지 한 장은 단어 1천 개보다 더 힘이 있다고 한다. 사람은 뭔가를 기억할 때 단어로 기억하지 않고 이미지로 기억한다. 어머니의 모습을 떠올릴 때에도 어머니의 자신에 대한 사랑이 어떤 모습으로 추억되는지를 이미지로 먼저 떠올린 다음 그 이미지를 적절히 표현할 수 있는 개념을 찾아 기억하는 것이다. 사람들의 기억 속에 강렬하게 각인된 것은 특별한 말보다 이미지다. 그런데 이미지보다 더 오랫동안 기억되는 게 있다. 바로 비유다. 사물이나 현상의 본질적 속성을 적절하게 대변하는 비유는 사진이나 이미지 1천 장보다도 더 힘이 세다고 한다. 복잡하고 난해한 개념도 적절한 비유를 활용하면 아주 쉽게 사람들을 이해시킬 수 있다.

비교와 비유는 한 사람의 재능을 발견하고 발휘하는 데에도 적용된다. 세계적인 동기 부여 전문가 다니엘 핑크는 "나는 어제보다 잘하고 있는가?"라는 질문을 던진다. 비교의 대상이 남이 아니고 어제의 나다. 어제의 나와 오늘의 나를 비교할 때 어제보다 나은 오늘, 오늘보다 나은 내일을 향해 어제와 다르게 오늘을 살고, 오늘과 다른 내일을 생각하고 행동하게 된다. 그런데 비교의 대상이 내가 아니고 남일 때 사람은 불행한 삶을 살 수밖에 없다. 내가 얼마나 잘했는지의 평가 기준을 남에게 둘 경우, 왜 내가 이 일을 해야 되는지에 대한 이유를 찾는 것은 불가능하다. 자유로운 영혼으로 자신의 꿈을 좇는 삶을 살아가지 않고 남과 비교하면서 목적의식을 상실한 채 전속력으로 질주하는 삶을 반복한다.

오리와 토끼, 그리고 참새가 동물학교에 입학했다고 가정해보자. 동물학교의 첫날 교과목은 수영이다. 수영은 오리가 제일 잘한다. 그런데 토끼는 선천적으로 수영을 잘할 수 없는 동물이다. 오리의 재능인 수영 능력을 따라잡기 위해서 토끼 엄마가 토끼를 데리고 괌으로 전지훈련을 다녀왔다. 그래도 토끼는 수영을 오리처럼 잘할 수 없다. 둘째 날 교과목은 눈 오는 날 산등성이를 올라가는 등산이다. 이 과목을 배우는 동안 가장 스트레스를 받는 동물은 오리다. 이번에는 오리가 토끼처럼 등산을 잘하기 위해 알래스카로 전지훈련을 다녀왔다. 오리는 뼈를 깎는 각오로 훈련에 임했지만 남은 것은 찢어진 물갈퀴, 동상에 걸린 발, 관절염이나 디스크 등 병밖에 없다. 마지막 날 교과목은 노래다. 노래는 참새가 제일 잘한다. 물론 오리도 노래한다고 생각할 수 있다. 토끼는 전혀 노래를 못 한다. 성대 수술을 해도 토끼의 재능은 노래하기로 살아나지 못한다.

더 이상 다른 사람의 삶과 비교하지 말자. 비교가 멈춘 곳에서 색다른 비유로 심장 뛰는 미래 비전을 상상할 때 오늘보다 나은 내일이 기대되고 기다려질 것이다.

"남의 눈을 의식하지 않고 남들이 알아주는 것을 초월해서 사는 사람은 행복하다."

- 쇼펜하우어의 말 중에서

46

자리 욕심은 절반으로
자세 다듬기는 두 배로

🥢 내가 책임질 수 있는 자리인지 생각한다

인생의 절반쯤 살아도 자리에 대한 욕심은 줄어들지 않는 듯하다. 직장에서는 아직도 못 올라가본 자리에 대한 승진 욕심도 생기고, 가족이나 친척 관계에서 더 존경받는 자리에 오르고 싶은 욕심도 줄지 않는다. 하지만 욕심을 낸다고 없었던 자리가 새로 생기는 것도 아니고 올라가고 싶은 대로 무한정 올라갈 수 있는 자리가 있는 것도 아니다. 서서히 자리 욕심을 줄이고 주어진 자리에서 자세를 가다듬어야 한다. 자리는 획득과 쟁취의 대상이지만 자세는 다짐과 각성의 문제다. 자리에 욕심을 내는 사람은 자리를 잡을지 못 잡을지에 연연하지만 자세를 가다듬으려고 노력하는 사람은 자리 잡는 자세가 올바른지 그른지를 놓고 고민에 빠진다.

자리에 목숨 거는 사람은 하루아침에 자세가 망가지지만, 자세를 가다듬는 사람은 하루아침에 생각지도 못한 자리에 오를 수 있다. 자리를 잡기 전에 내가 그 자리에 적임자인지, 과연 나는 그 자리를 책임질 수 있는 능력이 있는지를 따져봐야 한다. 자리는 일단 잡고 보자는 생각은 자리에 앉아도 책임질 수 없는 경우가 발생할 수 있다. 언제나 자리 이전에 자세다. 자리는 높고 낮음의 문제지만 자세는 옳고 그름의 문제다. 높낮이를 생각하기 이전에 옳고 그름의 문제를 먼저 생각해야 한다.

올바른 자세를 갖추지 않은 사람에게 아무리 좋은 자리를 마련해줘도 그 자리를 차지한 사람은 적임자로서의 역할을 발휘하지 못할 뿐만 아니라 책임자로 본분을 다하지도 못한다. 자리에는 적임자가 앉아야 하고, 자신의 본분을 다하는 책임자가 필요하다. 그래서 모든 사람이 고민해야 할 화두는 자리를 탐내지 말고, 자세를 가다듬는 문제로 귀결된다. 하지만 과거와는 다르게 오십 후반전에도 전반전 못지 않게 열정적으로 살아가는 중년이 많아지고 있다는 사실에 주목할 필요가 있다. 자리에 대한 욕심을 줄이고 자세를 가다듬으라는 이야기는, 자리에 어울리지 않을 사람이나 아예 자격이나 자질이 없음에도 불구하고 자리만 욕심내는 사람에게 하는 조언이다. 오십이 가까워 온다고, 혹은 오십이 넘었다고 무조건 자리 욕심을 버리라는 이야기는 아니다. 충분히 도전할 만한 가치와 가능성이 있고, 도전을 통해 이전과 다른 깨우침을 얻을 수 있는 자리라면 얼마든지 차지하려는 야망도 필요하다.

사람이 사람다워지는 면모는 자기 자리를 지킬 때다. 자기 자리는 자신이 있으면 돋보이는 '제자리'이고, 자신이 마땅히 '설 자리'이자 내가 살아갈 '살 자리'다. 제자리가 아닌데 자기 자리로 착각하거나 설자리가 아닌데 그 자리를 차지하려고 할 때, 그리고 내가 살아갈 자리가 아닌데 거기서 버티고 견디려고 할 때 사람은 더러운 인간으로 전락한다. 여기서 더럽다는 의미는 몸을 청결하게 유지하지 않아서 드러나는 더러움이 아니라 본분을 망각하고 행동해서 인간적인 면모가 있어야 할 자리에서 벗어났다는 의미다. 자리보다 자세가 바로 설 때 자격이 주어지고 자질이 생긴다.

●● 자세를 갖추면 자격을 얻는다

중년에 들어서면서 사람은 어떤 일에 임하는 자세만 봐도 그 사람의 인격을 어느 정도 짐작해볼 수 있다. 실력이 있어도 언제나 낮은 자세로 더 배우려는 자세를 취하는 사람이 있는가 하면, 별다른 실력이 없어도 고압적인 자세를 유지하면서 상대방 위에 군림하려는 사람도 있다. 인생 중반전 즈음에는 자신이 해온 일에 대해 어느 정도 전문가적 식견은 물론 일에 대한 안목과 그 일을 수행하는 자세가 몸에 밴다. 나에게는 택시 운전사이며 강사를 겸직하는 친구가 있다. 이 친구는 택시 운전을 할 때는 언제나 고객의 입장에서 생각해보고 이전보다 고객을 감동시키는 서비스를 제공하려면 어떻게 해야 하는지를 늘 연구하고 실천하며 낮은 자세로 배우려고 노력한다. 그렇게 택시 운전을 하면서 몸으로 깨달은 체험적 노하우를 갖고 대중을 상대로 감동적인 강연을 한다. 그의 강연이 감동적인 이유는 몸소 자세를 낮추고 세상을 배움의 무대로 생각하며 깨달은 체험적 지혜를 나누기 때문이다. 이렇게 자세가 바른 사람이 적임자로 어떤 자리에 앉게 되면 그 자리를 책임지기 위해서 스스로 끊임없이 배우려는 노력을 게을리하지 않는다. 자세가 자리를 더욱 빛나게 해주는 이유다.

삶의 자세를 가다듬는 사람은 몸의 자세도 신경 쓴다. 나이가 들수록 바른 자세를 유지하는 것도 아주 중요하다. 앞에서 봤을 때의 모습뿐 아니라 옆과 뒤에서의 모습도 신경 써야 한다. 오늘 하루 잠시 지나가는 사람들의 옆모습과 뒷모습을 감상해보라. 발걸음과 표정, 숙여진 고개와 어깨에서 한 사람의 지나온 삶의 역사와 지금의 심정, 그리고 미래를 향하는 담담한 자세를 추측해본다. 힘든 삶을 살아가는 동료나 후배를 만나면 어깨동무 한번 해주고 등이라도 두드려주자. 지금까지도 살아왔는데 앞으로 어떤 시련과 역경이 다가와도 능히 극복할 수 있을 것이라는 용기와 희망의 메시지를 전해주자. 꿈이 있는 사람은 걸어가는 모습부터 남다르다.

"신발은 그 자체가 더러운 것이 아니고 식탁 위에 올려놓는 것이 더럽다."
- 메리 더글러스의 《순수와 위험》[49] 중에서

47

이해타산은 절반으로
측은지심은 두 배로

이해타산은 이기심으로 따져보는 계산이다

이해타산은 본질보다 사심, 의미와 가치보다 실질적 이익이 앞설 때 자연스럽게 드러나는 이기심의 발로다. 상대를 배려하고 존중하는 마음보다 자신이 입을 실리를 따져서 행동하려는 마음이 앞설 때, 행동으로 표출되지 않아도 드러나는 속마음이 이해타산이다. 이해타산에 밝은 사람은 남을 도와주는 목적도 결국은 자신이 볼 수 있는 이익이 많을 때 적극적으로 나선다. 상대가 보기에 자신을 도와주는 것처럼 보이지만 도움의 손길조차도 자신에게 이익이 된다는 판단으로 내미는 불온한 제스처에 가깝다.

한 친구가 부탁이 있다며 찾아온 적이 있다. 자신이 추진하는 컨설팅 사업에 나의 전문성을 활용하면 시너지 효과를 낼 수 있을 뿐만 아니라 어마어마한 가치를 창출할 수 있는 무한한 가능성이 있다는 주장이다. 내가 가진 독특한 전문성과 체험적 통찰력을 자신의 프로젝트에 투자해준다면 나는 물론이고 자신들의 시장 지배력에도 엄청난 파급 효과를 낼 수 있다는 제안이었다. 촌음의 시간을 아껴 많은 노력을 투자해서 고객이 원하는 수준까지 프로젝트를 완성하는 단계에 이르렀다. 구체적으로 내가 받을 금전적 보상이나 기타 대우 조건은 물어보지 않았다. 당연히 나에게 맞는 대우를 해줄 것으로 기대했다. 그러나 내가 일을 애초부터 시작하지 말았어야 했다는 사실을 뒤늦게 알게 되었다.

나에게 제안을 했던 그 친구들은 시장 진출을 위한 교두보를 확보했고, 새롭게 시작하는 사업 영역에서도 좋은 평가를 받으면서 성공적인 출발을 보장받은 셈이나 다름없었다. 하지만 나에게 돌아온 것은 이름도 모르는 그림을 작은 액자에 담은 감사의 표시가 전부였다. 대단한 대가를 노리고 한 것도 아니지만 근 두 달여 투자한 나의 시간과 노력을 보상해줄 수는 없었다. 알고 보니 이들은 자신에게 이익이 되는 방면으로만 사람들을 활용하거나 어느 정도 가치를 뽑았다고 생각되면 함께 일했던 파트너들과의 관계를 멀리하는 상습범이었다.

내가 조금 손해 본다는 마음으로 사람을 만나고 일을 하다 보면 상처를 받을 때도 있지만 정말 인생의 어느 순간에 기적 같은 행운이 찾아올 수 있다. 사람은 역시 이해타산만 따지면 심각한 타격을 입고 패가망신당할 수도 있다. 당장은 불편하더라도 타자를 위해 내가 뭔가

를 하면 그것으로 인해 언젠가 상상할 수 없는 인연과 연대가 일어날
수 있다. 예를 들면 미래가 불안하고 지금 당장 나에게 도움이 안 된
다고 생각해도 아이를 낳아 기르기 시작하면 아이에 대한 사랑이 시
작되고, 그 사랑으로 인해 부모의 소중한 미덕을 배우게 되며, 아이를
가진 부모들과의 새로운 연대를 통해 이전에 만날 수 없었던 새로운
인연이 이어진다.

　적자생존의 다른 의미는, 인간관계에서 내가 조금 적자를 보는 관
계로 시작되어 오랫동안 서로가 서로에게 생존을 넘어 행복한 생활이
보장된다는 의미다. 중년에 접어들수록 나만 생각하지 말고 다른 사
람도 생각하고 그 사람 입장에서 배려하는 중후한 미덕을 발휘할 때
후반전의 삶이 더욱 행복해지지 않을까.

●● 가슴이 아프면 손익에 관계없이 몸을 던진다

　가슴이 아프면 측은지심이 발동되어 타자의 아픔을 치유하기 위해
손익에 관계없이 몸을 던져 행동하기 시작한다. 가슴이 아프다는 이
야기는 타자의 아픔이 나와 긴밀한 연관성이 있음을 보여주는 증거
다. 뭔가 잘못했을 때도 머리로 생각하지 않고 가슴에 두 손을 얹고
생각한다. 진정한 생각은 차가운 머리도 하지만 따뜻한 가슴으로도
한다. 머리로 생각해서 나온 논리적 결론은 이해를 촉구하지만, 가슴
으로 사랑해서 도출된 감성적 아픔은 공감을 촉구해서 행동하게 만든

다. 머리는 돈이 되지 않으면 행동하지 않는다. 반면에 가슴은 자신에 손해가 됨에도 불구하고 타자의 아픔을 치유하기 위해 몸을 던진다.

젊었을 때 용접을 하다 소주를 너무 많이 마셔서 지금은 못 마신다. 지인들과 함께 삼겹살을 구워 먹으면서 소주 한잔 마실 때 나만 물을 마시고 있으면 지인들은 가슴이 아플 것이다. 소주를 못 마시는 나의 아픔을 누군가 가슴으로 사랑할 때 나로 하여금 소주를 마시는 혁신적인 방법을 구현하기 위해 다양한 상상력을 발동시키면서 아이디어를 현장에 적용하는 노력을 전개한다. 그 결과 마침내 소주 가습기라는 혁신적 제품을 개발한다(물론 상상의 제품이다). 상상을 초월하는 혁신적인 제품은 머리 좋은 사람들의 두뇌 운동 덕분이 아니라 타자의 아픔을 가슴으로 사랑하는 사람이 지니고 있는 측은지심 덕분이다. 글을 모르는 백성의 아픔을 가슴으로 사랑한 세종대왕의 측은지심이 마침내 한글을 창제했듯이 혁신은 언제나 구체적인 현장에서 일어나는 타자의 아픔을 사랑할 때 시작된다.

48 성장은 절반으로 성숙은 두 배로

🥄 빠르게 자란 나무는 부러질 수 있다

바이올린의 명품 스트라디바리우스. 다른 바이올린에 비해 가격도 비싸지만 신비의 소리를 낸다는 점에서 많은 사람들의 주목을 받는다. 이 바이올린이 신비의 소리를 내는 이유는 여러 가지가 있겠지만 바이올린을 만드는 나무에 있다는 설이 유력하다. 바로 빙하기 때 자란 나무로 만들어졌기 때문이라는 것이다. 나무는 여름에 비해 겨울에는 거의 자라지 않는다. 성장을 거의 멈추고 나목으로 버티면서 새봄을 준비하는 휴면기를 맞이한다. 그러나 한 가지 분명한 사실은 겨울에도 자란다는 점이다. 여름에 비해 비록 성장이 활발하게 일어나지 않지만 겨울에도 모진 풍상과 추위를 나목으로 버티면서 새봄의 희망을 준비한다. 작은 성장이지만 의미심장한 성숙의 고통이 나무를 더욱 튼실하게 가꾸는 원동력이 되는 셈이다.

2분의 1

나무의 성장은 나이테에 그대로 반영된다. 나이테 간격이 넓은 것은 여름에 자란 흔적이고 나이테 간격이 좁으면 겨울에 자란 흔적이다. 나이테 간격이 좁다는 것은 그만큼 나무가 자라는 동안 외부 환경이 녹록지 않았음을 대변한다. 외형적으로 빠르게 성장한 나무는 나이테 간격이 넓은 대신 외부적 충격이나 압박에 견디지 못하고 부러질 수 있다. 느리게 자라서 나이테 간격이 좁은 나무는 시련과 역경을 견뎌냈기에 웬만한 충격과 압력에도 쉽게 부러지지 않는 내성을 갖고 있다. 스트라디바리우스 바이올린이 신비의 소리를 내는 원동력은 바로 빙하기 때 거의 자랄 수 없는 혹독한 추위 속에 홀로 버티면서 참아낸 인고의 시간을 내면적으로 승화시킨 나무의 생존력에서 비롯되는 것이다.

지금까지는 너무나 빠른 사회 변화 속도에 맞게 나도 빠르게 대응하지 않으면 안 될 것 같다는 감각으로 살아왔다. 이는 늘 우리를 벼랑 끝으로 몰아왔다. 속도를 재촉당하는 동물은 오로지 인간밖에 없다. 그러나 쉬지 않으면 영원히 쉬게 된다. 숨과 숨 사이에 쉼이 살아야 목숨도 끊어지지 않는다. 그래도 그렇게 달려온 덕분에 속도와 성장 일변도의 삶이 오히려 내가 살아가는 이유와 행복을 다른 각도에서 재점검할 수 있는 기회를 제공해주었다고 생각한다.

《끈기보다 끊기》[50]에 따르면 성장은 사전에 설정된 목표를 향한 일사불란 행진곡을 지향한다. 행진하는 와중에 방해 변수가 생각지도 못하게 침입하면 행진곡은 그 순간 극심한 혼란에 빠지고 연주는 더이상 지속되지 못한다. 성장은 출발에서 목적지까지 정해진 통로를따라 가급적 효율적인 전진을 지향한다. 일정한 성과를 달성하는 데목적을 두고 양적 발전을 추구한다. 당연히 속도를 중시한다. 앞만 보고 달리는 속도가 빨라질수록 삶의 밀도는 낮아진다. 당연히 행복지수도 속도에 정비례하면서 급격히 떨어진다. 반면 성숙은 미완성 교향곡이나 변주곡을 지향한다. 성숙으로 가는 여정은 직선 주로가 아니라 곡선 주로다. 우발적 마주침이 빈번하게 일어나 생각대로 풀리지 않는 우여곡절의 연주가 상시적으로 울려 퍼진다. 성숙은 언제나질적 반전을 추구한다. 당연히 모든 순간의 밀도를 소중하게 생각한다. 성장이 효율을 추구하면서 빠른 길을 찾는 데 반해 성숙은 우회축적을 통해 이른 길을 찾는다.

지금보다 조금이라도 젊은 시절에는 성숙보다 성장이 우선이었다. 고속으로 겉절이를 만들 수 있지만 고속으로 묵은지를 만들 수는 없다. 젊은 시절에는 고속 성장만으로도 삶은 얼마든지 버틸 만한 이유가 되었다. 그만큼 의욕은 물론 의지도 컸고 이런 의욕과 의지를 통해의도했던 일도 손쉽게 달성할 수 있었다. 하지만 인생 후반전으로 갈수록 묵은지처럼 시간 속에서 발효가 되고 성숙한 인간미를 닦아나가는 제2의 인생 수업을 받아야 한다. 성숙을 뒤집으면 숙성이 되는 것처럼 원숙을 뒤집으면 우리 모두의 숙원 사업, 즉 행복한 삶을 만들어나가는 전혀 다른 출발이 기다리고 있다.

2분의 1

●● 성숙은 미완성 교향곡을 연주하며 질적 반전을 꿈꾼다

큰 시련과 역경 없이 자란 사람은 작은 장애물과 걸림돌에도 쉽게 넘어지고 무너질 수 있다. 걸림돌을 만나면 디딤돌로 밟고 지나가고, 한계를 만나면 도전하면서 자기만의 길을 개척한 사람들은 언제나 빠른 성장보다 느린 성숙의 길을 묵묵히 걸어온 사람이다. 빨리 가는 쉬운 길을 의도적으로 거부하고 어렵지만 도전하면서 느끼는 성취의 보람과 가치를 추구하는 사람들이 우리 사회의 밝은 등불 역할을 한다. 신비의 소리를 내는 바이올린의 원동력이 혹독한 추위를 나목으로 버티면서 내면으로 승화시킨 고통이 내는 잔잔한 고동이었듯이, 보람 있고 가치 있는 성취의 이면에는 항상 시련과 역경을 이겨낸 사람만이 낼 수 있는 인간적 향취와 독창적인 컬러가 있다.

극복하기 어려운 난관과 난국이 펼쳐질 때일수록 내공을 키우는 성찰과 성숙의 시간이 필요하다. 평탄한 환경에서 지금까지 해오던 일상적인 변화가 더 이상 말을 듣지 않을 때, 잠시 멈춰 서서 이제 근본적인 자기 변신을 시도할 필요가 있다. 성숙은 실적보다는 목적지에 이르는 여정에 초점을 맞춘다. 그 과정에서 보고 느끼는 깨달음을 중요하게 여긴다. 성숙은 목적지를 지향하지만 그쪽으로 가는 여정을 사전에 결정해놓고 빠른 길로 질주하지 않는다. 성숙은 아날로그의 느림과 흔적, 여유와 사유의 깊이를 추구한다.

성숙이 더욱 의미 있는 성장을 부른다. 성숙한 사람은 예기치 않은 변화에 휘둘리지 않으며 이익의 탈을 쓴 위험을 분간해내는 통찰력을 가지고 있다. 지금은 무한 성장을 잠시 멈추고 내면적 성숙을 기할 때다. 성숙을 통해 성장도 의미 변화를 겪는다. 무엇이 성장이고 왜 성장하려고 하는지를 근본적으로 물어보기 때문이다.

앞만 보고 고속 성장을 추구했던 인생 전반전도 나름 의미가 있는 삶의 한 시기였다. 남에게 보여주기 위한 빠른 성장보다 나를 위한 내면적 성숙의 시간을 통해 풍부한 삶보다 풍요로운 삶을 추구할 때 행복의 문은 어제와 다르게 열린다. 지금 우리는 행복한 이기주의자로 살아갈 시점이다. 남을 위한 성장 패러다임에서 벗어나 나를 위한 성숙 패러다임으로 바꿔 타야 할 때이다. 고속 성장 패러다임으로 목적지에 빨리 가는 삶도 필요하지만 이제 저속 성숙 패러다임으로 일상의 소중한 순간을 만끽하는 것이야말로 진정 행복한 삶이 아닐까.

"한 사람의 일상에서 대부분을 차지하는 일은 우리 존재의 더 깊은 부분에 자양분과 활력을 공급해야 합니다. 그런 유형의 자양분은 흔히 성공에서 얻을 수 없습니다. 오히려 함께 일하는 사람과 끈끈하게 이어져 있다는 느낌에서, 자신의 업무가 의미 있고 자기 재능이 어떤 식으로든 세상을 바뀌게 한다는 느낌에서 나오지요."

- 비욘 나티코 린데블라드의 《내가 틀릴 수도 있습니다》[51] 중에서

49

중요한 일은 절반으로 소중한 일은 두 배로

🥄 중요한 일만 하다 인생은 오리무중에 빠진다

중요한 일과 소중한 일에는 어떤 차이가 있을까? 중요한 일을 할 때는 일의 우선순위를 염두에 두고 의사 결정을 하지만, 소중한 일을 할 때는 본질적 가치와 의미를 우선순위에 두고 의사 결정을 한다. 중요한 일은 시간을 다투며 해야 하는 일이고, 소중한 일은 의미 있는 일이기에 하지 않으면 안 된다. 하지만 당장 급하지 않다는 이유로 소중한 일은 순위에서 밀리는 경우가 많다. 중요한 일이 소중한 일보다 소중해질 때 소중한 일은 소소하게 중요해진다. 소소하게 중요한 일은 전혀 소중하지 않기에 애정과 관심이 식어가며 결국은 눈 밖에 난다.

소중한 일보다 중요한 일을 하는 데 시간을 많이 허비하다 보면 우리네 삶도 허둥대기 시작한다. 사람들이 갈수록 불행해지는 가장 큰 이유는 소중한 일을 소중하게 생각하지 않고 중요하게 생각하기 때문이다. 본질을 잊기 때문에 발생하는 문제다. 중요하지만 소중하지 않은 일이 많아지면서 속도와 효율성이 중요해진다. 소중한 일에 속도와 효율성이라는 압력을 가하면 중요해지기 시작한다. 소중한 일이 중요해지면서 삶은 바쁘고 피폐해지기 시작한다.

인간관계도 마찬가지다. 본래 처음 인간관계를 시작할 때는 상대가 더없이 소중한 존재였다. 존재 자체만으로도 나에게 기쁨을 주는 사람이었다. 하지만 시간이 지나면서 나는 상대에게 필요한 존재로 전락하면서 수많은 중요한 존재 중에 한 사람으로 인식된다. 소중한 인간관계가 중요한 인간관계로 바뀌면서 인간관계의 의미와 본질적 가치는 이해타산의 관계로 전락한다. 소중하던 사람이 점점 중요해지면 그 사람과의 관계도 피상적 만남으로 전락하고 만다. 우리는 중요한 것들의 하중 때문에 소중한 것을 잃는 경우가 많다. 사랑하는 사람도 처음에는 소중한 존재였다. 시간이 지나면서 중요한 존재로 인식되는 순간, 또 다른 중요한 사람으로 대체될 위기에 놓이기도 한다. 부부도 마찬가지다. 처음에는 둘도 없는 소중한 사람이었다. 하지만 오래 같이 살다 보니까 소중한 마음은 마음속 어딘가에 깊이 간직되고 중요한 관계로 지금까지 살아왔으니 앞으로도 지금 상태로 살아가는 관계로 변질되기도 한다.

내 인생에서 소중한 일은 심장이 뛰는 일이며, 내가 하면 의미와 가치가 배가되어 행복을 제공해주는 일이다. 중요한 일이 주로 남과의 관계에서 비롯되는 보여주기 위한 일이라면, 소중한 일은 내면으로부터 비롯되는 나 자신을 위한 일이지만 결과적으로 다른 사람에게도 기쁨과 행복을 제공해주는 일이다.

●● 소중한 관계는 곁에서 기쁨이 되는 일을 주고받는 관계다

후반전의 삶은 다른 사람이 정한 중요한 일을 촉박한 시간 때문에 해치우는 삶보다 내가 정한 기준에 비추어 소중한 순간을 배우고 깨닫는 시간으로 채워나가는 삶으로 바꿔야 한다. 내가 누구인지, 나는 무엇을 할 때 설레고 심장이 뛰는지, 내가 하면 나는 물론이고 다른 사람도 행복한 일이 무엇인지, 내가 하면 잘할 수 있고 신나는 일이 무엇인지를 발견하는 과정이 일상이 되어야 한다.

세상에서 가장 소중한 일은 (사람의 가치관에 따라서 선정 기준이 다르지만) '내 곁에 있는 사람에게 뭔가를 하는 것'이다. 나에게 소중한 관계인지를 알아보는 방법은 그 사람이 내 옆에 있는지 아니면 곁에 있는지를 판단해보는 것이다. 김소연의 《한 글자 사전》[52]에 따르면 '곁'은 '옆'보다는 조금 더 가까운, '나'와 '옆' 사이의 영역이란다. 그러므로 나 자신은 결코 차지할 수 없는 장소이자, 나 이외의 사람만이 차지할 수 있는 장소가 바로 곁이라는 거다. 곁에 있던 소중한 사람이 옆으로 옮겨져 중요한 사람이 되는 경우도 있고, 옆에 있던 중요한 사람이 곁으로 다가와 소중한 사람이 되는 경우도 있다. 물론 곁에 있던 소중한 사람이 옆으로 물러나면서 중요한 사람으로 바뀌다 아예 인간관계에 경계가 생기고 벽이 생기면서 잊혀가는 경우도 있다.

　옆에 있으면서 재미를 주는 동료는 수시로 바뀔 가능성이 높지만 곁에서 기쁨을 주는 친구는 좀처럼 쉽게 바뀌지 않는다. 하지만 관계에 대한 애정과 관심이 식으면, 관계도 경계로 바뀌고 곁은 옆으로 밀려나는 경우도 발생한다. 인생 전반전에는 가까운 거리를 유지하며 소중한 사이였고, 좋은 관계를 만들어갔다. 그런데 시간이 지날수록 곁에 있던 사람과 자주 연락되지도 않고 각자 중요하고 바쁜 일상을 보내면서 곁에 있던 사람은 서서히 옆으로 밀려나는 경우를 여러 번 경험했다. 그 이유는 저마다 다를 수 있다. 추구하는 가치관이 다를 수 있고, 서로의 오해로 비롯되는 경우도 있다. 곁에서 옆으로 떨어진 거리, 물리적으로는 얼마 안 되는 지근거리지만 심리적으로 점차 소원해지는 사이는 다시 복구하기 어려운 인간관계다. 옆으로 밀려난 사람과의 관계에는 무관심의 잡초가 자라면서 넘을 수 없는 경계와 벽이 생긴다.

　갈급한 욕망, 간절한 희망, 그리고 다급한 필요가 합작해서 꼭 해달라고 부탁하는 사람들이 있다. 자신에게는 인생이 걸린 문제라고. 걸었던 원대한 인생 목표가 달성되면 갈급했던 욕망도 간절한 희망도 무의미해지면서 인간관계의 끈도 느슨해진다. 소중하게 생각했던 의미와 가치가 어느새 중요해지면서 소중했던 인간관계는 뒷전으로 밀리기 시작한다. 인생 후반전에 들어설수록 내가 먼저 내 곁을 내어주고 좋은 사람이 기꺼이 다가와 소중한 관계가 맺어지도록 의도적으로 챙길 필요가 있다. 서로의 곁에서 함께 인생을 논할 수 있는 사람인지는 적어도 수년에 걸친 경험을 통해 확실한 느낌이 올 때 확신이 판단해준다. 확실과 확신 사이가 좁혀지려면 시간적 숙성이 요구된다. 당신은 곁에 있는 사람, 곁에 둘 사람이 얼마나 있는가? 내 곁에 있는 사람이 인생 후반전의 인간관계는 물론 행복을 결정하는 결정적 좌표가 될 수 있다.

50

결심은 절반으로
결행은 두 배로

💭 다짐이 많아지면 짐이 된다

다음 달부터는 꼭 운동하겠다고 다짐한다. 하지만 작심삼일의 한계를 넘어서지 못한다. 다시 예전의 일상을 반복하며 스스로 위로의 메시지를 던진다. 아직은 운동 안 해도 버틸 만하다고 생각하면서 운동하지 않아도 되는 10가지 이유를 생각해낸다. 그리고 한 달이 끝날 무렵 다시 마음을 먹는다.

사람은 적당한 음식을 먹어야 영양 섭취를 할 수 있다. 그런데 이제 그만 먹어야 할 게 있다. 바로 마음이다. 마음은 매일 먹지만 마음먹은 대로 행동에 옮기지 않는 사람이 너무 많다. 마음먹는 일은 그다지 어렵지 않다. 하지만 마음을 먹고 결심하는 일은 그만큼 결연한 의지를 동반하는 어려운 일이다. 《국어 실력이 밥 먹여준다-낱말편 1》[53]에 보면 '마음먹다'와 '결심하다' 그리고 '결정하다'의 차이를 분명하게 구분하고 있다. '마음을 먹는다'는 오랜 생각이나 노력, 시간을 요하는 일보다는 기분에 따라서 가볍게 생각해서 금방 행동에 옮길 수 있는 일에 주로 쓰인다. 반면에 '결심하다'는 결연한 의지, 단호한 결심을 동반하는 어려운 일에 주로 쓰인다. 마음은 대충, 계획 없이 맘대로 먹을 수 있지만 단호한 의지로 단단히 굳건하게 무슨 일이 있어도 해내기로 마음먹는 경우에는 '결심하다'를 쓴다.

한편 '결심하다'와 '마음먹다'가 주로 개인적인 마음가짐, 주관적인 심리나 사적인 행위와 관련이 있는 반면에 '결정하다'는 객관적이고 가치 중립적이며 공식적인 사안과 어울려서 쓰인다. 결정한 일은 다른 사람과 한 약속이기 때문에 실천해야 한다는 의무가 따른다. 예를 들어 결혼은 평생을 같이할 동반자와 함께 살겠다고 마음을 먹은 다음 그 사람과 함께 살기로 결심하고 나서 결정하는 일이다. 이처럼 중대한 일은 결정이 어울린다.

올해 쉽게 마음먹었지만 결심하지 못한 일은 무엇일까? 쉽게 마음먹고 차일피일 미루다가 지금까지 결심하지 못한 일이 있다면 자기를 비하시키지 말고 다시 한번 마음을 다잡고 결연한 의지로 결심하자. 그리고 결심한 일을 반드시 해내기로 결정하자. 마음을 먹은 일이지만 결심하지 못한 사항, 또는 결심은 했지만 아직 결정하지 못한 일은 지금 당장 행동에 옮겨보자.

물론 행동에 옮기지 못하는 저마다의 이유가 있다. 더 이상 물러설 곳이 없다고 생각하면서 불굴의 의지를 동원해서 다짐을 하지만 실제 현실은 녹록지 않다. 다짐을 다시 하면서 마음의 짐은 더 무거워진다. 무거운 짐을 없애려면 다짐은 그만하고 마음먹는 순간 바로 실천에 옮겨야 한다.

●● 행동하면 행복해지고 행운도 따라온다

　머리가 돌아가지 않으면 사람들은 잔머리를 굴리기 시작한다. 잔머리를 굴리는 사람은, 이리저리 몸을 움직여 시도하지 않고 책상머리에 앉아서 머리로 고민만 한다. 잔머리를 많이 굴리는 사람일수록 골머리를 앓는다. 몸을 움직이지 않고 머리만 굴리기 때문에 골치가 아픈 것이다. 골치가 아프면 머리에 열이 난다. 열이 나는 머리를 식히는 가장 확실한 방법은 몸을 움직여주는 것이다.

　잔머리를 굴리는 사람이 주로 쓰는 전략이 양다리다. 양다리를 걸어놓고 어떤 선택이 자신에게 유리하게 작용할 것인지를 꼬리에 꼬리를 물고 고민하지만 답은 쉽게 나오지 않는다. 이렇게 고민에 고민을 거듭해도 고민의 끄트머리가 보이지 않고 골치만 아프다. 잔머리만 굴리는 사람에게는 마무리가 쉽지 않다. 생각의 끄트머리에서 만난 마무리, 그것도 자기 편향적일 수 있다. 생각을 거듭할수록 안 해도 되는 10가지 이유를 생각한다.

나는 매일 3가지 동사를 반복한다. 첫 번째 동사는 운동이다. 이유 여하를 막론하고 무조건 아침 5시 30분에 일어나 피트니스 센터로 간다. 가기 전까지는 전혀 생각하지 않는다. 일어나지 않고 생각할수록 안 일어나도 되는 이유들만 끌어대기 시작한다. 무조건 운동하는 습관은 밥 먹기 전에 밥 먹듯이 운동하는 것이다. 두 번째 내가 매일 하는 동사는 독서다. 밥 먹듯이 책을 읽는 이유는 밥 먹듯이 책을 쓰기 위해서다. 결국 내가 매일 반복하는 동사는 '운동한다, 읽는다, 쓴다'이다.

남다른 시작은 그냥 시작하는 것이다. 어떻게 시작하는지를 오랫동안 연구해봐야, 시작하는 가장 좋은 방법은 그냥 시작하는 것이다. 우리는 그동안 너무 오랫동안 시작하는 방법을 연구해왔다. 시작하는 방법에 대한 그간의 연구 결과는 다양한 방법이 있지만 가장 좋은 시작은 어느 정도 준비가 되면 그냥 시작하는 것이다. 물론 약간의 준비와 시작하려는 자세와 태도는 필요하다. 하지만 너무 많은 조건을 따져보고 의사 결정에 필요한 수많은 변수들을 생각하면서 고민에 고민을 거듭할수록 시작할 가능성은 그만큼 줄어든다.

《블루오션 전략》[54]에 제시된 ERRC라는 경영 전략을 살펴보자. 첫 번째 'E'는 Eliminate, 즉 하던 일을 그만두는 제거다. 'R'은 Reduce, 즉 하던 일을 줄이는 감소다. 세 번째 'R'은 Raise, 하던 일을 더 많이 하는 증가다. 마지막 'C'는 Create, 즉 안 하던 일을 새롭게 시작하는 창조다. 오늘부터 하던 일을 그만두어야 할 제거와 줄여야 할 감소, 늘려야 할 증가, 새롭게 시작해야 할 창조로 구분해서 실천하기 시작하면 이제껏 경험해보지 못한 새로운 삶이 전개될 수 있다.

그냥 시작하는 방법이 가장 스마트한 시작이다. 처음 시작이 잘못될 수도 있다. 의도대로 되지 않으면 이전과 다른 방법으로 다시 시작하면 된다. 시작했지만 우여곡절도 겪고 시행착오도 경험하며 파란만장한 체험도 한다. 그런 체험이 어떤 난관에도 굴하지 않는 강한 내공으로 축적된다. 시작해야 생각대로 되는지 안 되는지 알 수 있다. 시작이 반이라고 하지만 시작하고도 성공하지 못하는 때도 많다. 그러나 일단 시작해야 성공에 이르는 과정에서 실패도 체험하고 절망할 수도 있다.

실패가 실력을 낳고 실력이 결국 내가 의도하는 성과를 창출하는 원동력이다. 위대한 시작이 위대한 끝을 보장해주지 않는다. 작고 하찮은 시작이지만 마침내 위대한 결과를 낳는 사례가 많다. 시작부터 위대해질 필요는 없다. 위대한 끝을 맞이하려면 다짐이나 마음은 그만먹고 우선 시작해야 된다. 작은 시작에서 위대한 끝을 보기 위한 시행착오와 우여곡절의 체험적 축적이 바로 관념적으로 생산할 수 없는 체험적 지혜로 체화된다. 중년 이후에 더욱 필요한 삶의 지혜는 책상 지식으로 만들어지지 않고 결단과 결행이 만들어가는 체험적 통찰력이 만들어간다.

3부

새로운 삶의
시작점에 선 당신이
만나야 할 것들

니체, 스피노자, 오미자

1

절찬리 판매 중인
절반의 철학이 탄생한 사연

인생의 시기별로 사람은 저마다 다른 욕망을 갖고 살아간다. 욕망이 헛된 야망과 만나면 돌이킬 수 없는 절망의 나락으로 떨어진다. 인생 후반전에 들어갈수록 욕망의 물줄기가 흐르는 방향을 제대로 잡지 못하면, 이후 절반의 삶은 돌이킬 수 없는 엉망진창이 펼쳐질 수 있다. 욕망의 절친은 능력이다. 욕망이 능력을 만나지 못하면 허망해질 뿐이다. 그 이유를 스피노자에게 들어본다. 스피노자의 《에티카》[55]에 따르면 욕망이 생기면 그걸 실현할 역량이 있어야 하고, 역량이 생기면 이전과 다른 욕망을 추구한다. 욕망과 역량은 인간의 능력을 향상시키는 쌍두마차인 셈이다. 욕망이 강하지만 그걸 실현할 역량이 부족하면 좌절하고, 역량은 있지만 그걸 사용할 욕망이 없으면 무기력에 빠진다. 욕망을 역량으로 실현하는 과정은 수동적인 반응이 아니라 능동적인 행동이다. 능동적으로 행동하면서 사람은 비로소 자유를 만끽할 수 있다. 그때가 사람이 최고의 기쁨을 느끼는 순간이다.

욕망을 충족할 역량이 적절하게 조화를 이루어 어느 시점에서 욕망이 충족되면 거기서 멈추지 않고 이전 수준과 차원이 다른 욕망이 꿈틀거린다. 그 욕망을 충족할 역량을 개발하는 학습 활동에 몸을 던지는 선순환이 반복될 때 삶은 반전을 거듭하고 행복한 성취감을 맛본다.

전복의 철학자 니체가 욕망의 철학자 스피노자를 찾아간 이유

스피노자가 말하는 자유란 한마디로 기쁨을 느끼는 순간에 찾아오는 최고의 행복이다. 자유(自由)는 자기(自己)의 존재 이유(理由)다. 진정한 자유는 '자기(自己)'로부터 말미암을(由) 때 무한한 행복감을 느낀다. 누가 강제로 시켜서 하는 일은 자유롭지 못하고 그 일을 할수록 나는 행복하지 못하다. 내가 주체적으로 판단하고 행동하면서 성공과 실패가 나로부터 말미암을 때 나는 책임감을 갖고 성장하는 배움의 여정을 반복한다. 비록 일이 생각했던 방향으로 풀리지 않을 때도 내가 결정해서 시작한 일이라서 남의 탓으로 돌리지 않고 반성과 성찰을 통해 다음을 기약한다. 생각지도 못한 사고(事故)가 나에게 생각지도 못한 사고(思考)를 선물로 준다. 사고가 사고를 바꾸는 자체적 원인으로 작용하는 순간, 도피나 좌절보다 이전과 다른 마음가짐으로 도전을 감행하면서 색다른 배움이 꿈꾸는 욕망의 물줄기를 따라간다.

이럴 때 스피노자가 《에티카》에서 말하는 코나투스가 힘을 발휘하면서 이전보다 밀도감 높은 행복감을 선물한다. 코나투스는 인간을 포함한 모든 사물이 갖고 있는 것으로, 자신의 실존을 지속시키려는 근원적인 욕망이다. 코나투스가 실현되면 기쁨이라는 감정이 찾아오고 자기 보존의 욕망이 막히면 슬픔이라는 감정이 찾아온다. 코나투스는 가급적 슬픔을 멀리하고 기쁨을 주는 욕망을 추구하며 자기 존재를 끈질기게 지속하려는 일종의 관성이다. 스스로를 계속 발전시켜 자신이 추구하는 욕망을 성취하려는 끈질긴 경향이다. 우리가 이전과 다른 생각을 한다는 것은 나를 살아 있게 만드는 코나투스를 찾아내서 그걸 더 강화시키는 공부를 하면서 자기다움을 강화시키는 욕망 탐구 여정이다. 자신이 하면 즐겁고 신나서 코나투스가 더욱 발현되는 길을 찾아가는 것이다.

나의 코나투스를 떨어뜨리는 일은 절반으로 줄이고 코나투스를 증진시키는 일은 두 배로 늘리는 길이 삶의 중반 이후를 행복하게 사는 가장 확실한 길이다. 스피노자의 코나투스는 니체에게 힘에의 의지라는 개념을 창조하는 원인을 제공해준다. 힘에의 의지는 한마디로 말하면 틀에 박힌 일상의 무료함에서 벗어나 뭔가를 창조하는 과정에서 기쁨을 얻고 보람과 의미가 드러나게 만드는 에너지 또는 생명력을 말한다.

힘에의 의지는 발버둥 치며 성장하려는 의지, 여기에서 만족하지 않고 저기로 가려는 의지, 나에게 없었던 힘을 주는 생성의 의지, 내가 하면 행복한 에너지가 솟아나는 것을 못하게 막는 구속과 저항을 극복하려는 초월의 의지, 나에게 힘이 되는 일을 하면서 힘이 되는 상승작용의 의지, 서로가 서로에게 영향을 주는 관계적 의지다. 내가 하면 힘이 되는 공부를 하면서 살아 있음을 느끼게 만드는 공부, 즉 생명력을 고양시키는 공부는 두 배로 늘리고 현실에 안주하며 과거의 성공 체험이나 통념에 의존하려는 습관을 절반으로 줄이기만 해도 살아가면서 공부하는 의미는 더욱 빛을 발할 것이다. 이러한 힘에의 의지는, 스피노자의 개인적 욕망을 추구함으로써 활력이 생기는 코나투스를 넘어선다. 힘에의 의지는 서로가 서로에 힘이 되는 일을 통해 혼자 할 수 없는 새로운 생명력을 불러일으킨다는 점에서 인간 존재의 생명력뿐만 아니라 관계와 공동체의 생명력을 창조하려는 의지로 발전한다.

좋고 나쁨을 판단하는 주인으로 살아갈 때 진정한 내가 된다

지금까지 살아왔던 방식대로 현실에 안주하면서 다른 사람이 정한 규칙과 프레임을 따르며 살아가는 미래는 나의 의지와 관계없이 때가 되면 다가오는 단순 미래다. 단순 미래가 아무리 지나가도 나의 미래는 바뀌지 않는다. 반면에 스피노자의 코나투스나 니체의 힘에의 의지가 지향하는 미래는 뭔가를 추진하는 과정 자체가 나에게 힘이 되며 열정적으로 몰입하게 만들어주는 설레는 미래다. 이는 나의 의지에 따라 전혀 다른 미래를 맞이할 수 있는 의지 미래다. 그냥 사는 대로 생각하는 것은 단순 미래의 결과지만, 생각하면서 나의 의지대로 자유를 추구하며 행복하게 사는 것은 의지 미래의 산물이다. 단순 미래는 절반으로 줄이고 의지 미래는 두 배로 늘리면 인생 후반전은 반드시 반전이 일어나는 앎음다운 미래가 아닐 수 없다.

하지만 우리는 지금까지 어떤 일의 시작이나 원인이 나로부터 말미암은 것보다 나 아닌 다른 사람이나 외부로부터 강제로 주어지는 경우가 많았다. 이럴 경우 나의 존재감을 드러내고 싶은 욕망은 불타오르지 않고 당연히 그 욕망을 실현하는 데 필요한 역량도 개발되지 않는다. 앞으로 살아갈 날이 얼마 남지 않았다고 가정해보자. 내 나이가 얼마인지는 정확하게 알 수 있지만 내가 앞으로 몇 살까지 살 수 있을지, 남은 나이가 몇 살인지는 아무도 모른다. 이 말은 내가 살다가 언제 죽을지 모른다는 이야기다. 몇 살까지 살지 모르는 세상에 남이 만들어놓은 무대 위에서 다른 사람이 만들어준 각본대로 남의 인생을 살고 싶은가? 심장이 떨리지 않는 인생, 어제와 다르게 살고 싶은 욕망과 의지가 없어진 암담한 인생을 살 것인가?

니체는 《선악의 저편·도덕의 계보》[56]에서 '선(good)'과 '악(evil)' 그리고 '좋은 것(good)'과 '나쁜 것(bad)'을 구분할 것을 주장한다. 선과 악은 '우리'가 주어인 모럴(moral, 도덕)이고, 좋고 나쁜 것은 '나'가 주어로 작용하는 에틱(ethics, 윤리)이다. 선과 악은 나의 선호에 관계없이 사회가 이미 그렇게 해야 된다고 강제로 정한 규범이기에 무조건 따라야 되는 집단적인 떼거리의 도덕이다. 반면에 좋음과 나쁨은 내가 주어로 작용하기 때문에 사람과 그 사람이 처한 상황에 따라 다르게 인정되는 나의 윤리적 행동 지침이다. 선과 악은 사회에서 강제로 정한 보편적 규범이기 때문에 반드시 지켜야 되는 힘의 원천은 종교적 규율이나 사회적 관습과 같은 외부적 권위에서 비롯된다. 하지만 좋음과 나쁨은 철저하게 지금 여기서 살아가는 나의 입장과 철학적 신념에 따라 결정된다. 좋음과 나쁨을 따라가는 사람은 내가 삶의 주인으로 살아가며 자유를 구가하는 사람이다. 선과 악을 따르는 도덕은 가급적 줄이고 좋음과 나쁨의 윤리적 행동 지침은 두 배로 늘려야 인생 후반전에서 반전이 일어날 수 있다.

삶의 자유는 욕망이 역량을 만나 꿈을 실현할 때 찾아온다

니체가 《선악의 저편·도덕의 계보》를 쓰면서 염두에 둔 사람이 바로 스피노자다. 니체가 말하는 선과 악을 가르는 모럴의 원천은, 스피노자의 좋음과 나쁨을 구분하는 기준인 에틱이라는 개념을 기반으로 저술한 《에티카》다. 나에게 기쁨을 주는 에너지는 이어가고 슬픔을 주는 에너지는 끊어야 한다고 스피노자가 말한 것도 사회가 정한 보편적 도덕이 아니라 내가 정한 개별적 윤리에서 비롯된다. 스피노자의 코나투스가 니체의 힘에의 의지로 이어지면서 선악을 넘어 좋음과 나쁨을 기준으로 주인처럼 살아가는 문이 비로소 열린 것이다. 스피노자와 니체에 따르면 누군가 이미 정한 보편적인 가치 판단 기준에 종속되어 노예처럼 살지 말고, 내가 하면 기쁨이 배가되며 주인의 인생을 살아야 한다. 어제와 다른 나로 부단히 변신을 거듭하며 주인의 인생을 살아가는 자유로운 사람이 바로 니체가 말하는 위버멘쉬, 즉 초인이다. 인생 후반전에 반전을 일으키기 위해서는 남들이 정한 선악의 도덕을 따르는 삶을 끊고 나에게 좋은 에너지를 제공해주는 삶을 끈기 있게 이어나가야 한다.

우리는 과연 무엇인가에 기쁨으로 만끽하는 순간을 얼마나 느끼면서 살아가고 있을까. 이런 순간을 지속적으로 맞이하면서 자신의 존재 의미를 재음미하며 살아가는 의미를 배가시키는 에너지가 스피노자가 말하는 코나투스요, 니체가 말하는 힘에의 의지다. 오늘도 살아 있음을 증명하고 자유를 추구하는 최고의 기쁜 순간을 맞이하기 위해 부단히 어딘가를 향해 움직인다. 호기심을 갖고 움직이면서 미지의 세계를 탐구하며 공부하는 시간을 두 배로 늘리면 어제와 다른 내가 태어난다. 그 순간 나의 욕망은 내 존재를 더 살아 숨 쉬게 만드는 방향으로 꿈틀거린다. 피곤해도 잠이 오지 않고 자다가도 벌떡 일어나 그 꿈으로 향하는 욕망에 심장이 뛴다. 욕망을 실현하려는 의지는 능력을 두 배로 신장시키는 공부 여정에 열정적으로 몰입하게 되며, 그 결과 우리는 더 자유롭고 행복한 삶을 살아갈 수 있는 선순환의 여정을 걷게 된다.

스피노자의 욕망과 능력의 상관관계에 대한 주장은 칙센트미하이가 《몰입의 즐거움》[57]에서 밝힌 몰입 이론과 일맥상통한다. 난이도가 높은 도전 과제가 주어졌을 때, 내가 그 과제를 해결할 능력이 부족하면 불안감이 가중된다. 반대로 내가 능력을 어느 정도 갖추고 있다고 생각하는데 너무 쉬운 도전 과제가 주어지면 나는 재미를 느끼지 못하고 지루한 시간을 보낼 것이다. 결국 어떤 도전 과제가 주어졌을 때, 내가 그 과제를 수행할 정도의 능력을 갖춘 상태에서 문제를 해결하는 과정에서 몰입의 통로가 개통된다. 칙센트미하이의 몰입 이론에 비추어 볼 때 행복한 후반전을 사는 비결은, 지금 하고 있는 일의 난이도를 조금 더 올려서 거기에 상응하는 전문성을 단련하는 배움을 반복하면서 성취감을 맛보는 것이다. 나이 들어 가장 행복한 요구는 내 욕망을 부추기는 밖의 자극이 아니라 나로부터 비롯되는 내재적 욕망이다. 자기로부터 비롯되는 원인으로 성취감을 맛볼 때 가장 자유롭다고 느끼는 이유다.

이미 몰입의 통로에서 자유를 구가하며 행복한 후반전에 돌입한 사람은 도전 과제의 난이도를 조금씩 높여가며 더욱 행복한 삶을 이어가는 데 별다른 문제가 없다. 하지만 아직 그런 몰입 경험을 해보지 못한 사람에게는 이 책이 희망의 메신저가 되어 지금부터라도 인생의 2분의 1을 행복하게 살아가는 행복 처방전을 제공한다. '이미' 살아본 오십이 '아직' 살아보지 못한 오십에게 말한다. 늦었다고 생각할 때 이미 늦은 거지만 끝날 때까지 끝난 건 아니라고. 지금 이 순간, 가슴 뛰는 후반전을 뛰는 절호의 찬스라고. 그 찬스를 잡는 비밀 열쇠가 절반의 철학에 있다.

절반의 철학이 추구하는 5가지 철학적 가정

① 절반의 철학은 위반이다

이전과 다른 패러다임으로 삶의 철학과 방향을 재점검하고 재정립하는 시점이다. 지금까지는 외형적 성장을 추구했던 삶이었다면 지금부터는 내면적 성숙을 지향하는 삶, 채움보다 버림의 삶, 불필요한 일을 절반으로 줄이는 삶, 복잡한 관계를 단순한 관계로 정리하는 삶이 필요하다. 여기서 말하는 위반은 법적 위반으로 처벌을 부르는 범법 행위가 아니다. 절반의 철학이 지향하는 위반은 기존 삶의 철학과 가치관을 부정하고 그 위에 다시 행복한 삶으로 이끄는 사유 체계를 재건축하려는 위험한 행동이다. 통념에 젖어 사는 타성과 관습의 덫에 걸려 마지못해서 살아가는 삶, 남이 만든 도덕과 형이상학적 신념에 종속되어 식민지적 사유로 살아가는 삶에 반항하는 삶이 절반의 철학이 추구하는 위반이다.

② 절반의 철학은 기반이다

절반의 철학은 지금까지의 삶을 위반하고 그 위에 새로운 삶의 정초를 구축하려는 절박한 움직임이다. 마치 니체가 기존 철학적 전통과 지향점을 깨부수고 그 위에 새로운 철학적 전통을 건축하려는, 즉 전복의 철학을 정립하려는 안간힘과 동일한 맥락이다. 기반은 전통 속에서 전통으로 발전한다. 후반전의 삶은 이전과 다른 삶의 철학과 가치관으로 새로운 배움의 여정을 떠나는 출발점을 마련해야 한다. 절반의 철학을 통해서 이전과 다른 기반을 다지는 과정을 멈추지 않을 때, 인생 2막은 언제나 새로운 기초를 다지는 '어제와 다른 몸부림'이자 또 다른 출발이 기다리는 설렘이다.

③ 절반의 철학은 동반이다

신영복은 저서 《처음처럼》[58]에서 절반의 비탄은 절반의 환희와 같고 절반의 패배는 절반의 승리와 다름없다고 했다. 비탄과 환희, 패배와 승리는 서로 반대되는 말이지만, 우리가 스스로를 어떻게 절제하느냐에 따라 이 단어들은 서로 어우러질 수 있다는 뜻이다. 이와 같이 절반의 철학은 절반과 절반의 경계에서 언제나 새로운 가능성을 사유하는 철학이다. 절망의 끝에서 희망을, 패배의 끝에서 승리를, 비탄의 끝에서 환희를 꿈꾸는 철학이 바로 절반의 철학이다. 이런 점에서 절반은 언제나 배우는 과정을 영원한 친구로 사귀는 도반이기도 하다.

④ 절반의 철학은 등반이다

등반에는 등정주의(登頂主義)와 등로주의(登路主義)가 있다. 등정주의는 남들이 닦아놓은 익숙한 길보다 빠르게 올라갈 수 있는 확실한 직선 루트를 따라 효율적인 방법으로 정상 등정을 노린다. 이에 반해 등로주의는 빠른 길보다 분투와 노고 속에서 발견의 기쁨을 즐기고 모험과 도전 속에서 성취의 즐거움을 만끽하는 길을 선택한다. 절반의 철학은 속도전을 통해 주어진 목표를 빠르게 달성하려는 효율 중심의 삶을 권하지 않는다. 내가 목표를 얼마나 많이 달성했느냐보다 목표를 달성하기 위해 지금 출발점으로부터 얼마나 멀리까지 진전되었는지를 따져보며 무엇을 배우고 있는지 정진의 정도가 중요하다. 따라서 시계보다 나침반을 들고 미지의 세계에 도전하면서 이전과 다른 방법으로 정상 도전을 즐기면서 새로운 의미와 가치를 찾아가는 삶을 권장한다.

⑤ 절반의 철학은 열반이다

열반은 모든 번뇌의 얽매임에서 벗어나고, 진리를 깨달아 불생불멸의 법을 체득한 불교 수행의 궁극적 경지를 지칭한다. 보통 사람이 열반의 경지에 이르기는 불가능에 가깝다. 다만 열반의 경지에 이를 수 있도록 끊임없이 배우는 삶을 살아갈 뿐이다. 세상이 정해놓은 가치판단 기준이나 사회적 통념에서 벗어나 참자아를 만나려고 노력하면, 나다움을 발견하고 행복한 삶의 원천과 비결이 무엇인지 깨닫는 경지에 오를 수 있다. 경지에 이르기는 쉽지 않지만 그렇다고 불가능한 한계는 아니다. 내가 경지에 이르는 동안 깨닫는 법열(法悅)과 궁리에 궁리를 거듭하면서 느끼는 지적 단련 과정 자체가 기쁨의 원천이 된다. 나는 매일 열반의 경지에 오르는 체험을 반복한다. 새벽에 일어나 운동하면서 근육이 흘리는 눈물, 땀을 흘리며 신체성이 느끼는 열반의 체험을 한다. 신체성이 중심을 잡으면 한 사람의 정체성이 자리 잡기 시작한다. 몸이 중심을 잡고 흔들리지 않아야 멘털도 집중하고 몰입해서 열반의 경지에 오를 수 있다. 몸을 쓴 만큼 글도 쓸 수 있다. 몸을 쓰고 책을 읽고 글을 쓰는 과정에서 몸과 마음과 정신이 혼연일체가 되는 열반의 경지를 경험한다.

2

절반의 철학이 내는
5가지 맛

오미자는 맵고, 짜고, 쓰고, 달고, 신 5가지 맛이 난다고 해서 붙여진 이름이다. 오십이라는 나이 덕분에 인생의 매운맛, 짠맛, 쓴맛, 단맛, 신맛 모두 맛보았다. 공중전, 수중전, 난타전을 비롯 산전수전 다 겪어봤고, 우여곡절의 절에 들러 포복절도하며 배운 깨달음도 선물로 받았다. 파란만장한 삶이 파란을 일으키는 문장을 낳는다는 것도 오십에 배웠다. 오리무중을 헤매기도 했지만 오색찬란 빛나기도 했다. 인생의 절반, 오십이 오미자인 이유는 오미자가 직접 남긴 삼행시를 보면 알 수 있다.

오 지에서 핀 열매
미 묘한 맛을 품은 예사롭지 않은 삶
자 태도 범상치 않아 멀리까지 퍼지는 은은한 향기

① 쓴맛

오십이 품은 첫 번째 맛은 야성이 주는 쓴맛이다. 오십 이후의 삶은 몸이 중심을 잡지 않으면 힘든 시기다. 건강은 지성에서 나오지 않고 야성에서 나온다. 지성보다 야성이 먼저이고 야성이 없는 지성은 지루하다. 오십 이후의 가능성은 철저하게 신체성이 결정한다. 신체성은 지금 내가 누구인지 정체성도 담고 있지만 미래 내가 어떤 사람이 될지도 지배한다. 특히 오십은 몸을 중심에 두고 세상을 살아야 할 시기다. 내가 움직인 만큼 저 멀리 보이는 세상이 나에게로 다가와 일상이 된다. 쓰디쓰고 거친 야생에서 살아야 지성으로 길들일 수 없는 야성이 살아 움직인다. 오십의 야성은 야생화가 길러준다. 야생화는 자신의 정체성을 삼행시로 노래한다.

야 심에 찬 밤을 그 얼마나 지새웠던가
생 각이 너무 많아 숱한 고민을 거듭했지만,
화 초처럼 온실에 안주하느니 잡초처럼 척박한 현실로 뛰어나가리

② 매운맛

오십이 품은 두 번째 맛은 지성이 던져주는 매운맛이다. 녹록지 않은 세상이 나에게 주는 살아가는 맛이 매운맛이다. 오십 이후의 삶은 속도보다 밀도, 효율보다 효과, 질주보다 방향이다. 어리석게 어긋난 방향으로 달리며 정작 해야 될 일은 하지 못하고 있는 건 아닌지 끊임

없이 자문해봐야 한다. 지성은 단편적 지식을 능가하는 지혜의 원천이다. 이런 지혜는 나침반이 알려준다. 북극을 가리키기 위해 온몸을 떨고 있는 나침반은 믿어도 된다. 전율하던 바늘이 멈춰 서면 죽은 것이다. 오십의 지성은 나침반이 만들어준다. 나침반은 오십에게 늘 엄혹한 질문을 던진다. 지금 너는 진북을 향해 진심을 다해 찾아가고 있냐고. 나침반이 자신의 존재 이유를 삼행시로 노래한다.

나 태함을 벗어던지고 낯선 곳으로 떠나는 과감한 실천
침 울한 마음에서 벗어나겠다는 간절한 열망
반 전을 노리겠다는 결연한 의지

③ 신맛

오십이 품은 세 번째 맛은 감성이 전하는 신맛이다. 식초가 내는 신맛은 오랜 기간 숙성해야 비로소 만날 수 있는 깊은 맛이다. 오십이 발휘하는 감성도 성장을 넘어 성숙을 지향하는 가운데 숙성되어 나오는 것이다. 오십이 지향하는 감성은 단순히 세상의 변화를 받아들이는 느낌이나 정서를 넘어선다. 오십과 더불어 살아가는 감성은 우여곡절의 인생을 살면서 얻은 체험적 깨달음으로 상대의 입장에서 공감하는 역지사지이자 몸의 언어로 상대를 감동시키는 설득력이다. 숙성된 신맛이 깊은 맛의 정수를 보여주듯, 숙성된 사람도 고품격 언어로 다른 사람을 끌어들이는 매력의 정수를 보여준다. 상대가 어떤 상황에서 무슨 말을 왜 하고 있는지, 그 말이 지금 여기서 의미하는 바가 무엇인지를 항상 맥락을 기반으로 깊이 생각한다. 신맛의 산수유가 감성적 깨달음의 의미를 삼행시로 노래한다.

산 전수전 다 겪어보며 몸으로 터득한 깨우침
수 소문 끝에 찾아낸 인생의 진리
유 난히 깊은 맛을 내며 공감할 수밖에 없는 역지사지의 지혜

④ 짠맛

오십이 품은 네 번째 맛은 정성이 자아내는 짠맛이다. 짜지 않으면 음식은 썩는 것처럼, 땀 흘려 상대에게 정성을 기울이지 않으면 인간관계도 썩어서 없어진다. '짜다'는 '어떤 새로운 것을 생각해내기 위하여 온 힘을 기울이거나, 온 정신을 기울이다'는 의미도 담고 있다. 온 정성을 기울이는 일도 짜는 것이다. 오십의 정성은 안개꽃이 베푸는 미덕에서 배운다. 자기 본분을 다하면서 자기 과시하지 않는 안개꽃의 겸손한 어둠이 장미꽃의 화려함을 더 빛나게 만든다. 오십의 감성은 장미꽃을 돋보이게 만드는 안개꽃의 언어에서 비롯된다. 안개꽃이 자신의 존재 이유를 삼행시로 노래한다.

안 보이는 배경으로 자신을 기꺼이 낮추고,
개 화를 위해 묵묵히 자신의 본분을 다하며,

꽃 이지만 꽃이기를 드러내지 않는 꽃

⑤ 단맛

오십이 품은 다섯 번째 맛은 탄성을 자아내는 단맛이다. '달다'는 설탕 맛과 같은 달콤한 의미도 있지만 '흡족하여 기분이 좋다'는 의미도 갖고 있다. 행복은 하는 일의 의미만 생각해도 입가에 미소가 지어질 때 찾아온다. 저울로 무게를 헤아릴 때에도 '달다'라는 말을 쓴다. 오십의 무게를 달아보면 얼마나 나갈까. 사람마다 삶의 무게가 다르다. 그만큼 오십의 행복은 변화무쌍한 경험이 낳은 자식이다. 진정한 행복은 남과의 비교에서 나오지 않고 자신이 품은 비전을 비유적으로 표현할 때 나도 모르게 깨닫는 감각적 희열이다. 오십의 탄성은 만화경으로 빛난다. 만화경은 오십을 살면서 5가지 인생 맛을 겪어본 사람만이 볼 수 있는 색안경이다. 만화경이 오십에게 전해주고 싶은 메시지를 삼행시에 담았다.

만 년필로도 다 담아낼 수 없는 만추의 가을
화 두를 던져도 풀리지 않는 생의 비밀
경 지를 꿈꿔왔지만 아직도 이르지 못한 미완성

이처럼 다양한 맛을 갖고 있는 삶이 정말 의미가 있는 이유는, 아직 살아보지 않은 삶이 어제와 다른 의미로 변신을 거듭하며 계속 다가오기 때문이다. 세상에는 별의 숫자만큼 가보지 못한 세계가 있다고 하지 않는가. 내가 아는 세계보다 내가 모르는 세계가 더 많고, 내가 가본 세상보다 아직 못 가본 세상이 더 많으며, 내가 맛본 삶보다 내가 맛보지 못한 인생의 맛이 많다.

3

전반전의 답안지가
후반전의 편지지를 찾아간 까닭은?

답안지에는 정답이 담기지만 편지지에는 해답이 담긴다

지금까지 누군가 정해놓은 기준에 맞춰 앞만 보고 직선으로 달려
온 사람들은 답안지 인생이었다. 답안지는 남의 생각만 편식하는 사
고의 식민지다. 답안지는 나의 구구절절한 사연은 외면하고 기발한
발상은 무시하는 사고의 불모지이자 황무지다. 답안지는 사회적으
로 통용되는 기존의 진리만 기록되는 저수지다. 답안지는 불변 진리
만을 반복해서 강조하는 복사지다. 답안지는 자기 주관으로 험난한
세상을 살아가려는 주체적 의지가 실종된 철부지다. 답안지 인생을
추구하는 사람들은 심장 뛰는 설렘이 실종된 지지부진한 삶을 살아
간다.

정해진 답만 기록하는 답안지보다 지금부터는 내가 쓰고 싶은 생각
이나 느낌을 적을 수 있는 편지지를 갖고 다녀야겠다. 누군가 원하는

정답을 찾아 답안지에 쓰려고 안간힘을 썼던 전반전을 떠나보내고, 내가 사랑하는 대상이나 사람에게 전율하는 감동을 편지지로 전하는 후반전을 맞이할 때 지금까지와는 차원이 다른 삶이 펼쳐진다.

비록 답안지 인생을 살아온 전반전이지만 당시로서는 저마다 어쩔 수 없는 힘겨운 상황에서 살아내려고 안간힘을 썼던 힘겨운 전쟁 같은 삶이었다. 저마다 살아온 삶의 맥락이 다르고 지향하는 가치관이 다르므로 각각의 답안지에 적힌 전반전의 삶은 누가 어떤 관점으로 해석하는지에 따라 전혀 다르게 읽힐 수 있다. 지금까지 여러분이 읽은 이 책도 저자의 손을 떠나는 순간 독자의 창조적 오독으로 제2의 저자가 수없이 탄생되는 순간을 맞이할 것이다. 전반전의 삶이 비록 답안지를 쫓아 살아왔지만 그럼에도 그 답안지에 적힌 모든 텍스트는 저마다 힘겨운 사투를 벌이는 삶의 현장, 컨텍스트에서 직조된 얼룩과 무늬다. 전반전의 배움과 성숙은 후반전을 살아가는 소중한 경험이다.

후반전은 전반전이 이월된 재고 상품이 아니다●59

과거가 부실하면 미래도 부실하다. 미래를 향한 상상력은 과거의 경험적 흔적을 토대로 일어난다. 겪어본 경험이 부실하면 경험을 매개로 연상되는 상상력도 당연히 부실해진다. 비록 답안지에 답을 쓰기 위해 사투를 벌인 전반전의 삶이었지만 그렇게 살아낸 파란만장한

● 김대호의 〈이월된 쓸쓸〉이라는 시의 한 구절을 차용했음을 밝혀둔다.

삶이 후반전에 파란을 일으키는 문장을 편지지에 담아낼 수 있는 기반이 된다. 후반전의 편지지에는 이제 내가 사랑하는 일에 빠져 살아가는 자유로운 삶을 기록하자. 인생 후반전은 그 어느 때보다도 내가 내 삶의 주인으로 살아가는 삶을 만끽하는 순간의 연속이 되어야 한다. 지금 내가 보내는 순간이 인생에서 맞이하는 가장 결정적인 순간이자 돌이킬 수 없는 일생일대의 사건이다. 그 순간순간을 만끽하는 주인이 내가 될 때, 나는 나를 비롯해 세상과 사람을 진심으로 사랑할 수 있다. 내 위에 군림했던 답안지의 윤리적 가르침과 도덕적 덕목도 니체로 말하면 사회가 정한 선과 악일 뿐, 나에게 좋고 나쁨의 가치로 다가오지 않는다.

인생의 후반전은 단순히 전반전이 이월된 재고 상품이 아니다. 전반전에 일어났던 무수한 사건과 사고는 후반전의 편지지에 기록될 수많은 인연의 화합물이다. 예를 들면 가을에 거둬들이는 잘 익은 벼도 수많은 인연의 화합물이다.* 벼농사가 잘되기 위해서는 봄부터 가을까지 계절마다 변화무쌍하게 바뀌는 가운데 벼가 잘 자랄 수 있도록 온도, 습도, 바람, 비 등이 조화롭게 어울려야 한다. 일조량이 너무 적으면 벼가 잘 자라지 못하고 벼 이삭도 여물지 못한다. 홍수와 장마에 벼가 물에 잠길 수 있고, 비가 너무 안 와서 가뭄이 들면 벼는 잘 자라지 못할 것이다. 벼가 무르익어서 가을에 잘 여물기 위해서는 수많은

● 이어지는 벼농사 이야기는 '[거리의 철학자 강신주 강연] 남들이 정해놓은 선악은 생각하지 마라 [주인공으로 살아가기 18회]' 영상에 나오는 메시지를 참고로 작성되었음을 밝혀둔다.

인연들이 화합해야 한다. 비가 많이 올 때 농부는 논에 물이 넘치지 않도록 물꼬를 터주어야 한다. 물꼬를 터주어야 할 때를 농부가 알아차리지 못하고 다른 일을 하면 벼는 물에 잠겨 잘 자라지 못한다.

벼농사가 잘된 결과는 숱한 인연들이 저마다의 위치에서 적기에 자신이 맡은 역할을 수행한 덕분이다. 비가 안 온다고 농부가 강제로 비를 내리게 할 수 없으며, 햇볕이 약하다고 농부의 인위적 노력으로 강하게 바꿀 수 없다. 바람과 구름과 햇빛과 비는 저마다의 위치에서 필요한 시기에 자기 본분을 다하면 된다. 마찬가지로 농부도 자신이 해야 할 일을 제때에 하면 된다. 벼농사는 농부 한 사람의 수고와 정성으로 일궈낼 수 없는 무수한 인연이 어울려 만들어낸 합작품이다.

비록 내가 하는 일이 보잘것없어 보일지라도 그것이 마지막 결과물을 만들어내는 데 없어서는 안 되는 필수 조건이 되는 경우가 많다. 우리는 뭔가 잘되면 내가 열심히 해서 성과를 낸 것이라고 착각하기 쉽다. 그러나 하나의 성취는 그 결과가 나오기까지 관련된 모든 직간접적 도움 덕분이다. 오늘의 내가 되기까지도 수많은 인연의 화합물이 작용했다. 그렇다면 나도 남은 인생 동안 다른 사람들에게 좋은 인연이라는 선물을 주는 삶을 살아야 하지 않을까.

다른 사람에게 더 좋은 인연으로 작용하기 위해 나는 지금 어떤 노력을 기울이고 있는지 생각해보자. 앞으로 만들어질 좋은 사이에 어떤 인연으로 작용할 것인지를 염두에 두고 살아가는 후반전의 삶이야 말로 후회 없는 인생을 살아가는 방법이다. 저마다의 위치에서 나보다 더 힘든 삶을 살아가는 사람들에게 기꺼이 손 내밀어주고 따듯한 손길을 주고받는 공동체가 되는 데 남은 인생을 기꺼이 투자할 때 우리는 더불어 행복한 삶을 만들어가는 일원이 될 것이다. 과거를 담보로 현재를 살지 말 것이며, 미래를 가불해서 현재를 미화시키는 삶을 살지 말자. 오로지 내가 주인이 되어 나로서 살아가는 삶, 내가 하는 일과 인연이 되는 사람을 사랑하며 살아갈 때 우리는 행복한 후반전의 삶을 만끽할 것이다.

대체 불가능한 고유 명사로 살아가기를

두통약은 보통 명사다. 타이레놀은 고유 명사다. 약국에 가면 두통약 달라고 하지 않고 타이레놀 달라고 한다. 고유 명사의 보통 명사화가 기업 경영이 추구하는 궁극의 목표 중 하나다. 이런 경영 논리가 사람에게도 그대로 적용되면 어떤 일이 벌어질까. 사람은 그 누구와도 비교할 수 없는 독특한 개성이나 고유한 재능을 지니고 태어난다. 그러나 오은 시인이 〈그〉라는 시에서 짚었듯 우리는 모두 고유 명사로 태어났지만 어느 순간 보통 명사로 살아가게 된다.[60] 대체 불가능한 고유한 존재로 태어났지만 "나였던 그 아이는 어디 있을까?"[61]라는 질문을 던지기도 전에 어느 순간부터 다른 사람의 삶을 살기 시작한다. 나도 모르는 사이에 다른 사람의 생각이 머릿속에 들어와 주인 행세를 한다. 내가 추구하는 꿈과 욕망은 다른 사람의 꿈과 욕망을 모방해서 보여주려는 가식적 노력일 뿐이다.

보통 명사로 살아온 오십이 고유 명사로 살아갈 오십에게 말했다. 나도 처음에는 나답게 살아가려고 노력했지만, 어느 순간부터 나도 모르게 내 안에 남이 들어와 그 사람이 시키는 대로 살다 보니 오십을 넘겼다고. 후반전은 보통 명사로 살아온 지난 오십에서 벗어나 고유 명사로 살아갈 오십으로 변신하는 전환점이라고. 아울러서 한 말씀 전해줬다. 고유 명사로 살아가기 위해서는 '~스럽다'는 말은 지워버리고 '~답다'라는 말에 어울리는 인생을 살아야 한다고. '유영만스럽다'는 말은 누군가를 흉내 내다 아류작으로 전락한 상태지만 '유영만답다'라는 말은 어디서도 찾아볼 수 없는 유영만의 대체 불가능한 고유함이 드러난다는 말이다.

사실 나도 남들과 똑같이 살지 않기 위해 안간힘을 써왔지만 결국 나 역시 남들처럼 살아왔음을 뒤늦게 발견했다. 남들에게 보여주기 위해, 앞만 보고 전속력으로 달리면서, 목표 달성에 목숨 거는 삶을 살았다. 그러다 2007년 4월 11일(일명 4.11 사태) 중앙분리대를 들이받는 대형 교통사고가 난 후에 깨닫게 되었다. 직선으로 달려온 삶을 반성하며 곡선으로 우회하더라도 행복해 보이는 삶보다 진정 행복한 삶이 무엇인지를 진지하게 고민하기 시작했다. 자기다움을 실현하는 고유 명사의 삶을 잃어버리고 사회가 정한 가치 기준에 맞춰 살아가는 보통 명사의 삶이라는 것을 깨달았다. 지금까지는 남의 인생을 살아왔지만, 지금부터는 나의 인생을 살아가야 한다는 게 보통 명사로 살아온 오십이 뒤늦게 깨닫고 전하고 싶은 말이다.

사랑은 상대를 전제로 출발하기도 하지만 사랑하는 주체인 나를 사랑할 때도 마찬가지다. 내가 나를 사랑하는 순간 나에게 뭔가 뜻깊은 선물을 주고 싶어진다. 지금까지 남의 인생을 살아온 나를 사랑하기 시작하면 지금부터라도 나의 인생을 살아갈 나에게 소중한 시간과 에너지를 선물로 주고 싶은 욕망이 생기기 시작하는 이유다. 내가 좋아하는 일이 아니라 다른 사람이 좋아하는 일을 위해서 열심히 살아온 전반전의 삶에서 벗어나 내가 정말 사랑하는 일을 하며 살아가자.

늙어가는 단순 미래가 아니라 익어가는 의지 미래

나이를 먹으면서 늙어가는 것은 나의 의지로 막을 수 없는 불가항력이다. 하지만 생각이 익어가는 과정은 내가 노력하기 나름이다. 늙어가는 게 전반전의 삶이었다면 익어가는 것은 후반전의 삶이다. 시제로 말하면 전반전의 삶은 단순 미래였다. 단순 미래는 시간이 지나면 자동적으로 변화되는 미래다. 이에 반해 의지 미래는 사람의 결심과 의지에 따라 변하는 미래다. 늙어가는 것은 단순 미래의 산물이고, 익어가는 것은 의지 미래의 산물이다.

단순 미래와 의지 미래는 누구에게나 똑같이 주어져서 흘러가는 물리적 시간인 크로노스와 그 주어진 시간을 어떤 의미를 부여해서 다르게 생각하느냐에 따라 심리적으로 다르게 다가오는 시간인 카이로스에 각각 상응한다. 단순 미래는 나의 주관적 의지에 관계없이 때가 되면 다가오는 크로노스의 미래이고, 의지 미래는 내가 어떤 결심과 결단을 하는지에 따라 다르게 변하는 카이로스의 미래다. 단순 미래로 살았던 보통 명사 오십 전반전의 삶은 의지 미래로 살아갈 고유 명사 오십 후반전에게 "이 또한 지나가리라"라는 말은 믿지 말라고 충고한다. 지금까지와 다른 삶을 살겠다는 결단과 의지가 뒤따르지 않는이상 이 또한 지나가지 않고 이 또한 영원히 반복된다. 그게 바로 니체가 말하는 영원 회귀다. 뭔가 다른 조치를 취하고 다르게 살지 않으면 지금 이 순간의 삶은 영원히 반복된다는 말이다.

지금까지 절반의 인생을 서툴게 살아온 보통 명사지만 남은 후반전만이라도 서두르지 않고 고유 명사로 살아가기로 결단을 내린다. 고유 명사로 살아가기로 결연하게 행동하는 순간이 인생의 화려한 반전이 시작되는 시점이다. 전반전을 보통 명사로 살아온 서툰 오십이 앞으로 다르게 살아가려고 서두르는 오십에게 고유 명사로 살아가는 삶이야말로 가장 나답고 행복하게 살아가는 삶이라는 점을 알려주고 싶었다. 먼저 전반전을 살아본 보통 명사 오십도 앞으로 후반전을 살아갈 고유 명사 오십과 함께 남은 인생을 살아가는 동반자인 셈이다. 이들은 결국 남은 인생을 함께 살아가는 동반인 셈이다. 절반은 그래서 언제나 동반이다.

먼저 살아본 보통 명사 오십이 후반전을 살아갈 고유 명사 오십을 기다리다 만난 우연한 마주침으로 깨우침을 전해주는 오십 수업의 대장정을 마무리할 시점이다. 전반전을 이미 뛰어보고 후반전을 달리는 오십이 후반전을 준비하는 또 다른 오십에게 내미는 손길에는 먼저 살아본 사람의 혜안과 안목의 지혜가 담겨 있다. 그 지혜의 오솔길에서 후반전 오십은 그 누구의 삶으로도 대체 불가능한 고유 명사로 살아가면 좋겠다.

오십 후반전을 고유 명사로 살아가기 위해서는 보통 명사로 살아온 전반전의 삶의 방식을 절반으로 줄이고 다르게 생각하고 행동하며 만드는 의지 미래의 삶을 두 배로 늘려야 한다. 의지 미래가 바뀌가는 인생 후반전이야말로 인생 반전을 일으키는 절호의 시점이다. 삶의 문제는 끊임없이 발생하지만 아직 살아보지 못한 미스터리의 세계를 온몸으로 경험하고 음미하면서 나만의 작품을 완성하는 시기가 바로 오십 후반전이다. 인생 전반전이 먹구름으로 가려진 절망적인 삶이었다고 해도, 지금부터라도 타성에 젖어 습관적으로 반복했던 무미건조한 삶에서 벗어나 나를 행복하게 만들어주는 미지의 세계로 뛰어드는 삶을 두 배로 늘린다면 전반전의 삶과 전혀 다른 새로운 세계가 펼쳐질 것이다. 전반전은 누군가 만든 무대 위에서 '취직' 인생을 살았다면, 후반전은 내 삶의 의미를 두 배로 늘려주는 '취향'을 만끽하는 시기다. 취향에 취해야 원하는 것을 취할 수 있다. 《2분의 1: 인생 반전을 일으키는 절반의 철학》이 후반전을 살아가는 사람들에게 인생 내비게이션이 되어주리라 믿어 의심치 않으며 심장 뛰는 '2분의 1' 인생이 펼쳐지기를 기원한다.

미주

1 미야노 마키코·이소노 마호 지음, 김영현 옮김, 《우연의 질병, 필연의 죽음》, 다다서재, 2021.

2 클로드 레비스트로스 지음, 안정남 옮김, 《야생의 사고》, 한길사, 1996.

3 김영민, "[아침을 열며] 뱃살에 관하여", 한국일보, 2015.07.14.

4 레프 톨스토이 지음, 연진희 옮김, 《안나 카레니나 세트-전3권》, 민음사, 2012.

5 무라카미 하루키 지음, 임홍빈 옮김, 《달리기를 말할 때 내가 하고 싶은 이야기》, 문학사상, 2009.

6 정희진 지음, 《나쁜 사람에게 지지 않으려고 쓴다》, 교양인, 2020.

7 윤정구 지음, 《황금 수도꼭지》, 쌤앤파커스, 2018.

8 은유 지음, 《글쓰기의 최전선》, 메멘토, 2015.

9 칩 히스·댄 히스 지음, 박슬라 옮김, 《순간의 힘》, 웅진지식하우스, 2018.

10 메리 올리버 지음, 민승남 옮김, 《휘파람 부는 사람》, 마음산책, 2015.

11 정희진, "고전이란 인간의 보편적 상황을 다루는 거죠", 한겨레, 2016.02.19.

12 움베르또 마뚜라나·프란시스코 바렐라 지음, 최호영 옮김, 《앎의 나무》, 갈무리, 2013.

13 김상욱 지음, 《다시 쓰는 문학에세이》, 상상의힘, 2014.

14 이어령 지음, 《이어령의 보자기 인문학》, 마로니에북스, 2015.

15 미셸 푸코 지음, 심세광 옮김, 《주체의 해석학》, 동문선, 2007.

16 매리언 울프 지음, 전병근 옮김, 《다시, 책으로》, 어크로스, 2019.

17 니콜라스 카 지음, 최지향 옮김, 《생각하지 않는 사람들》, 청림출판, 2020.

18 이어령 지음, 《디지로그》, 생각의나무, 2006.

19 자크 데리다 지음, 김보현 옮김, 《해체》, 문예출판사, 1996.

20 강남순 지음, 《데리다와의 데이트》, 행성B, 2022.

21 유영만 지음, 《브리꼴레르》, 쌤앤파커스, 2013.

22 몽테뉴 지음, 안해린 옮김, 《몽테뉴의 수상록》, 메이트북스, 2019.

23 길가야·담요 지음, 제안용하 옮김, 《잡보장경》, 비움과소통, 2021.

24 박용후 지음, 《관점을 디자인하라》, 쌤앤파커스, 2018.

25 우치다 다쓰루 지음, 이경덕 옮김, 《푸코, 바르트, 레비스트로스, 라캉 쉽게 읽기》, 갈라파고스, 2010.

26 수전 손택 지음, 이민아 옮김, 《해석에 반대한다》, 이후, 2002.

27 다카하시 가즈미 지음, 이정환 옮김, 《그래도 사람은 달라질 수 있다》, 나무생각, 2020.

28 노명우 지음, 《세상물정의 사회학》, 사계절, 2013.

29 찰스 핸디 지음, 강주헌 옮김, 《삶이 던지는 질문은 언제나 같다》, 인플루엔셜, 2022.

30 김원영 지음, 《실격당한 자들을 위한 변론》, 사계절, 2018.

31 왕양명 지음, 정인재·한정길 옮김, 《전습록 1》, 청계, 2007.

32 왕양명 지음, 정인재·한정길 옮김, 《전습록 2》, 청계, 2007.

33 안토니오 그람시 지음, 이상훈 옮김, 《그람시의 옥중수고 2: 철학·역사·문화편》, 거름, 1999.

34 오마에 겐이치 지음, 양영철 옮김, 《지식의 쇠퇴》, 말글빛냄, 2009.

35 박준 지음, 《우리가 함께 장마를 볼 수도 있겠습니다》, 문학과지성사, 2018.

36 로버트 그린 지음, 강미경 옮김, 《유혹의 기술》, 웅진지식하우스, 2012.

37 에드워드 홀 지음, 최효선 옮김, 《숨겨진 차원》, 한길사, 2013.

38 이영광 지음, 《왜냐하면 시가 우리를 죽여주니까》, 이불, 2020.

39 류시화 지음, 《좋은지 나쁜지 누가 아는가》, 더숲, 2019.

40 엄기호 지음, 《고통은 나눌 수 있는가》, 나무연필, 2018.

41 로먼 크르즈나릭 지음, 강혜정 옮김, 《원더박스》, 원더박스, 2013.

42 미야노 마키코·이소노 마호 지음, 김영현 옮김, 《우연의 질병, 필연의 죽음》, 다다서재, 2021.

43 유영만 지음, 《끈기보다 끊기》, 문예춘추사, 2023.

44 페르난두 페소아 지음, 배수아 옮김, 《불안의 서》, 봄날의책, 2014.

45 최인철 지음, 《굿 라이프》, 21세기북스, 2018.

46 황현산 지음, 《밤이 선생이다》, 난다, 2013.

47 켄 로빈슨·루 애로니카 지음, 정미나 옮김, 《켄 로빈슨 엘리먼트》, 21세기북스, 2016.

48 주철환 지음, 《청춘》, 춘명, 2010.

49 메리 더글러스 지음, 유제분 외 옮김,《순수와 위험》, 현대미학사, 1997.

50 유영만 지음,《끈기보다 끊기》, 문예춘추사, 2023.

51 비욘 나티코 린데블라드 지음, 박미경 옮김,《내가 틀릴 수도 있습니다》, 다산초당, 2022.

52 김소연 지음,《한 글자 사전》, 마음산책, 2018.

53 김경원·김철호 지음,《국어 실력이 밥 먹여준다-낱말편 1》, 유토피아, 2006.

54 김위찬·르네 마보안 지음, 강혜구 옮김,《블루오션 전략》, 교보문고, 2005.

55 베네딕투스 데 스피노자 지음, 강영계 옮김,《에티카》, 서광사, 2007.

56 프리드리히 니체 지음, 김정현 옮김,《선악의 저편·도덕의 계보》, 책세상, 2002.

57 미하이 칙센트미하이 지음, 이희재 옮김,《몰입의 즐거움》, 해냄, 2021.

58 신영복 지음,《처음처럼》, 돌베개, 2016.

59 김대호 지음,《실천이란 무엇입니까》, 시인동네, 2023.

60 오은 지음,《없음의 대명사》, 문학과지성사, 2023.

61 파블로 네루다 지음, 정현종 옮김,《질문의 책》, 문학동네, 2013.

2분의 1

2023년 11월 03일 초판 01쇄 인쇄
2023년 11월 16일 초판 01쇄 발행

지은이 유영만

발행인 이규상 편집인 임현숙
편집팀장 김은영 책임편집 정윤정 책임마케팅 이채영
기획편집팀 문지연 강정민 정윤정 고은솔
마케팅팀 강현덕 이순복 강소희 이채영 김희진 박예림
디자인팀 최희민 두형주 회계팀 김하나

펴낸곳 (주)백도씨
출판등록 제2012-000170호(2007년 6월 22일)
주소 03044 서울시 종로구 효자로7길 23, 3층(통의동 7-33)
전화 02 3443 0311(편집) 02 3012 0117(마케팅) 팩스 02 3012 3010
이메일 book@100doci.com(편집·원고 투고) valva@100doci.com(유통··사업 제휴)
포스트 post.naver.com/black-fish 블로그 blog.naver.com/black-fish
인스타그램 @blackfish_book

ISBN 978-89-6833-453-5 03190
ⓒ유영만, 2023, Printed in Korea